우리 동네 민주시민

우리 동네 민주시민

초판 1쇄 펴낸날 | 2024년 12월 1일

지은이 | 조성복
펴낸이 | 고성환
펴낸곳 | (사)한국방송통신대학교출판문화원
　　　　(03088)서울특별시 종로구 이화장길 54
　　　　전화 1644-1232 | 팩스 (02) 741-4570
　　　　홈페이지 https://press.knou.ac.kr
　　　　출판등록 1982년 6월 7일 제1-491호

출판위원장 | 박지호
책 임 편 집 | 장빛나
편집·디자인 | 오하라

ⓒ 조성복
ISBN 978-89-20-05207-1 03340

값 18,800원

우리 동네 민주시민

생활 속 정치교육과 독일 이야기

조성복 지음

"모든 국민은 그 수준에 맞는 정부를 갖는다"

민주주의에 필요한 것은 정치교육이지 중립이 아니다.

— 독일정치교육협회

Demokratie braucht Politische Bildung, keine Neutralität!

— Deutsche Vereinigung für Politische Bildung e.v.

모든 국민은 그 수준에 맞는 정부를 갖는다

동시대를 함께 살아가는 처지에서, 또 현실 정치의 경험으로 되돌아볼 때, 우리 사회가 가장 시급하게 해결해야 할 과제는 사회적 약자의 고통과 점점 더 심해지는 불평등의 문제를 해소하는 것입니다. 이러한 불평등의 원인은 다양한 분야에서 경쟁의 승자가 과실의 대부분을 가져가 버리는 승자독식 시스템에 있습니다. 여기에 더해 이보다 더 시급하게 고민해야 할 과제는 그와 같은 승자독식의 시스템에 문제를 제기하지 못하고, 이를 당연하다고 생각하는 것입니다.

예를 들어 오늘날의 경쟁이 공정한 것인지, 그에 따른 차별이 정당한 것인지 질문하지 않는다는 것입니다. 불평등의 문제를 흔히 개인적인 영역으로 취급하는데, 실제로는 그렇지 않은 경우가 더 많습니다. 세계적인 불평등 문제 전문가인 신광영 교수는 이를 다음과 같이 지적하고 있습니다. "각자가 보기에는 개인의 문제처럼 보이지만, 전 세계적으로 소득과 재산의 양극화가 일어나고 빈곤층이 늘어나는 현상은 이런 문제들이 개인적인 문제가 아니라는 것을 보여 준다."*

제가 유학하고 일하면서 지켜봤던 독일 사회는 승자가 모든 것을 독식하지 않고 사회구성원의 합의에 따라 적절한 분배가 이뤄지는 사회였습니다. 이를 뒷받침하는 것은 독일의 합의제 정치 시스템이었지요. 귀국 후 국회 등 현실 정치권에서, 또 대학에서 연구교수로 근무하며 국회, 지방의회, 광역자치단체, 정당과 정당 연구소, 중앙선거관리위원회, 연구기관, 학회, 노조, 시민단체 등 다양한 곳에서 강연의 기회를 가졌습니다. 또한 여러 TV 방송, 유튜브 등의 매체에 출연해 한국 사회와 정치의 문제점을 지적하고, 이를 바꾸려면 새로운 시스템이 필요하다고 지속적으로 주장해 왔습니다.

하지만 우리 사회의 승자독식 시스템은 별로 바뀌지 않고 있습니다. 어쩌면 정치와 경제 분야의 불평등 구조는 은밀하게 모습을 감추면서 점점 더 강화되고 있을지도 모릅니다. "불평등을 만들어 내고 영속화시킨 것은 특정한 경제적·법적·사회적 구조다"**라는 지적도 있습니다. 지난 10여 년간 강연이나 저술 활동 등의 노력이 별다른 성과를 내지 못했다는 생각에 개인적으로 자괴감이 들기도 합니다. 우리가 살고 있는 사회가 하루아침에 바뀌지는 않는다는, 또 쉽게 바꿀 수 없다는 사실을 새삼스레 절감하는 중입니다.

한국 사회의 주요 문제를 해결하려면 단순히 선거를 통해 정

---

* 신광영, 『한국 사회 불평등 연구』(후마니타스, 2016), p. 11.
** 제니퍼 웰시, 『왜 나쁜 역사는 반복되는가』(도서출판 산처럼, 2017), p. 250.

권을 교체하는 것이 전부인 기존의 '형식적·절차적 민주주의'의 한계에서 벗어나야 합니다. 사회적 약자의 힘든 삶을 나아지게 할 수 있는 '실질적·실체적 민주주의'가 가능하도록 먼저 우리 정치를 바꿔야 합니다.

이미 출판한 저의 책들은 여러 정당이나 정치인, 전문가 그룹 등에서는 호평을 받았지만, 그것만으로는 우리 정치가 바뀔 것 같지 않습니다. 정치인은 항상 일반 시민에 기반을 두고 있기 때문입니다. 결국 시민인 우리 자신의 정치의식이 바뀌지 않는 한, 정치인은 변하지 않는다는 것입니다. 특히 승자독식의 정치 시스템에는 관심을 두지 않고, 정치인 개인의 가십거리에만 호기심을 갖는 태도는 큰 문제입니다. 여기에 일조하고 있는 언론의 보도 행태도 심각한 문제이지요.

"모든 국민은 그 수준에 맞는 정부를 갖는다"라는 한 프랑스 철학자의 문구가 마음에 와닿습니다. 누구나 개인의 권리를 올바로 행사하기 위해서는 어렸을 때부터 제대로 된 시민교육이나 정치교육을 받아야 합니다. 독일 라인란트-팔츠주(Land Rheinland-Pfalz)에서는 놀랍게도 초등학교 3~4학년에게도 정치교육을 시행하고 있었습니다. 우리도 어린 학생, 청소년, 젊은이 등 미래 세대에 대한 시민교육이 시급하다고 생각합니다. 이를 위해서는 먼저 초·중·고등학교의 선생님에 대한 정치교육이 선행돼야 하겠지요.

누구는 교육이 우리 사회의 가장 큰 문제라 합니다. 또 누군가는 노동문제가 심각하다고 하면서 특정 분야를 지목합니다. 하지만 대부분의 주요 문제와 과제는 보이게 또는 보이지 않게 모두 연결돼 있습니다. 입시제도는 공교육이나 대학의 문제일 뿐만 아니라 일자리, 노조, 복지, 연금제도 등 사회·경제적 문제와도 밀접한 관계가 있습니다. 의사 수를 늘리는 정책이 사회적으로 중요한 쟁점이 되는 것도 그런 사례입니다.

더 넓게는 우리의 정치 시스템이나 선거제도와도 관련이 있습니다. 단순히 입시제도를 바꾼다고 우리의 교육 문제가 해결되지 않는 것도 마찬가지입니다. 다양한 분야에서 여러 과제가 동시에 조정되고 개선돼야 합니다. 이 책은 그런 사회와 정치의 모습이 어떤 것인지를 보여 주고 있습니다.

대다수 선진국에서는 시민교육, 공민교육 등의 용어를 사용해 정치교육을 하고 있습니다. 우리나라에서도 미흡하지만 민주시민교육이란 이름으로 일부에서 정치교육이 이뤄지고 있습니다. 하지만 이를 진영 대결의 시각에서 색안경을 끼고 바라보는 시각도 존재합니다. 그와 같은 선입견을 불식하는 것도 정치교육의 과제입니다. 이런 측면에서 현대에 들어 민주주의의 이상을 가장 잘 실현하고 있다고 평가되는 독일의 정치 시스템과 그것을 지탱하는 독일의 정치교육은 우리에게 많은 시사점을 줄 것이며, 특히 아래 분들께 도움이 되리라 생각합니다.

- 사회문제에 관심 있는 학생
- 새로이 선거권을 갖게 되는 18세 유권자
- 정치 참여에 관심 있는 청년
- 정치 기본권을 제한받고 있는 교사와 공무원
- 정치교육에 관심 있는 노조 관계자
- 정당의 당직자, 당원 및 정당 연구소 관계자
- 정치개혁을 위해 선거제도 변경을 원하는 국회의원과 당협·지역위원장
- 지방분권을 원하는 기초·광역단체장과 기초·광역의회 의원
- 민주시민교육에 관심 있는 시민단체, 대학 등 기관

- 법원, 검찰, 경찰 등 권력기관의 개혁에 관심 있는 시민
- 독일통일에 관심을 두고 한반도 통일을 원하는 시민
- 극단주의와 진영 논리에서 벗어나 제대로 된 민주주의를 고민하는 시민

　프랑스혁명 후 새로운 사회가 등장하지 못하고 실패한 원인 가운데 하나는 혁명을 통해 만들고자 한 새로운 사회상에 대한 합의가 부족했기 때문입니다. 즉 혁명이 일어나기 전 왕정과 귀족 사회의 문제점에 대해서는 모두가 공감했지만, 그것을 타파한 후에 어떤 사회를 건설할 것인지에 대해서는 합의점이 없었다고 볼 수 있습니다. 이를 제니퍼 웰시(Jennifer Welsh)는 그의 저서에서 "프랑스혁명의 주역들은 그들이 무엇을 부수려고 하는지에 대해서는 합의를 봤지만, 정확하게 어떤 사회를 건설할 것인지에 대해서는 이견을 보였다"*고 언급하고 있습니다.

　한국 사회도 바로 이와 유사한 상황에 놓여 있습니다. 입시지옥, 부동산 폭등, 소득과 자산의 과도한 격차, 그에 따른 불공정과 불평등, 승자독식, 극단적 진영 논리, 무능한 정치권, 제왕적 대통령제, 부실한 지방자치 등과 같은 문제점에 대해서는 많은 사람이 공감하고 있습니다. 동시에 이를 개선해야 한다고 생각하고 있습니다. 이것은 결국 우리의 제도나 시스템을 바꾸는 일입니다. 즉 한국 사회와 정치에 문제가 있다는 데에는 모두가 공감하지만, 그것을 어떤 모습으로 바꿔야 하는지에 대해서는 아직 논의가 부족한 상황입니다.

　풍성한 논의를 위해서는 일반 시민은 물론, 청년, 대학생,

우리 동네 민주시민

010

*　제니퍼 웰시, 『왜 나쁜 역사는 반복되는가』(도서출판 산처럼, 2017), p. 17.

중·고등학생 등 모두가 우리의 사회 및 정치 시스템에 의문을 가지고 질문을 던질 수 있어야 합니다. 이를 위해서는 정치교육(시민교육)이 필요합니다. 선생님들도 적극적으로 나서야 합니다. 이 책에서는 우리 사회가 새로운 시스템을 도입하는 데 없어서는 안 될 시민교육에 대한 독일의 사례와 우리의 현황을 살펴볼 수 있습니다. 독일의 시스템이 최고라는 주장이 아니라, 합리적인 시스템이 존재한다는 것을 알리려고 합니다.

새로운 사회를 건설하기 위해서는 기존의 정치제도가 먼저 바뀌어야 합니다. 거대 양당이 모든 것을 독점하고 있는 현재의 정치 상황에서 새로운 사회 시스템을 논의하는 일은 거의 불가능하기 때문입니다. 그런데 모두가 알다시피 정치제도를 바꾸는 일은 결코 쉬운 일이 아닙니다. 현재의 권력자는 바로 기존 제도의 수혜자이기 때문입니다. 일찍이 『아메리카의 민주주의』라는 책을 쓴 알렉시 드 토크빌(Alexis de Tocqueville)은 "한 제도를 다른 제도로 대체한다는 것은 거의 혁명을 일으키는 것이다"[*]라고 했습니다. 지금 우리에게 필요한 것은 바로 정치제도를 바꾸는 혁명이 아닐까요?

종종 집 근처의 공원인 서울식물원을 달리다 보면, 과거 자주 산책하거나 조깅하던 독일의 티어가르텐(Tiergarten: 사냥터, 베를린 중심부의 커다란 숲)이 떠오릅니다. 물론 오랜 역사를 지닌 티어가르텐이 훨씬 더 크고 울창하기는 하지만, 서울식물원도 훌륭하다는 생각에 한국 사회의 눈부신 경제성장을 실감하게 됩니다. "우리도 잘살게 되었구나!"하는 느낌입니다.

---

[*] 알렉시 드 토크빌, 『아메리카의 민주주의 1』(아카넷, 2020), p. 217.

그런데 조금만 더 주변을 돌아보면 한국 사회와 독일 사회는 아직 다르다는 것을 알 수 있습니다. 외양은 비슷해도 질적인 면에서는 차이가 있기 때문입니다. 특히 사회적 약자나 소수자에 대한 배려에서 차이가 큰 편입니다. 그 차이가 구체적으로 어떤 것인지 본문에서 확인해 보시기 바랍니다. 저의 다양한 경험과 노력이 우리의 시민교육(정치교육)에 도움이 되고, 그런 교육이 한국 사회와 정치의 발전으로 이어졌으면 좋겠습니다.

또다시 한국 사회와 정치의 변화를 위해 무엇을 할 것인가를 새로이 고민하던 중 제가 앞서 출간한 책을 읽거나 강연을 들었던 학생, 교사, 교수, 의원, 보좌진, 노조 활동가 등 다양한 이들로부터 여러 가지 의견이나 날카로운 질문을 받았습니다. 이에 답하는 과정에서 마주한 소통의 결과를 정리해『우리 동네 민주시민』이라는 제목으로 출간하게 됐습니다. 이 책은 우리 주위의 평범한 시민들이 품고 있는 정치교육에 대한 열망과 필요성 때문에 세상으로 나올 수 있었습니다.

일일이 모두를 나열할 순 없지만 이준, 허성욱, 구승연, 신정아, 곽두호, 김향연, 호창수, 우한용, 박인기, 김경래, 정철, 신동애, 이종희, 송태수, 강원철, 송종운, 조성락, 이상백, 김용일, 민경일, 소순기, 김성혁, 안윤희, 박인호, 서명갑, 정종갑, 심창용, 어승룡, 정진호, 전예슬, 최인준, 윤도희, 김혜미, 손어진 님께 이 자리를 빌려 감사의 인사를 드립니다.

특히, 한국방송통신대 출판문화원에 깊이 감사드립니다. 민주시민교육은 생애주기 동안 끊임없이 재교육되어야 그 역할을 제대로 할 수 있습니다. 그래서인지 대한민국의 평생교육을 담당하고 있는 방송대에서 이 책을 출간할 수 있게 되어 더욱 더 큰 의미가 있다고 생각합니다. 아무리 희귀한 원석이라도 가공하지 않으면 보석이 될 수 없듯이, 저의 원고에 새로운 아이디어를 보태고 다듬어 시민과 학생들에게 한 걸음 더 다가설 수 있도록 편집하느라 고생한 장빛나 선생께도 고마운 마음 그지없습니다.

2024년 겨울
조성복

차례

3부

성인 정치교육
일상의 권리 회복

1부 정치교육

무엇이 문제인가

Chapter I

우리나라의 민주시민교육

1. 국민윤리와 '색깔' 교육

독일에서는 학생을 대상으로 학교 내에서는 물론, 학교 밖의 여러 교육기관에서도 정치교육(시민교육)이 이뤄지고 있습니다. 학교 밖 교육기관은 연방과 주(州) 정치교육원과 같은 국가기관과 정치재단, 교회, 노조, 시민대학 등의 민간 기관으로 구분할 수 있습니다. 이곳에서는 다양한 주제로 평생교육을 시행하고 있으며 동시에 학생, 청소년, 성인 등을 위한 정치교육도 체계적으로 이뤄지고 있습니다. 독일은 정치교육을 제도화하는 데 많은 예산과 인력을 투입하고 있습니다. 깨어 있는 시민이 민주주의를 제대로 수호할 수 있다고 믿기 때문입니다.

시민교육

우리나라의 시민교육은 독일의 정치교육에 비해 교육기관의 수도 부족하고 내용적인 면에서도 대단히 부실한 편입니다. 학교에서 이뤄지는 시민교육은 수업시간을 배정받기도 어려울 뿐만 아니라 공동체 가치의 함양과 같은 막연하고 추상적인 설명에 그치고 있는 형편입니다. 초등학교와 중학교에서는 주로 '사회' 과목에서, 고등학교에서는 '정치와 법' 과목에서 정치교육이 이뤄지고 있기는 하지만, 대학입시를 위한 암기수단에 불과해 제대로 된 시민교육이 이뤄지기는 힘든 상황입니다. 학교 밖에서 개설되는 시민교육이나 정치교육은 애초에 많지도 않지만 이에 참여하는 학생도 거의 없을 것입니다. 이런 현실에서는 정치가 자기 삶을 바꿀 수 있다는 사실을 배울 수 없습니다.

한국 사회에서 학교의 시민교육이 부실한 것은 중앙에서 일방적으로 내려오는 교육과정에 근거해 교육이 시행되고 있기 때문입니다. 학생에게는 단순히 점수따기 이외의 다른 의미를 갖기 어렵습니다. 모두가 경쟁교육에 매몰된 상황에서 교사나 학생이 정치교육의 중요성을 받아들이기는 쉽지 않습니다. 또한 아직 우리 사회에 남아 있는 과거의 역사적 경험도 많은 영향을 미치고 있습니다. 일제 강점기에는 천황에 대한 신민적 태도를 내면화하고 순응하는 교육을 받았습니다. 대한민국 수립후에도 냉전 시대의 이승만 독재 상황에서 반공교육이 주를 이뤄 시민교육이 설 자리가 없었습니다. 이후 군부독재와 권위주의 시대에도 이데올로기, 사회정화 등의 명목하에 국민윤리 교육에 치중하는 분위기 속에 민주시민을 위한 교육은 힘들었습니다.

1987년 '6월 항쟁'으로 제6공화국이 들어서면서 비로소 선거에 의한 정권 교체가 가능한 민주주의가 실현됐습니다. 동시에 교육계에서도 민주화 요구가 분출되며 시민교육과 유사한 민중교육을 주창했습니다. 1995년 문민정부 때는 '민주시민교육'이 도입되는 등 이를 제도화하기 위한 입법 노력이 활발히 진행됐습니다. 그러나 국회에서는 법안의 상정과 폐기를 반복했습니다.

1990년대 세계적으로 유행한 신자유주의의 물결에 따라 중앙집권적 정치권력이 시장 중심의 자본권력으로 넘어갔습니다. 물론 일부 논란의 여지는 있겠지만 이는 거부할 수 없는 대세가 됐습니다. 동시에 경제, 사회, 문화, 교육 등의 분야에서도 자유경쟁이 기본 원리로 자리를 잡게 됐습니다. 이에 따라 우리 사회는 개인주의 경쟁 방식이 대세를 이루고 약육강식과 각자도생의 사회가 됐습니다. 시민교육이나 정치교육은 관심을 끌기 어렵게 됐고 처세술, 자기계발 등의 주제가 붐을 일으키며 부상하고 있습니다.

한편 광역 단위에서 선출된 교육감의 성향이 보수인지 또는 진보인지에 따라 각 교육청에서 시행하는 시민교육은 그 명칭에서부터 내용에 이르기까지 신설되거나 폐지되는 일이 반복되고 있습니다. 한 예로 2014년 「인성교육진흥법」이 통과돼 2015년부터 시행됐습니다. 이 법은 개인의 품성 함양과 애국심을 강조해 봉건적·수직적 질서로 회귀하는 인상을 주었습니다. 동시에 일부 교육청에서 시행하는 인권, 민주주의, 적극적 시민성을 강조하는 민주시민교육과 갈등을 일으켰습니다. 정권에 따라 정치 민주화가 역행하면, 그에 따라 학교 민주화도 후퇴했습니다. 시민교육도 순응적 시민 양성 수준에 그쳤습니다.

우리 시민교육·정치교육의 가장 큰 문제점은 교육의 목표나 내용에 대한 사회적 합의가 부족하다는 것입니다. 또한 교육을 담당할 교사도 많지 않습니다. 교사 훈련이 미비해 전문성이 부족하고 민주적 의식이 결여돼 있는 경우도 많습니다. 동시에 교사의 정치 기본권이 제한되고 있는 것도 심각한 문제입니다. 일부 기성세대나 보수적 학부모는 시민교육에 저항하거나 반발하고 있습니다. 그들은 시민교육이나 정치교육을 과거 권위주의 시대 독재정권에 저항하던 대학생 의식화 프로그램과 같은 것으로, 이른바 '색깔' 교육으로 오해하고 있기 때문입니다.

척박한 환경을 극복하기 위한 시도

이와 같은 열악한 토양에서 시민교육을 활성화하려면 다음과 같은 과제들을 먼저 해결해야 합니다. 첫째, 정치교육을 제대로 하고자 한다면 한국의 민주주의 현실에 대한 반성과 성찰이 필요합니다. 이는 단순히 선거에 의한 정권 교체에 만족하고 있는 형식적 민주주의에 대한 반성을 의미합니다. 헌법 제10조에는 다음과 같이 명시돼 있습니다.

"모든 국민은 인간으로서의 존엄과 가치를 가지며, 행복을 추구할 권리를 가진다. 국가는 개인이 가지는 불가침의 기본적 인권을 확인하고 이를 보장할 의무를 진다."

이런 헌법적 가치를 실현하려면 누구나 최소한의 인간다운 삶이 가능한 사회를 만들어야 합니다. 그에 맞는 사회·경제적 시스템이 어떤 것인지, 또 그런 시스템을 만들 수 있는 정치 시스템은 어떤 것인지에 대한 성찰이 필요합니다. 이에 대한 논의가 시민교육에서 다뤄져야 한다고 생각합니다.

둘째, 정치교육이나 시민교육이 특정 정권이나 정치 세력에 유리할 것이라는 의심에서 벗어나야 합니다. 정치교육을 과거 의식화 프로그램과 같은 것으로 치부하는 것이 대표적인 사례입니다. 시민교육은 결코 특정 이데올로기를 위한 의식화 교육이 아닙니다. 오히려 보수나 진보를 떠나 어떤 정치, 경제, 사회제도가 시민에게 유리하고 필요한 것인지를 따져 보는 교육입니다.

셋째, 정치교육은 학습자인 시민의 요구나 필요를 충분히 반영해야 합니다. 촛불 시위, 광화문 집회, 국회 앞 시위 등에서 보듯이 일반 시민의 정치적 열망은 대단히 높은 편입니다. 그런데 많은 경우 이러한 시위나 집회는 둘로 쪼개진 진영 논리에 사로잡혀 극단적 갈등과 대립으로 치닫고 있습니다. 이런 현상은 바로 정치교육의 부재가 가장 큰 원인입니다. 이분법적 사고에서 벗어날 수 있도록 다양한 주제와 다원화된 시각으로 정치교육이 시행돼야 합니다.

넷째, 입법 등을 통해 정치교육을 제도화해야 합니다. 정권이나 교육감의 성향에 따라 시민교육이 오락가락 부침을 거듭하고 있습니다. 이를 방지하고자 한다면 제도화가 무엇보다 중요합니다. 그런데 제도화가 여의찮은 까닭은 정부나 민간에서 정치교육의 중요성을 제대로 인식하지 못하고 있기 때문입니다. 또한 교육의 목표와 내용에 대해서도 합의점을 도출하지 못하고 있습니다. 관련 정부 기관을 설립하려는 노력도 성과를 내지 못하고 있습니다.*

우리나라가 선진국 반열에 오르고 경제 상황이 나아지면서 학교 교육뿐만 아니라 평생교육의 중요성이 날로 커지고 있습니다. 일부 공공기관, 대학, 자치단체, 도서관, 시민단체 등에서 시민포럼, 시민대학, 시민강좌 등의 이름으로 다양한 강연이 개설되고 있습니다. 하지만 민주시민교육이나 정치교육을 주제로

---

* 심성보의 논문 「한국 민주시민교육의 현황과 과제」의 주요 내용을 일부 요약하고 보강한 것임.

하는 강좌는 별로 많지 않은 편입니다.

그럼에도 불구하고 여러 기관이 정치교육을 위해 특강, 토론회, 세미나, 강연회 등을 꾸준히 개최하고 있습니다. 일반적으로 우리 사회에서 정치교육의 현장이 어디인지, 또 어떤 내용이 주제로 다뤄지고 있는지를 살펴보기 위해 필자의 교육 사례를 부록에 소개합니다. 척박한 환경에서도 제한적으로나마 정치교육이 이뤄지고 있는 점은 분명히 희망적으로 보입니다. 하지만 좀 더 바람직한 방향은 일회적인 특강 형식보다 체계적으로 교육할 수 있는 시스템을 갖추는 것이 더 효율적이고 생산적일 것입니다. 우리의 삶을 바꾸는 제도적 장치로서 기능하는 정치에 대한 교육이 절실한 상황입니다.

2. 정치 불신과 정치교육(시민교육)의 쓸모

우리 사회에서 통용되고 있는 '(민주)시민교육'과 관련해 먼저 다음 두 가지 사항을 정리하고자 합니다. 하나는 용어의 문제입니다. 흔히 진보 진영에서는 일반적으로 '민주시민교육'이라고 부르고 있지만, 또 다른 진영에서는 해당 용어를 썩 달가워하지 않기 때문입니다. 미국, 영국, 프랑스 등에서는 '시민교육(Civic Education)', 독일에서는 '정치교육(Politische Bildung)', 일본에서는 '공민교육(公民敎育)'이라고 부르고 있습니다. 외국의 사례와 그동안 사용해 온 사례 등을 감안해 우리도 단순하게 '시민교육'이나 '정치교육'이란 용어를 사용하는 것이 어떨까요?

정치교육의 본래적 의미

다른 중요한 하나는 교육의 내용에 관한 것입니다. 흔히 (민주)
시민교육이라고 할 때 그것이 어떤 교육이며 구체적인 내용이
무엇인지 바로 떠오르지 않을 수 있습니다. 떠오르더라도 사람
마다 다른 내용을 생각할 수도 있습니다. 중앙선거관리위원회
산하 선거연수원에서 펴낸 『민주시민교육의 이해』라는 책자는
'민주시민교육'을 다음과 같이 정의하고 있습니다.

> "국민이 주권자로서 책임 있는 자세로 선거·정치 과정에 능동적으로 참여
> 할 수 있도록 민주적 가치와 지식·능력 등을 체계적이고 지속적으로 함양
> 하는 학습."

동시에 민주정치의 건전한 발전에 기여함을 목적으로 한다
고 돼 있습니다. 위의 정의를 음미해 보면 시민교육보다 정치
교육이라고 부를 때 의미가 더 명료해 보입니다. 물론 정치에
대한 불신이 워낙 커서 정치교육이라고 하면 거부감을 줄 수도
있습니다. 하지만 정치 불신의 문제는 교육의 문제와 상관없이
우리 사회가 극복해야 할 과제입니다. 그래서 이 책에서는 (민
주)시민교육과 같은 의미로 주로 '정치교육'이란 용어를 사용하
겠습니다.

일반적으로 독재국가나 권위주의 정권에서는 이와 같은 시민
교육이나 정치교육이 제대로 시행되기 어려울 것입니다. 학생
이나 일반 시민이 이런 교육을 받고 독재정권의 문제점을 깨닫
게 되면 정권에 저항하거나 반정부 투쟁에 나서게 될 테니까요.
반면 정치적 정통성을 갖는 정권이 들어선 민주국가에서는 시
민·정치교육을 마다할 이유가 없습니다. 민주주의의 토대를 강

화하므로 오히려 장려하는 것이 정상입니다.

한국 사회는 1987년 6월 항쟁으로 권위주의 체제를 벗어나 민주화된 이후 40년의 세월을 지나 왔습니다. 그런데 아직도 학교 안팎에서 학생이나 일반 시민에게 정치교육을 하는 것을 아주 꺼리거나 애써 외면하고 있습니다. 특히 보수층에서는 시민교육을 둘러싸고 알레르기 반응과 함께 강한 거부감을 보이기도 합니다. 심지어 보수 정권이 집권하게 되면 일부 시민교육의 내용이 바뀌거나 아예 개설 강좌가 중단된다고도 합니다.

많은 시민이 정치 전반에 문제가 많다고 느끼고 있습니다. 실제로 우리 사회에서 정치는 '3류' 또는 '4류' 취급을 받고 있습니다. 그런 정치를 개선하려면 먼저 시민의식이 높아져야 하고, 시민의식을 고양하려면 정치교육을 확대해야 합니다. 그런데 정치교육은 여전히 제자리걸음이거나 별로 나아지지 않고 있습니다. 왜 이런 현상이 나타나는 것일까요?

민주화가 됐다고는 해도 우리 정치권이나 다수 시민은 아직도 과거 권위주의 시대의 정치문화에서 벗어나지 못하고 있기 때문이 아닐까요? 혹시 여야를 막론하고 정치인들은 자기의 기득권에 도전하게 되는 것을 두려워해 시민의식이 높아지는 것을 별로 달가워하지 않는 것이 아닐까요? 만약 그런 게 아니라면 우리의 정치교육이나 시민교육은 왜 제대로 활성화되지 않는 것일까요?

정치교육의 필요

다수의 시민이 정치나 정치 역할의 중요성을 간과하고 있습니다. 정치가 우리 삶을 변화시킬 수 있다거나 정치를 통해 사회를 바꿀 수 있다는 인식이 부족한 탓입니다. 정치라는 것이 원래 힘 있고 가진 자들의 다툼일 뿐이라고 체념하거나 아예 무관심한 경우가 많습니다. 정치가 자기 삶을 바꿀 수 있다고 생각하지 못하기 때문입니다. 어릴 때부터 정치가 개인의 삶에 어떻게 영향을 미치는지를, 또 정치가 그런 역할을 하도록 각각의 개인이 어떻게 정치에 참여해야 하는지를 알려줘야 합니다. 이를 위해서는 정치의 작동 원리와 정치 시스템에 대한 교육이 필수입니다.

우리 사회에서 일반 대중의 정치에 관한 관심은 매우 뜨거운 편입니다. 그런데 안타깝게도 그런 열정과 관심의 대부분은 정치인 개인의 스캔들이나 가십성 기사에 머물러 있습니다. 또한 그들의 열정은 양대 진영으로 나뉘어 서로를 극단적으로 부정하고 증오하는 데 소모되고 있습니다. 그렇다고 양대 진영이 크게 다를 것도 없습니다. 여기에는 이를 부추기는 정치인의 언행이나 언론의 보도 행태도 크게 한몫하고 있습니다. 물론 개별 정치인의 부정부패나 스캔들은 몰아내야 합니다. 하지만 우리의 관심이 거기에만 머물러서는 곤란합니다.

정작 대중은 우리 삶을 바꿀 수 있는 경제나 복지, 환경, 연금, 교육 문제 등을 둘러싼 제도의 개선에는 큰 관심을 보이지 않는 경우가 많습니다. 선거제도나 권력구조와 같은 정치 시스템의 변경에도 별로 관심이 없습니다. 예를 들어 선거를 앞두고 주요 정치인이 재래시장에서 떡볶이나 어묵을 먹는 쇼를 하는 것이 먹히거나, 또는 불완전한 제도는 그대로 두고 새로운 사람만을 내세우는 것이 통하는 이유는 모두 정치교육이 부재하기 때문입니다.

물론 우리가 정치교육을 한다고 해서 이 교육을 받은 이들이 곧바로 우리의 사회제도나 정치제도를 직접 바꿀 수는 없습니다. 그들은 엘리트가 아니기 때문입니다. 흔히 엘리트란 어떤 사회의 정치, 경제, 사회 등의 다양한 분야에서 높은 지위와 권한을 가진 인물로, 관련 규칙이나 제도를 변경할 수 있는 사람을 가리킵니다. 정치 분야에서 선거를 통해 선출된 의원은 법이나 조례를 만들어 제도를 바꿀 수 있으므로 엘리트에 해당할 겁니다. 정치교육을 받는다고 해서 시민 누구나 바로 엘리트가 되는 것은 아니겠지만, 정치교육이 잘 이뤄진다면 제대로 된 정치 엘리트나 올바른 정당을 골라낼 수 있을 것입니다. 이는 대단히 중요한 일입니다. 그렇게 돼야 더 나은 사회를 만들 수 있기 때문입니다.

그렇다면 정치교육에서는 어떤 내용을 다루는 것이 바람직할까요? 한마디로 우리 삶에 영향을 주는 모든 것이 주제가 될 수 있습니다. 다음 장에서는 먼저 복지국가, 의대정원 확대와 건강보험제도, 최저임금과 저임금 문제, 킬러문항 배제와 교육개혁, 저출생과 인구 감소, 세대 갈등과 연금 문제, 기후변화와 재생에너지 등의 주제를 살펴보겠습니다.

Chapter II

민주시민의 복지국가

1. 나치에 대항하는 개념

　　헌법 정신에 따라 최소한의 인간다운 삶을 보장하는 사회가 되려면 먼저 제대로 된 복지국가가 돼야 합니다. 한국 경제는 눈부신 성장을 이뤄 선진국으로 도약했지만, 불평등이 심화하고 있고 세계 최고의 자살률을 보이거나 최고의 연간 노동시간을 기록하는 등 여러 가지 문제점을 안고 있습니다. 또한 우리의 복지제도는 과거에 비해 비교할 수 없을 정도로 많이 좋아졌지만, 아직도 복지의 사각지대가 곳곳에 남아 있습니다. 이를 극복하려면 어떤 방법이 있는지 독일의 사례를 통해 생각의 폭을 한번 넓혀 보는 것은 어떨까요?

최소한의 인간다운 삶

　독일에서는 일반적으로 복지국가(Wohlfahrtsstaat)와 사회국가(Sozialstaat)를 동의어로 사용하고 있습니다. 복지국가(welfare state)란 용어는 제2차 세계대전 중에 독일 나치의 전쟁국가(warfare state)에 대항하는 개념으로 만들어졌습니다. 우리에게 복지국가는 익숙하지만, 사회국가는 다소 낯선 편입니다. 한반도 분단에 따른 이념 대결 때문에 한국 사회에서는 오랫동안 '사회적', '사회정책' 등의 용어가 금기시됐고, 지금도 이에 대해 자유롭지 않은 편입니다. 하지만 유럽의 선진국에서는 사회적 연대, 사회정책 등은 중요한 가치일 뿐만 아니라 대다수 국가에서 사회민주당이 주요 정당으로 자리 잡고 있습니다. 우리도 이제 사회적 가치에 대한 생각이 달라져야 합니다. 이 책에서는 복지국가와 사회국가를 동일한 의미로 혼용하겠습니다.

복지국가 또는 사회국가의 사전적 의미는 사회·정치적 발전에 모든 사람의 참여를 보장하기 위해 사회보장과 사회정의를 국가의 목표로 삼는 나라입니다. 이러한 목표를 달성하기 위해, 또 생명에 대한 위협과 사회적 격차를 완화하기 위해서는 국가제도, 통제 수단과 규범의 구체적 총합이 중요합니다. 국가는 사회적 균형을 보장하기 위해 입법과 행정을 책임질 의무가 있습니다. 정리하자면 사회적 안정, 평등, 정의의 원칙에 따른 법적·사회적 질서를 구체적으로 실현하는 데 정책의 초점을 두는 국가를 흔히 사회국가라고 합니다. 이러한 사회국가의 원리는 대다수 서유럽 국가의 주요 특징이기도 합니다. 스스로 자신을 도울 수 없는 약자를 지원하고, 국민을 빈곤이나 최저생계의 위협으로부터 보호하는 것이 곧 사회국가의 목표입니다. 또 극단적 사회격차, 즉 양극화를 해소하기 위해 노력합니다. 여기에서는 소득이나 재산의 격차를 줄이기 위한 재분배 정책이 중시됩니다. 이런 방식으로 사회갈등을 예방하고 상호 적대감을 해소하며, 사회적 평화를 유지합니다.

사회국가의 목표는 국가별 시스템에 따라 조금씩 차이가 있지만 대체로 다음 세 가지를 들 수 있습니다. 첫째, 모든 국민에게 일정한 수준의 최저생활을 법적으로 보장함으로써 사회적 안전망을 구축합니다. 둘째, 질병이나 근무 불능, 실업, 고령화 등에 대비한 보험 시스템을 통해 안정된 생활을 보장합니다. 셋째, 사회적 약자에 대한 다양한 지원제도를 통해 최소한의 사회적 기회균등을 유지합니다.

이러한 목표를 현실에서 구체화하는 것이 바로 '사회정책' 또는 '복지정책'입니다. 사회정책의 목적은 사회에서 불이익을 받는 약자 그룹의 최저생활을 보장하고, 삶의 기회를 일반인과 동일하게 유지해 그들의 경제적·사회적 상황을 개선하는 것입니다. 사회정책의 정치적 목적은 사회적 약자 그룹을 그 공동체에 통합시키는 것이며, 이를 통해 사회질서의 안정을 확보하는 것입니다. 또한 사회 안정을 위해 질병, 실업, 사고, 고령화, 요양 등과 관련한 사회보험제도를 구축하는 것이 이 정책의 핵심 과제입니다.

사회정책을 주로 책임지고 수행하는 기관은 국가이지만 그 밖에 기업, 노조, 종교단체, 비정부기구(NGO) 등도 포함됩니다. 사회정책은 국가가 가장 오래전부터 수행해 온 정책 분야 중 하나입니다. 그런데 한국에서는 지난 수십 년간 이 부분을 간과했습니다. 경제 발전이 미흡한 측면도 있었고, 또 분단상황이라는 특수성에서 '사회적인' 것을 강조하면 소위 '빨갱이'로 몰리는 사회 분위기 탓도 있습니다. 비록 늦었지만, 이제부터라도 사회정책에 대한 개념을 제대로 되찾아야 할 것입니다.

사회국가의 과제에는 의료 체계의 확대, 최저생활의 보장, 완전고용의 모색, 노동세계의 인간화, 질병·고령화·사고·실업에 대한 대비 등이 포함됩니다. 그 밖에도 누구나 필요한 교육을 받을 수 있게 하고, 이를 통해 기회의 평등을 제공하는 것이 현대 사회국가의 주요 과제입니다. 여기서 기회의 평등이란 형식적 평등이 아니라 실질적 평등을 의미합니다. 흔히 교육기회의 평등을 말할 때 누구나 변호사시험을 볼 수 있는 경우를 두고 평등하다고 합니다. 그러나 누군가는 유복해서 시험을 반복해 치를수 있지만, 누군가는 돈이 없어 중간에 포기해야 할 때는 실질적기회의 평등이라고 할 수 없습니다.

어떤 나라가 복지국가가 되기 위해서는 민주시민의 인식과요구가 중요합니다. 그러한 성숙한 민주시민을 육성하기 위해서는 정치교육이 필요합니다. 그래야만 우리에게 닥친 최저임금, 비정규직, 저출산, 기후변화, 의료 복지 등의 과제를 해결할힘을 기를 수 있을 것입니다.

복지국가의 주요 원칙

사회국가(복지국가) 원칙은 법으로 규정된 것이 아니라 하나의명제(전제)입니다. 이 명제들은 주로 독일 연방헌법재판소의 결정에 근거하고 있습니다. 먼저 '국민 부양의 원칙'에 따라 국가가 공동체의 모든 구성원에게 사회적 안정을 제공합니다. 사회적 안정은 한 사회에 소속된 개인의 직업이나 지위와 무관하게누구에게나 보장됩니다. 빈곤층은 정부로부터 재정적 지원을받음으로써 최저생활을 보장받습니다. 또한 건강보험이나 무상교육과 같은 서비스를 통해 사회적 격차를 줄일 수 있습니다.

'사회보험의 원칙'은 질병, 고령화, 실업 등의 위험으로부터시민을 지켜주는 것입니다. 구성원이 각각의 보험료를 부담하면 유사시 도움을 받음으로써 확실한 연대 공동체임을 보여 줍니다. 사회보험은 사회구성원의 일부 또는 전체를 대상으로 합니다. 그러나 보험료의 납부와 보험 급여의 수령은 개인의 소득에 따라 달라집니다. 독일은 비스마르크 시대부터 연금보험 등을 도입해 사회보험의 역사가 길고 체계적으로 구성돼 있습니다. 특히 건강보험과 관련해 우리와 같은 비급여 항목이 없어서 병원에 가도 추가 비용이 거의 들지 않습니다.

'연대의 원칙'은 여러 그룹이 공동의 가치 지향과 이해관계에 의해 묶여 있음을 전제로 합니다. 강한 쪽이 약한 그룹을 돕고 자신의 이해관계를 후 순위로 미룸으로써 서로 상생하는 길을 찾는 것을 말합니다. 이 원칙은 법적 건강보험에서 찾아볼 수 있습니다. 보험자의 가족 구성원에게도 보험이 적용되도록 한 것이 대표적 사례입니다.

'공공복지의 원칙'은 가족이나 사회보험 등으로부터 도움을 받을 수 없을 때만 적용됩니다. 지원의 필요성을 검토해 다른 수단이 존재하지 않을 때, 국가가 나서서 세금으로 지원하는 것을 말합니다. 이때 사전에 보험에 가입하고 보험료를 냈느냐, 또는 그와 같은 상황을 초래한 원인이 무엇이냐 등은 중요하지 않습니다. 지원의 형식과 방법은 개별 사례의 특성에 따라 달라집니다. 다만 이 경우에는 지원을 결정하기에 앞서 복지수령자에 대한 엄격한 심사가 이뤄집니다.

'보충성의 원칙'이란 모든 사회적·국가적 행위는 주도적인 성격이 아니라 보조하거나 지원하는 형태로 수행된다는 의미입니다. 즉 하위 단체인 가족이나 자치기구의 자구능력이 충분치 않을 경우, 상위 단체인 국가가 이들을 지원하는 것을 의미합니다. 예를 들어 어느 지역에서 빈곤 문제가 발생하면 먼저 해당 게마인데(Gemiende, 읍·면)나 크라이스(Kreis, 군)에서 책임지고 해결합니다. 예산 등의 이유로 그것을 해결할 수 없을 때만 상위 기구인 주 정부가 나서서 도와줍니다. 이러한 보충성의 원칙은 강력한 지방분권을 시행하는 독일 연방제의 근간이 되고 있습니다.

우리 사회에서 더 이상 살아갈 수 없어 스스로 목숨을 버리는 사람이 있는 한 복지국가는 필요합니다. 자살 소식은 우리가 잊을 만하면 한 번씩 뉴스에 나옵니다. 2014년 2월 서울 송파의 세 모녀 자살, 같은 시기 청주의 세 모녀 자살, 2019년 11월 서울 성북구의 네 모녀 자살, 2022년 8월 수원의 세 모녀 자살, 11월 서울 신촌의 모녀 자살, 2024년 1월 충남 태안의 부부와 자녀 자살 등입니다. 아마 뉴스에 나오지 않은 경우도 많을 것입니다.

그들은 실업이나 질병 등으로 더 이상 살아갈 수단이 없다는 유서를 남기곤 합니다. 이를 예방하는 일은 국가가 책임져야 할 과제입니다. 흔히 가난은 나라님도 구할 수 없다거나 더 열심히 노력해서 살지 않았음을 탓하는 말도 나오지만, 이런 생각은 과거의 이데올로기입니다. 과거와 달리 현대사회에서는 빈곤 문제가 물자가 부족해서 생기는 것이 아니라 자원의 배분이 제대로 되지 않아서 발생하기 때문입니다.

시민친화적 명칭, 시민수당

독일에서는 누군가 취업이 안 되거나 실직을 당하더라도 생계에 위협을 받을 정도로 내몰리지는 않습니다. 실업자는 고용보험에 의한 실업급여를 받고, 그 후에도 취업이 안 될 때는 정부예산으로 사회보조금(Sozialhilfe)을 받을 수 있습니다. 사회보조금은 우리의 기초생활수급자 최저생계비와 유사합니다. 이는 누구나 최소한의 인간다운 삶을 유지할 수 있도록 기본적인 생활을 보장하는 역할을 합니다. 사회보조금은 비록 그 액수가 충분하지 않을 수도 있지만 무기한으로 받을 수 있습니다.

2000년대 이전에는 실직하면 실업보험에 따른 실업급여를 받았고 그 기간이 끝나도 재취업이 안 되면 세금에 의한 실업급여

보다 액수가 줄어든 실업보조금을 받았습니다. 이후에도 여전히 상황이 안 좋으면 실업보조금보다 줄어든 사회보조금을 받았습니다. 그런데 독일 경제가 어려워지자 2005년부터 실업보조금 제도를 폐지하고 실업급여 후 바로 사회보조금을 받는 '실업급여 Ⅱ' 제도를 시행했습니다. 원래의 실업급여와 구분하기 위해 Ⅱ를 붙인 것입니다. 이 정책이 바로 슈뢰더 정부의 '아젠다 2010' 개혁의 하나였습니다.

2000년대 이후 사회보조금 수급자는 400~500만 명에 이르고 있습니다. 독일에서는 이 수급자 수의 증가 혹은 감소가 흔히 정권을 교체하거나 유지하는 하나의 척도로 작용합니다. 대체로 500만 명에 가까워지거나 넘게 되면 정권을 잃게 되는 것 같습니다. 이처럼 사회보조금은 그동안 실업급여 Ⅱ, 사회수당(Sozial-geld) 등으로 이름이 바뀌어 왔는데, 2023년 1월부터는 시민수당(Bürgergeld)으로 재탄생했습니다. 이렇게 명칭을 바꾼 까닭은 과거의 관료적 태도에서 벗어나 시민 가까이에서 제때 충분한 국가지원을 하려는 것입니다.

시민수당이란 자신의 수입으로 생계를 유지하기 어려운 누구에게나 최소한의 인간다운 삶을 보장하기 위한 국가의 지원금입니다. 여기에는 실업, 자기 업장의 폐점, 만성질환 등 다양한 이유가 존재합니다. 수급자는 근로 능력이 있으나 자신의 수입만으로는 생계를 꾸릴 수 없을 경우에 시민수당을 받습니다. 이는 과거의 실업급여 Ⅱ 또는 사회수당(2005~2022년)을 대체하는 역할을 합니다.

시민수당의 액수는 다음과 같은 사항을 고려해 책정됩니다. 먼저 재화 및 서비스의 가격 변화와 평균 노동자의 순소득 변화를 반영해 생활에 꼭 필요한 기본 금액을 산정합니다. 이를 기본 필요액이라고 합니다. 예를 들어 2013년에는 월 382유로였고,

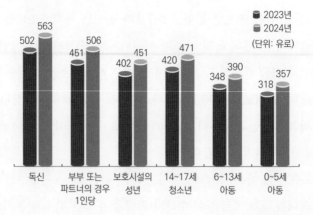

독일의 시민수당(월 지급액)

출처: 독일 연방정부 홈페이지

이후 꾸준히 인상돼 2024년 현재 성인 한 사람 기준 월 563유로입니다. 여기에는 식음료, 의류, 신발, 에너지, 집기, 의료 위생, 교통, 통신, 문화 활동 등의 비용이 포함됩니다. 부부일 때는 1인당 506유로이고 아이가 있을 때는 조건에 따라 금액이 달라집니다. 6세 미만의 아이가 있으면 357유로, 6~14세일 경우에는 390유로, 14~18세일 때는 471유로 식으로 금액이 커집니다. 2023년에 비해 2024년에는 생필품 가격과 에너지 가격이 급격히 상승해 수당이 대폭 인상됐습니다.

시민수당은 도움이 필요한 사람에게만 지급됩니다. 누군가 충분한 소득이나 재산이 있다면, 우선적으로 그것을 사용하면 됩니다. 시민수당 수급자의 재산 허용한도는 4만 유로(약 5,600만 원)까지입니다. 이보다 많은 재산을 보유한 때에는 먼저 자기 재산을 사용해야 합니다. 여기에 더해 인원이 추가될 때마다 허용한도는 1만 5천 유로(약 2,100만 원)씩 늘어납니다. 예를 들어 가족이 2명이면 허용한도는 5만 5천 유로(약 7,700만 원)입니다.

만약 수급자가 일을 하여 소득이 발생할 경우에는 수급자 소득의 비과세액을 상향 조정해 2023년 7월 1일부터 더 많은 부분을 돌려받도록 했습니다. 월수입이 520~1천 유로일 경우, 세금을 내지 않아도 되는 면세점을 30퍼센트로 올려서 좀 더 많은 수입을 가질 수 있습니다. 학생이나 대학생 수입의 면세액도 월 520유로로 상향 조정했습니다.

시민수당의 기본필요액에는 주거비가 추가됩니다. 월세는 주별로 또는 도시와 시골에 따라 액수가 달라집니다. 가족 수에 따라서 금액이 늘어나기도 하고 난방비용도 가족 수가 많아질수록 올라갑니다. 만약 이사를 해서 월세가 오를 경우, 사전에 구청의 승인을 받으면 그 인상분도 반영됩니다. 건강보험료의 경우 공공보험은 전액을, 민영보험은 공공보험에 해당하는 액수까지만 지원합니다.

그 밖에 임신하거나 장애가 있는 경우, 또는 혼자 아이를 키울 때는 그에 필요한 금액이 별도로 추가됩니다. 이를 추가필요액(Mehrbedarf)이라고 부르며 각각의 사정에 따라 기본필요액에서 12~36퍼센트를 추가로 지원합니다. 또한 희소 질병에 대한 치료약이나 보조 기구에 대한 비용 등의 특수한 경우에 대해서도 지원 규정을 촘촘히 만들어 놓았습니다. 이런 항목들이 모두 체계적으로 잡혀 있어 실업을 하더라도 누구나 기본적인 생활을 하는 데 어려움이 없도록 보장하고 있습니다.

시민수당의 구체적 액수는 주나 도시에 따라 조금씩 차이가 있습니다. 최저생계비는 같아도 주거비(월세)가 지역마다 다르게 책정되기 때문입니다. 빈곤층을 위한 주거 정책의 일환으로 소득이 부족한 이들을 위해 매월 집세의 일부를 정부가 지원하는 주거수당(Wohngeld) 제도도 있습니다. 서독 지역에서는 1965년부터, 동독 지역에서는 통일 후 1991년부터 이 제도를 시행하고 있습니다. 다만 지원을 받기 위해서는 법에 규정된 조건들을 충족해야 합니다.

우리도 기초생활보장제도가 마련돼 있어서 생계급여, 의료급여, 주거급여, 교육급여 등을 지급하고 있습니다. 하지만 지원이 필요한 사람에 비해 전체 예산과 지원 금액이 부족하고 시스템도 불완전한 상태입니다. 생활고로 자살하는 사람이 심심찮게 나오는 것도 그 때문입니다. 우리에게도 독일의 시민수당 같은 제도가 필요한 것이 아닐까요?

인플레이션 상황에서 국가의 역할

2020년 코로나 발생과 2022년 러시아가 우크라이나를 침공해 전쟁이 발발한 이래 세계 경제가 요동을 치고 있습니다. 특히 급격한 물가상승은 우리나라를 비롯해 많은 나라에 어려움을 안겨 주고 있습니다. 이런 인플레이션 현상은 독일에서도 특히 사회적 약자나 저임금 노동자의 생활에 어려움을 가중하고 있습니다. 이에 독일 연방정부는 시민 부담을 줄이고자 약 3천억 유로(약 420조 원)에 달하는 종합대책을 마련했습니다.

연방정부는 먼저 우크라이나 전쟁 때문에 급격히 오른 에너지 가격으로 인한 시민과 기업의 부담을 줄이기 위해 2023년 1월부터 에너지 공급업체를 통해 전기와 가스요금을 동결하도록 조처했습니다. 소비자가 별도로 신청할 필요 없이 공급자가 알아서 정산토록 한 것입니다. 이 조처는 가계, 중소기업 등 연간 150만 킬로와트시(kWh) 미만 사용자에 적용됐습니다. 또한 2022년 10월 1일부터 2024년 3월 말까지 가스요금에 대한 부가가치세를 19퍼센트에서 7퍼센트로 인하했습니다.

또한 연방정부는 에너지 가격이 급격히 상승하면 저소득층이나 무소득층에 큰 부담으로 작용할 것으로 전망하고 보조금을 지급했습니다. 2022년 말 현재 등록된 대학생이나 직업훈련생이 2023년 9월 말까지 보조금을 신청하면 200유로를 보너스로 지급받았습니다. 이를 통해 약 300만 명의 대학생과 45만 명의 훈련생에게 혜택이 돌아갔습니다. 연금 생활자에게는 이미 2022년 12월에 300유로를 지급했습니다. 연방정부는 사회적 약자에 대한 일회성 지원금도 지급했습니다. 2022년 7월 기준 실업급여 수급자는 자신의 기존 실업급여에 더해 100유로의 일회성 지원금을 받았고, 사회수당 수급자(기초생활수급자)는 2022년 7월에 추가로 200유로의 일회성 지원금을 받았습니다.

아동수당도 인상했습니다. 2023년 1월부터 모든 가구는 아이 1명당 월 250유로의 아동수당을 받습니다. 이전까지는 첫 번째와 두 번째 아이까지는 219유로, 세 번째 아이는 225유로, 네 번째 아이는 250유로를 받았지만 그 차이를 없애고 모두 250유로로 인상한 것입니다. 또 2022년 7월부터 아동, 청소년 등을 둔 저소득층 가구는 아동 수에 따라 1명당 추가로 월 20유로의 긴급 추가 수당(Sofortzuschlag)을 받았습니다. 이를 통해 약 290만 명의 저소득층이 혜택을 볼 것으로 추산됐습니다. 2022년에는 추가로 아동 1명당 100유로의 아동 보너스(Kinderbonus)를 지급했습니다.

주거 안정을 위해서도 만전을 기했습니다. 2023년 1월부터 월세 지원을 대폭 늘리는 주거수당 제도를 개혁했습니다. 보조금을 받는 가구를 기존의 60만 가구에서 200만 가구로 늘림으로써 약 450만 명이 혜택을 볼 것으로 추산되고 있습니다. 이번 개혁으로 한부모가정, 노인 등 차상위의 저소득층 약 140만 가구가 추가로 수당을 받게 됐습니다. 그 액수는 가족 수에 따라 조금씩 차이가 있지만 평균적으로 월 180유로에서 월 360유로로 인상됐습니다. 제도 개혁에 따른 추가 재원은 연방정부와 주

Wohngeldreform
주거수당 개혁
Mehr Wohngeld für mehr Menschen
보다 많은 사람에게 보다 많은 주거수당을

Zahl der berechtigten
Haushalte steigt auf rund:
주거수당 수령 가구 수

2 Mio.
200만

600.000
60만

2022　2023

Durchschnittliches
Wohngeld verdoppelt sich:
주거수당 평균 금액을 2배로

360 €
약 54만 원

180 €
약 27만 원

2022　2023

중요사항
Wichtig:　주거수당은 이제 난방비와 기후 요소를 지속적으로 포함하여
에너지 및 기후 비용*의 증가를 완화할 것입니다.
Das Wohngeld enthält künftig dauerhafte
Heizkosten- und Klimakomponenten,
um steigende Energie- und
Klimakosten abzufedern.

© Bundesregierung 연방정부

* 우리나라의 기후환경요금과 같은 의미
출처: 독일 연방정부 홈페이지

정부에서 각각 절반씩 부담하기로 했습니다.

　연방정부는 독일 전역에서 대다수 교통수단을 마음껏 이용할 수 있는 독일티켓(Deutschlandticket) 제도도 도입했습니다. 우크라이나 전쟁에 따른 에너지 수급 차질을 우려해 시민의 자가용 이용을 줄이고, 차량 이용의 감소를 통해 기후변화에 대처하려는 조치입니다. 2023년 5월 1일부터 독일 전역에서 배를 포함한 지하철, 버스 등 모든 대중교통뿐만 아니라 고속철도인 ICE를 제외한 모든 기차를 월 49유로로 이용할 수 있습니다. 통근차의 비용 절감을 위해 연방정부와 16개 주에서는 연간 각 15억 유로씩 부담하게 됩니다. 이는 2022년 여름에 시행해 성공한 월 '9유로 티켓'에 기반한 제도입니다. 당시 연방정부는 해당 제도의 시행을 위해 25억 유로를 지원했고, 약 5,200만 장의 승차권이 판매됐습니다.

한편 저소득층 노동자의 부담을 줄이기 위해 미디잡(Midijob)*의 월수입 한도를 2천 유로로 상향 조정했습니다. 미디잡 노동자는 건강보험, 간병보험, 실업보험, 연금보험 등 사회보험료 납부 의무가 있으나 일반 근로자보다 사회보험료 분담금을 적게 부담하고 있습니다. 2023년 1월부터 미디잡의 한도를 2천 유로로 상향 조정해 결과적으로 저임금자의 사회보험료 부담을 낮춤으로써 저임금자의 순소득을 증가시켰습니다. 연방정부는 이미 2022년 10월부터 미디잡의 한도를 1,600유로로 상향 조정한 바 있습니다.

또한 세금을 내야 하는 노동자의 면세점을 상향 조정했습니다. 높은 인플레이션 상황에서 시민의 조세부담을 줄이기 위해 소득세 비율을 조정하고, 기본공제액과 아동 기본공제액을 높였습니다. 또 급여가 인상되더라도 인플레이션에 따라 상쇄되는 것을 고려해 급여 상승에 따른 세금 인상(엄격한 누진세 경향)을 완화하는 '인플레이션 조정법'을 제정했습니다. 엄격한 누진세를 폐기함으로써 2023년부터 약 4,800만 명의 시민(노동자, 연금자, 기업인, 자영업자)에게 혜택을 제공한 것입니다. 감면 규모는 2023년 186억 유로, 2024년 318억 유로에 달할 것으로 추정됩니다. 그

---

* 198쪽 참조.

러나 45퍼센트 세율의 최고소득층에는 혜택이 없습니다.

이처럼 독일 연방정부가 내놓은 대책은 물가상승 등 경제적 어려움이 닥쳤을 때 사회적 약자나 저소득층 등을 위해 국가가 해야 하는 역할을 잘 보여 줍니다. 국가의 책무 가운데 이보다 중요한 일이 있을까요? 독일은 원래 복지체계가 잘 갖춰져 있어서 모두가 대체로 안정된 삶을 누릴 수 있습니다. 그런데도 코로나와 우크라이나 전쟁에 따른 어려움이 닥치자, 연방정부가 서둘러 추가 대책을 내놓으며 시민의 부담을 줄여 줬습니다. 이는 국가의 책무에 대한 시민들의 높은 의식에 맞춰 정부가 반응하고 있기 때문입니다. 그러한 높은 시민의식은 결국 꾸준한 정치교육의 결과가 아닐까요?

복지, 같은 단어 그러나 다른 체제

독일의 복지체계는 촘촘하게 세분돼 있어서 관련 법도 많고 매우 복잡한 편입니다. 대략 정부예산의 절반 정도를 복지 분야에 쓰고 있으며, 공무원의 절반 정도가 이 분야에서 일을 하고 있습니다. 독일의 사회복지 지출은 사회보험료와 정부예산으로 구성되는데 그 비중은 대략 8대2 정도입니다. 국내총생산(GDP)에서 복지 지출이 차지하는 비율은 1960년대 초반 약 20퍼센트에서 1970년대 중반 30퍼센트에 이르기까지 서서히 증가했습니다. 이후 비슷한 수준을 유지하다가 1990년대 중반에 30퍼센트를 돌파했고, 실업자가 500만 명을 넘어섰던 2000년대 초반에는 32퍼센트를 넘어 최고조에 달하기도 했습니다. 2003년 복지예산의 규모는 7,068억 유로(약 1천조 원)를 기록했습니다. 2000년대 중반 이후 경제 상황이 호전되면서 그 비율이 조금씩 감소해 2009년 29퍼센트, 2014년 25.8퍼센트로 줄어들었습니다.

2020년 우리의 경제 규모는 세계 10위권으로 도약했습니다. 제2차 세계대전 이후 원조를 받던 수많은 나라 가운데 유일하게 원조를 주는 나라로 변신했습니다. 2021년에는 유엔무역개발기구(UNCTAD)가 한국의 지위를 개발도상국에서 선진국으로 격상했습니다. 이러한 성장에 발맞춰 우리의 복지 지출도 과거와 달리 많이 증가했습니다. 하지만 그렇게 늘어난 복지예산이 아직도 매우 부족한 편입니다. 2014년 우리의 사회복지 지출 규모는 GDP의 10.4퍼센트에 불과합니다. 이는 같은 시기 독일의 절반에도 미치지 못하는 수치입니다. 이러한 격차는 2020년대에 이르러서도 크게 달라지지 않고 있습니다.

2018년 기준 독일의 사회수당 수급자는 약 420만 명으로 전체 인구의 5.1퍼센트에 달합니다. 반면 한국의 기초생활수급자는 약 158만 명으로 전체 인구의 3.1퍼센트에 불과합니다. 바로 이 2퍼센트의 격차만큼 한국의 사회적 약자는 더 어려운 상황에 놓여 있다고 생각합니다. 자원을 배분함에 있어 부유층이 가져가는 고소득의 일부를 약자에게 돌릴 수 있다면, 우리 사회는 훨씬 더 나아질 것입니다. 바로 이런 것이 연대의 원칙에 해당합니다. 하지만 우리 사회는 아직 그렇게 하지 못하고 있습니다. 대신 승자독식의 논리를 우선시하고 있으며, 이는 양극화와 불평등 심화의 원인이 되고 있습니다. 우리 정치는 바로 이 부분에서 제 역할을 해야 합니다. 예를 들어 독일과 한국의 최상위층에 대한 소득세율을 비교해 보면 독일은 거의 50퍼센트에 육박하는 반면, 한국은 40퍼센트에도 미치지 못하고 있습니다.

한국과 독일은 서로 차이가 있기는 하지만 일부 유사한 자본주의 사회를 지향하고 있으며 경제 규모도 점차 비슷해지고 있습니다. 따라서 정부가 복지에 대한 지출을 더 늘리는 것이 한국이 제대로 된 선진국으로 가는 지름길이 아닐까 하는 생각이 듭니다. 일각에서는 우리에게 그럴 돈이 어디 있냐고 저항할지 모릅니다. 대한민국의 2024년 정부예산은 657조 원, 2025년 677조 원에 달합니다. 이처럼 600조 원이 넘는 예산을 편성하고 있는 국가는 세계적으로 몇 나라 되지 않습니다.

불평등이 심할수록 사회갈등은 커질 것입니다. OECD 국가 가운데 사회갈등지수가 가장 높은 나라는 터키이고, 두 번째가 멕시코, 한국이 세 번째입니다. 이처럼 불평등과 빈부격차가 심한 우리나라에 필요한 것이 독일과 같은 복지국가·사회국가 시스템이 아닐까요? 어떻게 하면 그런 시스템을 갖출 수 있을까요? 복지국가·사회국가 시스템을 만들려면 먼저 복지가 필요한 사회적 약자를 대변하는 정치 세력이 제도 정치권에 들어갈 수 있어야 합니다. 그리고 그들이 그 필요성을 주장해야 합니다. 그런데 기존의 승자독식 정치 시스템에서는 약자가 정치권에 들어갈 기회를 만들기가 쉽지 않습니다. 거대 양당이 독식하는 우리의 정치구조는 우리의 선거제도에서 비롯됩니다. 이런 것들을 바꿀 수 있도록 논의하고 의견을 모아야 하지 않을까요? 학생과 시민에 대한 정치교육을 활성화하는 것이 절실한 때입니다.

2. 의대 증원 _독일은 2배 늘리기 vs. 한국에선 파업

직업에 대한 선호도는 사회환경의 변화에 따라 달라지고 있습니다. 언젠가부터 의사는 우리 사회의 최고 직업으로 인식되고 있습니다. 1970~1980년대 급격한 경제성장의 시기에는 수출의 최일선을 담당한 대기업 상사 직원이 인기였고, 1990년대 후반 IMF 사태 후 기업의 대규모 구조조정에 따라 평생직장이 사라진 다음에는 직업의 안정성이 보장된 교사나 공무원이 인기 직종으로 부상했습니다. 물론 판·검사나 변호사, 교수 등은 언제나 최고의 직업군에 속하지요. 선진국의 대열에 본격적으로 들어선 이후에는 의사가 최고의 직업이 됐습니다. 이에 따라 의대 진학 열풍이 더욱 거세지고 있습니다. 더구나 요즘 세태를 보면 의대에 가기 위해서는 초등학교 때부터 준비해야 한다며 학부모와 학원이 극성을 부리고 있습니다.

의사는 왜 의사 수가 늘어나는 것을 반대할까?

선망의 대상인 의사의 수를 늘려야 한다는 이야기가 나온 것은 코로나 시기입니다. 갑작스러운 전염병이 세계적으로 확산하면서 이에 대한 대처 국면에서 의사와 의료인력 부족이 문제가 됐습니다. 동시에 공공의료의 비중이 OECD 국가 중 최하위권에 속하는 문제와 실종된 의료의 공공성 문제가 화두로 자리 잡기도 했습니다.

2019년 기준, 공공병원은 정부가 주체가 되어 설립한 국립대학병원, 국립중앙의료원, 국립암센터, 지방의료원(지방자치단체 설립) 등 약 220개에 이르며, 전체 의료기관의 약 5퍼센트에 불과한 상황입니다. 이는 OECD 국가의 평균인 65.5퍼센트에 비해 형편없이 낮은 수준입니다. 공공병원은 수익이 없거나 적자가 나더라도 의료시설을 갖춰야 하며, 지역민에게 기본적이고 필수적인 의료를 제공해야 합니다. 또한 언제 발생할지 알 수 없는 갑작스러운 대규모 재난이나 전염병에 대비해 일정 수준의 인원과 병상을 유지해야 할 의무가 있습니다. 이처럼 공공병원을 운영하려면 수지타산을 맞추기 어렵습니다. 하지만 해당 지역의 주민에게는 꼭 필요한 시설입니다. 그래서 공공의 재정으로 병원을 유지하는 것입니다.

반면 민간병원은 기업과 같이 이익을 중시해 운영됩니다. 그런 이유로 수익이 남는 진료 과목은 유지되지만, 소위 돈이 되지 않는 진료 과목은 기피하게 됩니다. 출산이 줄어들면서 언젠가부터 지방에서 산부인과가 사라지고 최근에는 소아·청소년과도 문을 닫고 있습니다. 지방의 대형병원은 유지가 어려워 폐업해야 하는 상황입니다. 그런 탓에 지방의 많은 환자가 수도권 병원으로 올라오고 있습니다. 모두가 돈을 잘 버는 진료 과목을 선호하는 분위기 때문에 의대에서도 돈벌이가 안 되는 일부 진료 과목에는 전공의 신청자가 줄고 있습니다. 의료 행위가 철저하게 자본주의 논리를 따르게 된 것입니다. 바꿔 말하면 의료의 공공성이 사라지고 있는 것이지요. 이것이 과연 바람직한 현상일까요? 정부는 보건복지부를 중심으로 공공 보건 의료에 대한 국가의 책임을 강화하고 필수 의료에 대한 지역 격차 해소를 주요 대책으로 내놓고 있습니다. 하지만 우리의 의료 현실은 이를 따라가지 못하고 있습니다.

이런 상황에서 2020년 초 코로나 사태가 터졌고, 갑자기 늘어난 방역작업 등에 대처할 의료인력이 부족해 어려움을 겪었습니다. 이에 의사 수를 늘리기 위해 의대정원을 늘려야 한다는 이야기가 나왔던 것입니다. 하지만 정원 확대 주장은 의사들의 강력한 반발에 부딪혔습니다. "문제는 인원이 아니라 배치다!"라며 증원에 반대하는 대한의사협회 의사들이 마스크를 끼고 국회 앞에서 벌인 기자회견의 모습이 기억납니다. 2023년에 들어서 보수 정권이 의사 수를 늘리기 위해 의대정원을 확대하는 정책을 추진하고 있습니다. 이에 대형병원의 전공의를 중심으로 재계약을 거부하며 의료 현장을 떠나고 있습니다. 이러한 의사들의 행태는 파업과 같은 것으로, 국민의 지지를 받지 못하고 있습니다.

의료 전문가가 아니라 자세한 속사정은 알 수 없으나, 왜 많은 의사가 의사 수를 늘리는 데 반대하는 것일까요? 단순한 기득권의 유지가 아니라 다른 이유가 있는 것일까요? 대학 병원의 인턴이나 레지던트는 잠도 제대로 못 자고 근무하느라 혹사당하고 있다는 보도는 언론의 단골 메뉴 중 하나입니다. 보도를 볼 때마다 인원을 보강해 교대로 근무하면 왜 안 되는지 의문이 듭니다. 의사들이 수도권으로만 몰려들어 지방 병원에는 의사가 없다고 합니다. 병상 200개에 전문의 1명꼴로, 필수 의료가 제대로 제공되지 못하고 있다고 합니다. 병원에서도 일부 인기 진료과에만 지원자가 몰려 비인기 과에는 의사가 부족하다고 합니다. 이런 상황에서 의사들 자신도 충분한 휴가시간을 가지고 재충전하고 있는지 궁금합니다. 교대해 줄 의사가 없어서 거의 연중무휴로 일하고 있는 것은 아닐까요? 이런 현상이 의사들의 주장대로 단순히 배치만 잘하면 해결되는 문제인지 잘 모르겠습니다.

이러한 어려움에도 불구하고 의사가 다른 직업에 비해 안정적이고 수입이 많다는 사실은 분명합니다. 보건복지부의 자료에 따르면 실제로 의사의 평균 연봉은 2022년 기준 3억 원을 넘어선 것으로 나타났습니다. 이는 동네 의원부터 상급 종합병원까지 전체 의료기관에서 근무하는 의사 인력 9만 2,570명의 연봉을 분석한 것으로 인턴, 레지던트 등 전공의는 제외한 것입니다(「조선일보」, 2024년 5월 15일). 단순하게 생각하면 의사 수가 늘어나면 수요와 공급의 법칙에 따라 지금보다 의사의 소득이 줄어들 것입니다. 따라서 평범한 시민의 관점에서 볼 때 의사들이 정원 확대를 반대하는 것은 단순히 자신의 기득권 유지일 뿐입니다. 파업까지 불사하며 요구하는 것은 결국 자신의 밥그릇을 건들지 말라는 이야기에 지나지 않습니다. 의료의 공공성은 사라지고 강력한 이익집단의 천박한 자본주의 논리만 남습니다.

일반적으로 의사 수는 인구 1천 명당 몇 명인기로 나타냅니다. 통계청의 자료에 따르면, 2021년 기준 한국은 2.6명으로 OECD 국가 중 멕시코 2.5명 다음으로 가장 적습니다. OECD 평균은 3.7명이고, 오스트리아가 5.4명으로 제일 많고, 독일은 4.5명으로 상위권에 속합니다. 간호조무사를 제외한 간호사 수도 4.6명으로 OECD 평균인 8.4명보다 훨씬 적었습니다. 반면 병상이나 의료장비와 같은 의료 인프라는 OECD 평균을 상회했습니다. 우리의 병상 수는 1천 명당 12.8개로 가장 많았으며 OECD 평균은 4.3개였습니다(『동아사이언스』, 2023년 7월 25일). 이처럼 우리는 의료시설 투자에는 적극적인데, 왜 인적 투자에는 인색한 것일까요?

독일은 인구 1천 명당 의사 수 4.5명으로 우리보다 의사 수가 이미 2배 가까이 많습니다. 그런데도 코로나 위기를 겪으면서 의대정원을 2배 늘리기로 했습니다. 특히 의사들 스스로 정원 확대를 요구했다는 사실이 우리와 크게 대비됩니다.

2009년 베를린 한국대사관에 근무할 당시 동네 병원을 찾은 적이 있습니다. 진료를 마친 의사가 혹시 다음 진료를 꼭 자기에게 받기를 원한다면 2주 후로 예약하라고 요청했습니다. 그 이유를 묻자, 자신이 휴가를 간다고 답했습니다. 뭐 할 것인지 궁금해하니 2주간 쿠바 여행을 떠난다고 했습니다. 평범한 5월의 어느 날로 기억합니다. 의사 수가 늘어나면 소득이 약간 줄어들지는 몰라도 그들의 삶의 질은 지금보다 훨씬 더 나아질 것입니다.

공공의료에 답이 있다

한국은 1천 명당 의사 수 2.6명인데도 불구하고 의사들이 증원을 반대하고 있고, 독일은 의사 수 4.5명으로 우리보다 2배 가까이 많은데도 불구하고 더 늘리자고 하는 것은 무엇보다 공공의료의 비중이 서로 다르기 때문입니다. 쉽게 말해 공공의료는 정부나 종교단체 등 공공재정으로 병원을 설립해 운영하는 형태입니다. 의사는 그런 병원에 취업해 월급을 받습니다. 공공의료를 나타내는 지표는 전체 의료기관 대비 병원 수, 병상 수, 의사 수로 표시합니다. 2022년 우리의 공공의료 비중은 병원 5.2퍼센트, 병상 8.8퍼센트, 의사 10.2퍼센트에 불과합니다. 의사가 급여를 받으며 일할 곳이 거의 없는 현실입니다.

OECD 국가의 공공의료 비중 평균은 2021년 병원 55퍼센트, 병상 72퍼센트입니다. 주요국을 살펴보면 병원 수 기준으로 영국 100퍼센트, 캐나다 99.0퍼센트, 프랑스 45.0퍼센트, 미

OECD 국가의 공공의료 비중

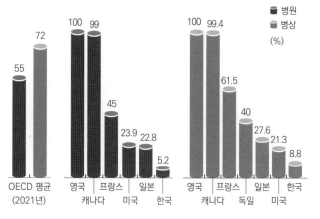

출처: 「의학신문」, 2023년 10월 19일

국 23.9퍼센트, 일본 22.8퍼센트 등이며, 병상 수 기준으로 영국
100퍼센트, 캐나다 99.4퍼센트, 프랑스 61.5퍼센트, 독일 40퍼
센트, 일본 27.6퍼센트, 미국 21.3퍼센트입니다.

이렇게 선진국에서는 공공의료의 비중이 높지만, 우리나라는
그 비중이 그지 않고 대디수 의료시설은 민간에 의해 주도되고
있습니다. 각 병원과 의사는 알아서 병원시설을 마련하고, 손실
이 발생하지 않도록 운영해야 합니다. 일종의 자영업자와 같은
형태입니다. 의사 수가 늘어나면 병원 수가 늘어나겠지요. 그러
면 경쟁이 치열해지고 경영이 어려워지거나 수익이 줄어들 수
밖에 없을 것입니다. 이런 상황에서 의사 수를 갑자기 늘리는 것
은 의사의 이해관계에 반하게 됩니다. 따라서 의대정원을 늘리
려는 정책은 공공의료 비중을 확대하는 일과 동시에 추진해야
합니다. 결론적으로 정부나 공공의 예산으로 좀 더 많은 공공병
원을 신설하고 좀 더 많은 의사를 고용할 수 있어야 의사들의 의
대정원 확대에 대한 반대가 줄어들 것입니다.

비급여 항목과 희소병

우리가 만든 훌륭한 복지제도 가운데 하나는 바로 건강보험
제도입니다. 세계에 내놓아 손색이 없다고 할 수 있습니다. 선진
국조차도 건강보험 문제로 골머리를 앓고 있습니다. 미국에서
는 건강보험 미가입자가 2009년까지 약 5천만 명에 달해 건강
보험제도를 개혁하는 문제가 대통령 선거 때마다 주요 쟁점으
로 부각됩니다. 이후 오바마 케어 등의 시스템 개혁을 통해 미가
입자 수는 약 2,500만 명으로 줄어들었습니다. 영국에서는 공공
성이 너무 강해 의사를 만나는 일이 쉽지 않다고 합니다. 수술받
기 위해서는 몇 달씩 기다려야 할 정도라고 합니다. 반면 우리는

나름대로 합리적인 건강보험 제도를 운영하고 있어서 만족도가 높은 편입니다. 다만 시급하게 개선해야 할 과제가 몇 가지 있습니다.

먼저 건강보험을 적용할 수 없는 비급여 치료 항목이 너무 많다는 점입니다. 비급여 치료의 비용은 환자에게 전가됩니다. 그래서 많은 사람이 건강보험 이외에 비급여 비용을 보상해 주는 또 다른 의료보험을 들고 있습니다. 이런 이유로 추가 보험을 들지 못하는 가난한 이들은 비급여 치료를 받기 어렵습니다. 경제 수준에 따라 치료에서 불이익을 받을 수밖에 없는 구조입니다. 같은 질병을 치료할 때 추가 보험을 들었는지 아닌지에 따라 치료 방법이 달라진다면 그것은 문제가 아닐까요? 왜 정부는 하나의 건강보험으로 일원화하지 않고 이원화되도록 방치하는 것일까요? 이에 대해 보건복지부의 대책이 필요하다고 봅니다.

우리 건강보험의 또 다른 단점 가운데 하나는 희소 질환을 잘 보장하지 않는다는 점입니다. 희소병에 걸리면 비싼 약값이나 치료비 때문에 어려움을 겪는다는 보도가 심심찮게 뉴스에 나오곤 합니다. 마찬가지로 코로나 팬데믹이 전 세계를 휩쓴 이후 적지 않은 사람들이 백신접종의 부작용으로 심각한 후유증을 앓고 있습니다. 이런 일이 발생하면 일반적으로 환자와 가족의 일상이 모두 망가지게 됩니다. 개인의 문제로 돌리고 알아서 하라는 입장을 취하는 경우가 많기 때문입니다. 2023년 말 기준 코로나 예방접종의 부작용에 대한 피해보상은 극히 미미한 수준입니다. 사망자 보상 신청자(2천 건) 가운데 보상이 이뤄진 경우는 1.2퍼센트(23건)에 불과합니다. 사망을 포함한 전체 피해보상신청은 약 10만 건에 달합니다. 그중 보상이 확정된 것은 약 2만 5천 건, 25퍼센트에 그치고 있습니다(「한겨레」, 2024년 1월 19일).

희소병이나 백신 부작용 등으로 갑자기 앓게 되면 환자와 가족 모두 비극을 겪게 됩니다. 정부가 나서서 예방접종을 실시했다면 마땅히 그에 따른 부작용에 대해서도 책임을 지는 게 옳지 않을까요? 그런데 개인에게 대응을 떠맡기는 것은 너무 가혹한 처사입니다. 오히려 이런 경우에는 보험사나 국가가 환자의 치료와 보상(생제미제)에 더 신경을 써야 하는 게 아닐까요? 여기서 우리는 의료의 공공성이 무엇인지, 건강보험의 역할이 무엇인지, 정부의 역할이 무엇인지를 다시금 고민해 봐야 할 것 같습니다. "신체장애자 및 질병·노령 기타의 사유로 생활 능력이 없는 국민은 법률이 정하는 바에 의하여 국가의 보호를 받는다"라는 우리 헌법 제34조 6항이 살아있는 것인지 궁금합니다.

독일의 건강보험제도

제가 경험한 독일의 건강보험제도*에서는 비급여 항목을 찾아보기 어렵습니다. 돈이 없어서 치료를 못 받거나 품질이 떨어지는 처방을 받은 적도 없습니다. 암과 같은 큰 병이나 희소병에 걸리더라도 치료를 받는 데 별다른 어려움이 없는 것 같았습니다. 아무리 오래 입원하더라도 별도의 비용이 들지 않았습니다. 치과에도 비급여 항목이 없었습니다. 임플란트를 해도 돈을 내지 않았습니다. 특히 아이의 치료는 우선시한다고 합니다. 또 일반 치료뿐만 아니라 치아교정까지도 전부 무료라고 했습니다.

이러한 독일 건강보험제도의 단점은 보험료가 조금 비싸다는 것입니다. 과거 2000년대 유학생일 때는 공보험으로 월 150유

---

* 독일의 건강보험제도에 대한 보다 자세한 내용은 『독일 사회, 우리의 대안』(어문학사, 2019) 제4장 3절 참고.

로, 2008년 대사관에 근무할 때는 사보험으로 월 722유로(본인 361유로+대사관 361유로)를 냈습니다. 2024년 현재 독일에서 일하고 있는 친구에게 물어보니 20년가량 직장 생활을 한 근로자가 월 800유로(본인 400유로+회사 400유로)를 내고, 한 자영업자는 단독으로 월 900유로(소득에 따라 차이가 존재) 넘게 내고 있다고 합니다. 제가 만났던 독일의 젊은 친구들은 1년 내내 거의 병원에 가지 않는데도 매달 막대한 보험료를 부담해야 하는 이런 보험제도를 별로 좋아하지 않았습니다.

예전에 독일 사람들은 몸이 이상하면 바로 병원을 찾는 사람이 많았습니다. 보험료가 비싸도 추가 부담이 거의 없기 때문입니다. 그래서 매번 연말이면 보험사와 병원 간에 의료비 정산 과정에서 의료비 상승이 문제가 되곤 했습니다. 이를 해결하기 위해 2004년 연방정부가 한 가지 아이디어를 내놓았습니다. 병원을 찾아 처음 접수할 때 모든 공공보험 환자에게 분기당 한 번씩 반드시 10유로의 수수료를 내게 한 것입니다. 작은 조치이지만 큰 성과를 거뒀습니다. 예를 들어 누군가 3월 하순 무렵에 아프면 바로 병원을 찾지 않고 조금 참았다가 4월 초에 병원에 가면 됩니다. 그러면 6월까지 3개월간은 10유로의 진료비를 내지 않을 수 있습니다. 그러자 병원을 찾는 사람이 10퍼센트 가까이 줄어들었습니다. 약간의 수수료가 환자의 불필요한 병원 방문을 제한한 것입니다. 참고로 당시 연방보건부장관은 사민당 소속 교사 출신의 울라 슈미트(Ulla Schmidt)였는데, 그녀는 2001년부터 2009년까지 최장기간 장관직을 수행했습니다.

한국과 독일의 건강보험제도 가운데 어느 것이 더 나을지 논의해 보면 좋겠습니다. 사회적 약자나 빈곤층에게는 아무래도 독일의 제도가 낫지 않을까 싶습니다. 다만 의료 분야의 경제성을 생각한다면 한국의 제도가 더 바람직해 보입니다. 이 문제 역시 정치교육에서 다뤄야 할 중요한 주제 가운데 하나로 생각됩니다.

3. 최저임금 차등 적용의 함정

우리나라에서는 매년 6월이면 최저임금위원회가 소집돼 다음 해의 최저임금을 결정합니다. 매번 최저임금을 인상하자는 노조 측과 억제하자는 사용자 측이 대립하고 있습니다. 양측의 주장을 들어보면 모두 얼추 맞는 것 같습니다. 그런데 서로 정반대의 주장을 하고 있는 것이 문제입니다.

2024년 6월 최저임금위원회에서는 최저임금의 업종별 차등 적용 문제가 쟁점이 됐습니다. 이는 경영자 측에서 심의 때마다 제시하는 단골 메뉴 가운데 하나입니다. 그 근거로 사용자의 임금지불능력을 고려하지 않은 일률적 최저임금 인상은 사업장의 경영 악화를 부추기고 있다는 점과 주요 선진국에서는 이미 차등 적용 제도를 도입하고 있다는 점을 들고 있습니다.

그러나 노조 측에서는 다음과 같은 근거를 들어 사용자 측의 주장을 반박하고 있습니다. 고용노동부의 보고서에 의하면, 경영계가 지목한 3개 업종의 영업비용 중 실제 인건비가 차지하는 비중이 임차료 등의 다른 비용에 비해 매우 미미한 수준이라는 것입니다. 또 최저임금위원회의 보고서에 따르면, 조사대상 41개국 가운데 업종별 또는 지역별 최저임금제를 시행하는 나라는 11개 국가에 불과했을 뿐만 아니라 이들 국가 대부분은 최저임금보다 업종별, 지역별 최저임금을 더 높게 책정하고 있다고 합니다.[*]

과연 최저임금을 인상하는 게 맞을까요, 아니면 최저임금을 억제하거나 동결하는 것이 바람직할까요?

최저임금 혜택은 하위 20% 노동자에게

최저임금 인상은 우리 사회의 약자에게 중요합니다. 청소, 경비, 식당이나 편의점 아르바이트 등 저임금 노동자의 소득을 올릴 수 있는 유일한 방법이기 때문입니다. 이들의 수입은 한마디로 시간당 최저임금이 얼마인가에 달려 있습니다. 최저임금이 인상돼야 이들의 생활이 조금이라도 나아질 수 있습니다. 2024년 최저임금은 시간당 9,860원입니다. 이를 단순히 주 40시간으로 4주 계산하면(160시간) 160만 원이 되지 않습니다. 다만 한 달을 꼬박 일하게 되면 주휴시간을 포함해(1주 40시간 근무, 월 209시간) 월 2,060,740원이라고 합니다. 2025년 최저임금은 시간당 10,030원으로, 월급으로 환산하면 2,096,270원입니다. 월 3만 원가량 늘어나게 됩니다.

2022년 러시아의 우크라이나 침공 이후 세계적인 인플레이션 현상으로 인해 한국에서도 물가가 계속 오르고 있습니다. 이런 상황에서 최저임금을 받는 노동자가 최소한의 생계유지를 할 수 있을지 의문이 듭니다. 혹시라도 노동자가 결혼했거나 아이가 있다면 생계를 유지할 수 있을지 걱정이 됩니다. 2019년 비정규직 관련 프로젝트를 통해 직접 경험한 바에 따르면, 이들은 커다란 횡재를 바라는 것이 아니라 그저 월수입이 현재보다 약

---

*   보다 자세한 내용은 조현실 "업종별 차등 적용? 최저임금 낮추겠다는 속셈: 인건비 때문에 경영 악화? 거짓! … 차등 적용 나라 대부분 '국가 최저임금'보다 높아", Social Korea, 2024년 6월 6일 참조.

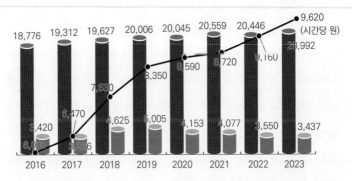

출처: 「임금실태조사보고서」, 최저임금위원회

간 더 늘어나는 것을 원했습니다. 그래서 근무 후에도 부업을 해야만 하는 상황에서 벗어나고자 했습니다.* 바로 이런 문제를 최저임금의 인상으로 해결할 수 있을 것입니다. 하지만 월 3만 원 인상은 물가상승에 비해 너무 적습니다.

사실 다수의 임금노동자는 최저임금을 별로 신경 쓰지 않습니다. 어차피 그들의 시간당 임금은 최저임금보다 훨씬 더 높기 때문입니다. 대략 2천만 명의 노동자 가운데 최저임금의 혜택을 받는 저임금 노동자는 약 400만 명으로 하위 20퍼센트 정도입니다. 최저임금은 2018년과 2019년에만 다소 큰 폭으로 인상됐을 뿐, 그 이후로는 미미한 인상률을 보이고 있습니다. 2017년 대선 국면에서 모든 대선 후보가 최저임금 1만 원 공약을 내걸었지만, 최저임금이 1만 원을 넘어선 것은 2025년입니다.

* 보다 자세한 내용은 『독일 사회, 우리의 대안』(어문학사, 2019) 제8장 3절 참고.

최저임금과 일자리 부족

최저임금이 오르는 것을 꺼리는 이들은 주로 사용자나 경영자입니다. 그에 따른 연쇄적인 인건비 상승을 우려하기 때문입니다. 그중에서도 영세자영업자나 중소기업 대표는 직접적으로 영향을 받으므로 최저임금 인상을 가장 강하게 반대하고 있습니다. 소규모 식당, 카페, 슈퍼마켓, 편의점, 치킨집, 미용실 등의 편의시설을 운영하거나 중소기업을 경영하는 이들은 대체로 저렴한 임금을 지급하는 노동력에 의존하고 있습니다. 더구나 동네마다 너무 많은 상점이 난립해 있어서 문제입니다. 특히 자영업자는 더 큰 어려움을 겪고 있습니다.

영세사업장은 인상 요인이 있어도 주변에 경쟁자가 너무 많아 자신이 제공하는 상품이나 서비스의 가격을 함부로 올리기 어렵습니다. 과도한 출혈경쟁이나 제살 깎아먹기로 폐업도 속출하고 있습니다. 이런 상황에서 인건비 상승은 치명적입니다. 물론 높은 임대료가 더 문제라는 지적도 있습니다. 아이러니하게도 이러한 영세자영업의 과잉경쟁으로 혜택을 보는 사람은 중산층이나 부유층입니다. 원래는 영세사업장의 상품이나 서비스에 좀 더 많은 금액을 지불해야 하는데, 과도한 경쟁에 따라 저렴한 비용으로 그것들을 사거나 이용할 수 있기 때문입니다.

2021년 기준, 한국의 자영업자는 550만 명을 넘어 전체 취업자의 20~25퍼센트를 차지하고 있습니다. OECD 평균은 약 17퍼센트이고, 이탈리아(22.5퍼센트), 영국(15.3퍼센트), 프랑스(12.4퍼센트)를 제외한 G7 국가는 모두 10퍼센트 미만을 기록하고 있습니다. 우리나라가 다른 선진국에 비해 자영업자의 비율이 높은 것을 알 수 있습니다. 이러한 현상의 원인은 일자리 부족입니다. 그래서 많은 사람이 자영업에 뛰어들어 점점 더 경쟁이 치열해지고 있습니다. 조금 가혹하게 들릴 수도 있지만, 최저임금의 인상에 따른 인건비도 지급하기 어려운 자영업은 그냥 문을 닫는 것이 낫지 않을까요? 저임금 노동력에 의존하는 사업은 차라리 중단시키는 것이 모두에게 유리하기 때문입니다.

그렇디면 대안은 무엇일까요? 그것은 과도하게 많은 영세시당, 미용실 등 자영업의 개업을 막는 것입니다. 그러면 그들은 도대체 어떻게 먹고사느냐고 항변할 수 있습니다. 무분별한 창업에 따른 과잉경쟁으로 망하고 빚더미에 앉게 하는 것보다 차라리 정부가 기초생활수급자 지원을 하는 것이 낫습니다. 기존 식당도 살고, 그들이 내는 세금을 통해 (식당을 차리려는) 실업자도 살 수 있는 방법입니다. 그러면 취업을 준비하거나 다른 서비스 사업 등을 모색해 모두가 공생할 수 있지 않을까요? 무작정 영세자영업에 다 같이 뛰어드는 것보다 차라리 정부지원을 받도록 하는 것이 모두에게 유리할 수 있다는 말입니다. 오랫동안 독일 사회를 살펴보며 느낀 생각입니다.

2020년 기준 독일의 자영업자 비율은 9.6퍼센트로 우리의 절반도 되지 않습니다. 거리에 나가봐도 식당이나 미용실 등 영세 자영업이 우리처럼 눈에 많이 띄지 않습니다. 아마도 정부나 관련 단체가 의사, 법조인, 공무원 등의 전문직뿐만 아니라 자영업도 그 수를 적절하게 조절하고 있기 때문인 듯합니다. 반면 시민수당(과거의 사회보조금)을 받는 사람(551만 명/2023년, 전체 인구의 6.7퍼센트)은 한국의 기초생활수급자(236만 명/2022년, 전체 인구의 4.6퍼센트)의 2배가 넘습니다. 인구수를 감안하더라도 우리보다 훨씬 많은 편입니다.

물론 이것은 옳고 그름이나 맞고 틀리고의 문제가 아니라 선택의 문제입니다. 어떤 방식이 우리 사회에 유리할지 시민교육에서 함께 논의해 보면 좋겠습니다. 물론 정치가 나서서 그런 논의를 주도하고 해결해야 할 문제입니다.

독일의 최저임금

독일에서는 2015년에 최저임금제도가 처음 도입됐습니다. 이전에는 노동자 대부분이 자신의 노동에 대한 충분한 보상을 받을 수 있었으므로 굳이 최저임금제도가 필요하지 않았지요. 즉 산업별 노조의 임금협약에 따라 대다수 노동자는 적절한 임금을 받았습니다. 그런데 유럽연합(EU)이 확대되고 독일에 외국인 노동자가 많이 들어오면서 저임금 문제가 발생했습니다. 이에 따라 시간당 8.50유로의 최저임금제도가 도입됐습니다. 이후 조금씩 인상돼 2024년 현재는 시간당 12.41유로를 받고 있습니다. 원화로 환산하면 1만 7,300원 정도로, 우리의 2배에 육박합니다. 1인당 GDP 차이를 감안하더라도 우리보다 훨씬 높은 금액입니다.

독일의 최저임금위원회는 2년마다 연방정부에 최저임금 인상안을 제안하고 있습니다. 위원회는 투표권을 가진 위원장 1명, 사용자 위원 3명, 노동자 위원 3명 그리고 투표권 없이 자문만 하는 학자 2명으로 구성돼 있습니다. 경영자 단체와 노조 단체는 5년마다 한 번씩 각각 자신의 대표자 3명을 새로 선임하고 있습니다. 위원회는 최저임금을 얼마나 인상해야 노동자의 최소한의 삶을 보호할 수 있는지, 공정한 경쟁조건이 되는지 등을 심사합니다. 위원회의 인상안 결정은 제도가 도입된 이래 주로 만장일치로 결정됐는데, 최근에는 처음으로 다수결로 정해졌습니다.

최저임금은 제도의 도입 이후 조금씩 인상되다가 2022년 10월 1일 자로 대폭 인상됐습니다. 노동이 좀 더 정당한 대우를 받아

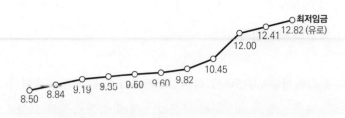

최저임금

| | | | | | | | | | | |
| 8.50 | 8.84 | 9.19 | 9.35 | 9.60 | 9.60 | 9.82 | 10.45 | 12.00 | 12.41 | 12.82 (유로) |

2015. 2017. 2019. 2020. 2021. 2021. 2022. 2022. 2022. 2024. 2025.
01.01. 01.01. 01.01. 01.01. 01.01. 07.01. 01.01. 07.01. 10.01. 01.01. 01.01.

출처: 독일 연방통계청

야 한다고 생각하는 사민당과 녹색당을 중심으로 구성된 신호등 연정에서 자신들의 총선 공약을 이행한 결과입니다. 연방정부는 식당 종업원, 농업이나 산림업 종사자 등 저임금 노동자 약 580만 명이 혜택을 볼 것으로 추산했습니다.

독일에서 최저임금의 적용을 받지 않는 경우는 직업학교나 대학 재학 중 실습으로 일하는 학생, 또는 3개월까지 진행되는 입사 오리엔테이션을 받을 때입니다. 그 밖에도 직업훈련생(특정 조건에 놓인 직업훈련생은 최저임금 요구 가능), 자발적 자원봉사자, 정부의 노동 대책 참가자, 자영업자, 장기 실업자, 장애인 등은 최저임금을 적용하지 않아도 됩니다. 이들은 학업과 훈련을 병행하거나 정부의 수당을 받기 위해 노력하는 모습을 보이는 등의 노동, 즉 정상적 노동을 하는 것이 아니기 때문에 최저임금 대상에서 제외됩니다.

경영자는 저임금 노동자를 위해 노동시간을 기록할 의무가 있습니다. 구체적으로 사용자는 건설, 숙박·식음료, 광산, 택배, 운송, 배달, 산림, 청소, 정육 등에 종사하는 노동자의 노동시간을 반드시 규칙적으로 기록해야 합니다. 또한 하청업체가 최저임금을 준수하지 않으면 원청 업체가 책임을 져야 합니다. 최저임금 시행과 관련해 다음과 같은 규제가 있습니다. 최저임금 지급을 위반하면 50만 유로까지 벌금을 매길 수 있습니다. 노동시간 기록의무를 위반하면 3만 유로까지 벌금이 부과될 수 있습니다. 감독기관으로는 연방관세청 산하 '불법노동 재정통제처(Finanzkontrolle Schwarzarbeit: FKS)'가 있습니다.

소득 격차, 30년 동안 2배 이상 증가

우리나라의 1인당 GDP는 1960년 약 1,200달러에서 2023년 약 3만 3천 달러로 거의 30배나 증가했습니다. 경제 규모가 세계 10위권에 진입하면서 근로자의 임금수준도 과거에 비해 크게 높아졌습니다. 제3세계 국가나 후진국의 노동자뿐만 아니라 방송에서 보듯이 선진국에서도 많은 사람이 한국을 찾는 것이 그 증거라고 할 수 있습니다. 그러나 여전히 낮은 최저임금과 일부 저임금, 그에 따른 과도한 소득 격차는 큰 문제입니다. 소득의 격차는 자산의 격차로 이어지고 있습니다. 시간이 갈수록 격차의 폭이 (조금씩이나마 완화된다면 괜찮겠지만) 점점 더 벌어지고 있다는 점에서 문제의 심각성도 커지고 있습니다.

통계청의 자료에 따르면, 중소기업의 평균 임금은 1999년에 대기업의 71.7퍼센트에 달했다가 2021년에 47.2퍼센트로 떨어졌습니다. 20년이 지나는 동안 대기업과 중소기업의 임금격차가 24.5퍼센트 포인트 벌어진 것입니다. 1990년 상위 20퍼센트의 소득은 하위 20퍼센트보다 3.7배 높았는데, 2021년에는 6배가 됐습니다. 30년 동안 소득의 격차가 2.3배 증가한 것입니다. 이런 문제를 단순히 경쟁에 따른 결과라고 치부하는 것이 옳을까요? 그렇지 않습니다. 정규직과 비정규직 간, 또 직종 간 과도한 임금격차를 줄이기 위한 논의가 시급한 상황입니다.

임금과 소득의 격차는 자산 대부분을 차지하는 부동산 가격의 양극화와 더불어 한국 사회 불평등의 근원이라고 할 수 있습니다. 특히 최저임금이나 저임금은 우리 사회가 노동의 가치를 어떻게 평가하는지를 보여 주는 지표입니다. 더 많은 교육을 받아야 저임금이나 비정규직에서 벗어날 수 있으므로 이는 우리의 교육 문제와도 직결됩니다. 그래서 많은 부모가 자신의 아이들을 극심한 경쟁 속으로 몰아넣고 있습니다.

결론적으로 우리 사회의 불평등 문제를 완화하려면 먼저 소득의 격차를 줄여야 합니다. 그렇게 하고도 남아 있는 불평등을 완화하기 위해서는 다양한 복지제도를 통해 격차를 줄여야 합니다. 앞에서 살펴본 것처럼 독일 사회는 일차적으로 소득 분배의 공정함을 통해서, 이차적으로는 복지제도를 통한 지원을 통해 우리보다 훨씬 더 공정하고 평등한 사회를 만들고 있습니다. 불평등의 문제를 과연 어느 정도까지 완화해야 근로의욕을 훼손하지 않을지 정치권이 나서서 논의의 장을 만들어야 합니다. 물론 시민교육에서도 이 문제를 다뤄야 하겠지요.

4. '킬러문항' 배제 vs. 교육개혁의 본질

2023년 6월, 대통령이 수능에서 소위 '킬러문항'을 없애야 한다고 언급한 이후 교육계에 파문이 일었습니다. 교육부는 담당국장을 경질했고, 한국교육과정평가원 원장이 사임했습니다. 이후 사교육 입시카르텔의 근절이란 말이 나오고, 한국교육과정평가원(KICE)에 대한 감사와 대형 입시학원에 대한 세무조사 이야기도 불거졌습니다. 그러면서 이런 조처가 우리의 교육 시스템을 개선하는 것처럼 말하고 있습니다. 킬러문항이 사라져 수능이 쉬워지면 사교육이 없어지고, 우리가 원하는 교육개혁이 이뤄질까요?

'킬러문항' 배제

킬러문항이란 흔히 모의고사, 대학수학능력시험, 내신 평가 등의 학교 시험에서 문제가 몹시 어려워서 정답률이 낮은 문항을 말합니다. 점수나 석차에 따라 입학할 수 있는 대학이 정해집니다. 그런 상황에서 킬러문항은 수많은 수험생을 평가해 변별력을 높이는 수단이 됩니다. 많은 학생이 킬러문항에 대비해 과외나 학원 등 사교육을 받습니다. 그렇지만 킬러문항을 풀었다고 해서 우수한 학생인지는 의문입니다. 비싼 사교육을 통해 단순히 문제풀이 기술을 익힌 것이기 때문입니다.

어찌 됐든 킬러문항을 없애겠다는 조치는 사교육에서 문제풀이 기술을 배우지 않아도 되므로 바람직합니다. 하지만 킬러문항을 없앤다고 학원이나 과외가 사라질까요? 그렇지 않을 것입니다. 킬러문항 대신 변별력을 가져올 새로운 방안이 등장할 것이고, 그에 대한 대비를 위해 사교육은 여전히 계속되겠지요. 킬러문항의 배제는 문제의 본질을 외면한 임시방편일 뿐입니다.

학교 교육이 안고 있는 문제의 본질은 변별력을 높이는 킬러문항 여부가 아니라 그와 같은 변별력을 이용해 학생들을 성적순으로 줄을 세우려는 시스템입니다. 킬러문항이 사라지면 변별력을 높일 또 다른 도구를 만들어 낼 것입니다. 따라서 학생을 점수로 서열화해 줄 세우려는 과도한 경쟁교육을 그만둬야 합니다. 이러한 과잉경쟁 때문에 교육 현장은 참교육을 시행하지 못하고 왜곡되고 있습니다. 2017년 한국개발연구원(KDI)의 설문

조사 결과는 이러한 사실을 뒷받침하고 있습니다. "고등학교가 어떤 곳이라고 생각하느냐?"라는 질문에 응답한 한국 대학생의 81퍼센트는 "사활을 건 전장"이라고 답변했습니다. 반면 미국과 중국의 대학생은 약 40퍼센트가, 일본은 14퍼센트만이 그렇다고 응답해 우리보다 훨씬 낮았습니다. 한국에서는 왜 이런 극단적인 점수경쟁을 벌이는 것일까요?

많은 학생이 명문대의 좋은 학과에 가고자 하기에 고등학교 생활을 반드시 승리해야 하는 하나의 전쟁터로 생각하기 때문입니다. 다시 말해 희망자는 많지만 자리는 적기 때문에 경쟁이 치열해지는 것입니다. 최근에는 의대에 가기 위해 초등학교 때부터 사교육이 극성을 부리고 있다고 합니다. 또한 일류대와 이류대, 지방대 졸업생 간에 보이지 않는 차별도 극심합니다. 출신 대학의 졸업장으로 사람의 능력을 평가하고 직업의 귀천이 상대적으로 뚜렷한 편이며, 같은 일을 하더라도 소속이 어디냐에 따라 급여 차이가 매우 큽니다. 일반적으로 한 사람의 소속을 결정하는 데 좋은 학벌이 결정적 요소가 됩니다. 그러나 대학의 정원은 한정돼 있어서 아무리 노력해도 갈 수 없는 학생이 훨씬 많습니다.

이에 더해 우리 사회에서 학벌 경쟁을 유발하는 결정적 원인은 입시와 향후 직업 선택에서 승자와 패자 사이의 과실 차이가 지나치게 크다는 점입니다. 예를 들어 정규직과 비정규직의 임금격차가 적으면 2~3배, 많으면 10배까지 이르는 것이 그 증거입니다. 이런 사회적 분위기 속에서는 함부로 특성화 고등학교에 가라고 할 수 없습니다. 우리 사회에서 제대로 된 중학교와 고등학교는 이미 오래전에 죽었다고 할 수 있지요. 모든 학교에서 새벽부터 밤늦게까지 학생들에게 오로지 높은 점수와 등수만을 강요하고 있을 뿐입니다.

오늘날 우리의 학교 교육은 과연 누구를 위한 것일까요? 왜 소수를 위해 다수가 희생양이 되는 제도가 계속해서 방치되고 있을까요? 바로 여기에 우리 중·고등학교 개혁의 당위성이 존재한다고 생각합니다. 모두가 이런 현실을 알고 있지만, 마땅한 대안을 제시하기 어려우므로 누구도 이를 바꾸자며 쉽사리 나서지 못하고 있습니다. 그렇다면 입시지옥, 대학 서열화, 공교육 훼손, 사교육 과열 등 수많은 문제에 둘러싸인 우리 교육을 정상화할 핵심 과제는 무엇일까요?

교육개혁의 핵심

바로 승자독식의 사회에서 벗어나는 것입니다. 승자가 대부분을 독식해 버리는 경제, 사회, 정치, 문화 등 여러 시스템을 개선해야 합니다. 경쟁에서 이긴 사람과 그렇지 못한 사람, 시험에 합격한 사람과 합격하지 못한 사람, 주연 배우와 조연이나 단역 배우, 교수와 강사, 정규직과 비정규직 사이의 격차를 어느 정도로 조절하는 것이 바람직한지 다시 논의해야 합니다. 상위 10퍼센트의 좋은 일자리에 대한 보상이 과도하게 큰 것은 아닌지, 그래서 나머지 90퍼센트의 일자리에는 급여가 너무 적은 것이 아닌지를 따져 봐야 합니다.

독일에서는 과도한 임금격차를 불공정하다고 봅니다. 프리드리히-에버트 재단은 최고소득과 최저소득의 격차를 49배 이내로 유지해야 한다고 주장합니다. 스웨덴에서는 대학교수의 월급보다 중노동자의 임금이 더 높다고 합니다. 우리 사회에서는 상상하기 어려운 일입니다. 왜 이런 차이가 나는 것일까요? 노동의 가치에 대한 평가와 노동자의 노동을 바라보는 관점에 차이가 있기 때문입니다. 노동의 가치에 대한 평가는 카를 마르크

스도 어려워했던 일입니다. 물론 임금은 시장가격에 따라 좌우되기도 하지만, 많은 경우 사회적 합의의 결과로 결정되고 있습니다.

우리 사회에서 노동자의 임금이 상대적으로 낮은 것은 노동에 대한 존중이 그리 크지 않기 때문입니다. 그렇다고 해서 노노동의 가치 자체가 작은 것은 아닙니다. 교수가 하는 (정신)노동의 가치를 어떻게 정확하게 평가할 수 있을까요? 노동자의 중노동도 마찬가지입니다. 모든 대학교수가 두 달간 파업을 했을 때 사회에 어떤 영향을 미칠까요? 아마도 그 여파는 그리 크지 않을 것입니다. 그런데 모든 청소 노동자가 두 달간 파업을 했다고 가정해 봅시다. 과연 우리 사회가 지속될 수 있을까요? 스웨덴에서는 노동자의 노동 가치를 우리보다 높게 평가하고 있는 것입니다. 좀 더 평등하고 공정한 사회를 만들고자 한다면, 시민교육을 통해 임금격차를 관리하는 바람직한 방식, 에버트 재단의 주장, 스웨덴 사례에서 배울 점 등에 대한 논의가 필요하지 않을까요?

이 글을 쓰는 중에 교육부장관이 2028년부터 대입 제도를 개편한다고 발표했습니다. 그런다고 교육 현장의 문제점이 개선될까요? 그렇지 않을 것입니다. 오히려 변경된 제도에 맞춰 점수경쟁은 더 치열해질 것입니다. 학원이 제일 먼저 반응해 적응할 것입니다. 지역별 의대정원 확대계획을 발표하자, 지역의 학원가에 학부모가 몰렸다는 뉴스가 그 증거입니다.

학교 교육을 바꾸기 위해서는 교사들이 나서야 합니다. 단순히 대학입시제도를 바꾸는 것이 급한 문제가 아니라, 우리의 경제·사회 시스템을 개혁하는 것이 중요하다고 목소리를 높여야 합니다. 여기에는 우리 사회 누구나 최소한의 인간다운 삶을 보장하는 내용과 최저임금 인상을 통해 저임금 노동자의 생활을 향상하는 대책, 의사나 변호사 등 일부 전문직의 정원을 늘려 그들의 기득권을 줄이는 내용 등이 포함돼야 합니다.

교권의 추락

1970~1980년대 한국 사회에서 교사나 공무원은 월급이 그리 많지 않아 인기 있는 직업이 아니었습니다. 물론 촌지라는 것도 있었지만, 아직 개발도상국이라 정부예산이 풍족하지 않

아 그들의 급여는 대체로 박봉이었습니다. 그래서 교직에 간다고 하면 일반적으로 존중하는 분위기가 있었습니다. 대다수 학생이나 학부모도 선생님을 존경하고 어렵게 대했습니다. 이는 기업에 다니는 직장인의 높은 급여와 비교해 상대적으로 어려운 처지이 교사에 대한 보상이었을 수도 있습니다. 직업에 따른 인재상이 다르겠지요. 교사나 공무원은 공적 업무를 수행한다는 측면에서 공정성, 정의감, 윤리의식 등이 더 중요하고, 민간 직장인은 국내외 시장에서 벌어지는 치열한 경쟁에 앞서기 위해서 그에 맞는 능력이 중요할 것입니다.

그런데 1990년대 후반 IMF 사태를 계기로 직업 선택에 변화가 생겼습니다. 급속하게 성장하던 한국 경제는 선진국의 문턱에 도달하면서부터 성장률이 점차 정체되고 더불어 기업의 문화도 달라졌습니다. 대규모 구조조정이 일어나고 정년이 보장되지 않는 불안정한 직장으로 전락한 것입니다. 반면 공무원과 교직은 좋은 일자리가 됐습니다. 선진국에 들어서면서 전체 GDP의 규모도 늘어나고 정부재정이 나아짐에 따라 급여가 인상되고 정년이 보장되는 안정된 자리로 급부상했습니다. 시큰둥했던 교편생활이 다수의 젊은이에게 선망의 직업이 되었지요.

이처럼 교직에 대한 처우가 나아지고 사회가 민주화되자, 역설적으로 교사의 명성은 과거에 비해 빛이 바래기 시작했습니다. 물론 촌지가 사라진 것은 긍정적 현상입니다. 하지만 학생이나 학부모의 교사에 대한 존경심은 옅어지고, 한편에서는 선생님을 단순히 하나의 서비스맨 정도로 인식하게 됐습니다. 아이에게 조그마한 일이라도 생기면 바로 학교로 찾아와 목소리를 높이는 일은 물론, 고소하겠다며 협박하는 일까지도 서슴지 않게 됐습니다. 선생님을 대하는 방식이 과거와는 확연히 달라진 것입니다. 교사에 대한 처우는 나아졌는지 몰라도 존경은 사라진 게 아닐까요?

이런 과정에서 교사가 학생을 지도하는 방식이나 학생 간 다툼이 큰 문제가 되고 있습니다. '사랑의 매'라는 말은 이미 사라진 지 오래되었고, 조금이라도 잘못 대응하면 교권 남용으로 비난과 고소의 대상이 됩니다. 아이들 싸움이 부모 싸움으로 확대되고, 이를 중재해야 할 교사는 난처한 상황에 처하곤 합니다. 사소한 일도 큰일로 번져 문제가 되고 있습니다. 게다가 그 과정에서 부모의 지위나 권력을 동원해 가해 학생의 잘못을 무마하는 일이 일어나면서 피해 학생은 물론, 사회 전반에 상처를 주고 있습니다.

학교 상황이 이렇다 보니 교사가 이를 감당하기 어려워 자살하는 일까지 종종 생겨나고 있습니다. 언젠가부터 교직은 더 이상 선망의 대상이 아니라 오히려 선택을 꺼리는 직업이 돼 가고 있습니다. 교육부는 학교폭력의 문제를 교사가 아닌 별도의 외부 조직에서 담당하도록 하는 등의 대책을 내놓고 있습니다. 하지만 그런 대책이 과연 효과가 있을까요? 우리의 경제나 사회 시스템은 승자독식에서 벗어나지 못한 상태 그대로이고, 교육제도도 전혀 바뀌지 않고 있는 현실에서 의문스러울 뿐입니다.

5. 인구 감소(저출생)와 연금 문제

2024년 세계 인구는 약 81억 명을 넘어섰습니다. 1950년에는 25억 명 정도에 불과했으나 이후 꾸준히 증가하고 있으며, 인구학자들은 2050년에는 약 92억 명에 달할 것으로 전망합니다. 한편으로 서울, 도쿄, 상하이, 베이징, 뉴욕, 멕시코시티, 상파울루, 모스크바 등의 거대도시를 생각하면 더 이상의 인구 증가는 곤란하다는 생각이 들기도 합니다. 그러나 다른 한편으로 미국, 캐나다, 브라질, 아르헨티나, 호주, 몽고 등의 대평원을 떠올리면 인구가 늘어나는 것이 정말 문제인지 의문이 들기도 합니다. 우리도 수도권의 과밀화로 문제가 많지만, 수도권만 벗어나면 사람이 손길을 기다리는 넓은 땅이 아직 널려 있습니다. 태양계의 한 행성인 이 지구에 적합한 인구수는 과연 몇 명일까요? 도대체 누가 그 숫자를 정확히 알 수 있을까요?

인구 감소는 정말 큰 문제일까?

세계 인구는 계속 증가하고 있지만, 언젠가부터 일부 선진국을 중심으로, 또 우리나라에서도 저출생 문제가 주요 화두로 떠올랐습니다. 출생아가 줄어들어 인구가 감소하는 것이 문제라는 것입니다. 우리가 흔히 '저출산 고령화 사회'라고 하듯이 주로 '저출산'이라는 용어를 사용하고 있는데, 여기서는 같은 의미이지만 성 중립적인 '저출생'이란 말을 사용하도록 하겠습니다.

한국은 2024년 현재 약 5,150만 명으로 세계에서 29번째로 인구가 많은 나라입니다. 1970년대 초 연간 100만 명에 달하던 출생아 수는 계속 줄어들어 2000년대 들어서면서 50만 명대로, 2020년대에는 그 절반인 25만 명대로 감소하고 있습니다. 이처럼 이미 수십 년 전부터 출생아 수는 급격히 감소하고 있으나, 전체 인구수는 아직 급속히 줄어들지 않고 있습니다. 과거와 달리 인간의 수명이 점점 더 길어짐에 따라 노인층이 늘어나고 있기 때문입니다.

인구가 감소하는 것이 정말 큰 문제일까요? 만약 문제라면 어떤 점에서 문제가 되는 것일까요? 저출생과 그에 따른 인구 감

한국의 합계 출산율 추이

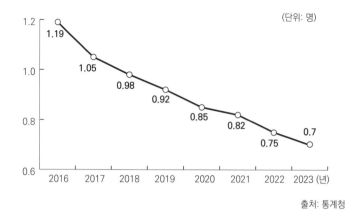

(단위: 명)

출처: 통계청

소는 가장 먼저 생산가능인구, 즉 노동력의 부족 문제를 초래합니다. 일할 사람이 부족해지면 생산량 감소나 서비스 부족 등으로 이어져 우리의 생활을 어렵게 할 수 있습니다. 또 학생 수가 줄어들면 유치원부터 시작해 모든 학교 수가 줄게 되고 교사 수가 축소되는 등 교육계에서도 변화가 불가피할 것입니다. 학생 수의 감소는 자동으로 노동력 감소로 이어지며, 이는 연금재정의 부족으로 귀결됩니다. 이런 결과는 나아가 세대 간 갈등을 불러오고 연금제도의 유지에도 어려움을 초래할 것입니다. 결국 우리 사회의 지속 가능성에 타격을 주게 되겠지요. 한 나라의 국력을 따질 때도 인구수는 중요한 요인으로 꼽힙니다. 국방력 증진을 위한 군대 유지를 위해서도 중요하고, 판매시장 확보를 위한 경제 규모의 측면에서도 중요하기 때문입니다.

따라서 저출생 문제에 관한 대책 마련이 시급한 상황입니다. 실제로 우리 사회의 곳곳에 외국인 노동자가 급속하게 증가하고 있는 현실에 주목해야 합니다. 대다수 선진국에서도 이미 수많은 이민자를 받아들여 함께 살아가고 있는 만큼 이는 상당히 보편적인 모습입니다. 하지만 외국인 노동자나 이민자를 받아들여 저출생 문제를 해결하는 것은 미봉책에 불과합니다. 좀 더 근본적인 방안은 무엇보다 출생률을 높이는 것입니다.

저출생과 노동력에 내한 다른 시각

인구 감소가 문제라는 일반적 인식과 달리 인구 감소의 문제를 전혀 다른 시각에서 살펴볼 수도 있습니다. 인구가 늘지 않거나 감소하는 것이 더 나을 수도 있다는 생각이 대표적입니다. 과다한 생산과 소비로 중병을 앓고 있는 지구를 생각한다면, 소위 환경론자의 입장에서는 인구 감소가 어쩌면 바람직하고 환영할 일인지도 모릅니다. 또한 노동자의 처지에서는 노동의 가치가 저평가되고 있는 상황에서 인력 부족 현상은 오히려 노동과 노동자의 가치를 제고할 수도 있습니다.

"인구 감소는 절대 악이고, 출생률 제고만이 절대 선이다"라는 명제는 맞는 말일까요? 다시 한번 고민해 봐야 하지 않을까요? 저출생의 문제는 표면적으로 젊은이들이 아예 결혼하지 않는 것, 하더라도 늦은 나이에 하는 것, 또는 아이를 원치 않는 것 등의 결과입니다. 이런 현상은 1인 가구가 급속하게 늘어나고 있는 현실과도 연결됩니다. 1인 가구가 1천만 가구에 육박해 전체 가구의 40퍼센트를 넘어섰다는 뉴스가 나오고 있습니다. 이제 나이가 차면 결혼하던 시대는 지나간 듯합니다. 언젠가부터 결혼하라는 부모나 주변의 독려는 아주 금기시되고 있습니다. 왜 이런 시대를 마주하게 됐을까요?

2024년 4월 총선을 앞두고 거대 양당이 쏟아 낸 공약을 살펴보면, 출산 시 공공임대주택을 제공하거나 아동수당을 지급하고 육아휴직을 의무화하거나 육아휴직 급여를 인상하는 등 온

통 아이를 낳으면 받게 되는 경제적 혜택에 주안점을 두고 있습니다. 같은 해 6월에는 '저출산고령사회위원회' 회의에서 대통령이 인구 국가비상사태를 선언하고 저출생 문제 극복을 위해 '인구전략기획부'를 신설하는 등 범국가적 총력 대응 체계를 가동하겠다고 밝혔습니다.

한편으로 정부나 정당이 내놓은 대책들이 현실적 방안이라는 생각도 들지만, 다른 한편으로는 아이를 낳는 일이 마치 돈을 버는 일처럼 느껴집니다. 과연 이런 느낌을 주는 것이 바람직할까요? 결혼이나 출산을 원치 않는 현상은 특정한 하나의 원인에 기인한 결과가 아닙니다. 교육, 주거, 일자리, 복지제도나 개인의 행복 등 우리 일상의 모든 문제가 집약된 결과라고 할 수 있습니다. 즉 태어날 아이만이 아니라 이미 태어난 아이나 현재 살아가고 있는 사람이 자기 삶에서 행복할 수 있어야 한다는 의미입니다. 자신이 행복하지 않은데, 도대체 누가 아이를 낳으려고 할까요? 또한 이런 문제가 새로운 부처를 만든다고 해결되는 것일까요?

우리는 지나치게 경쟁적인 사회에 살고 있습니다. 태어나면서부터 경쟁이 시작되고 은퇴할 때까지 경쟁적 삶이 이어집니다. 동시에 승자독식 사회이기도 해서 경쟁에서 밀려나면 다시 일어서기 힘든 구조 속에서 살고 있습니다. 2024년 대통령의 신년사에서도 불필요한 과잉경쟁에서 벗어나야 한다는 내용이 강조되었습니다. 출생률을 높이는 문제에서 관건은 모든 분야에서의 승자독식 현상을 해체하고 공정한 시스템을 도입하는 것입니다. 이를 통해 개인의 행복감을 높여야 합니다. 또한 누구나 최소한의 인간다운 삶이 가능하도록 보장할 때 2세를 가질 동기가 생겨날 것이라고 생각합니다. 단순히 애 낳으면 돈 준다는 식의 대책이 아니라 우리의 경제·사회 시스템을 개혁하는 일이 선행돼야 할 것입니다.

독일의 세대 공정성

많은 선진국에서도 저출생에 따른 인구 감소 문제가 사회적
이슈가 되고 있습니다. 동시에 젊은 세대를 중심으로 "현재의
국민연금 제도가 과연 지속 가능할 것인가?" 하는 불신이 확산
되고 있습니다. 과거에는 10명의 노동자가 1명의 은퇴자를 부
양하는 체제였다면, 미래에는 1명의 노동자가 10명의 은퇴자를
돌봐야 하는 시스템이 될 것이라는 우려 때문입니다. 이 문제의
대안을 생각해 보기 위해 독일의 사례를 살펴보겠습니다.

독일의 세대 간 갈등은 1990년대 세대 공정성 문제가 등장하
면서부터 시작됐습니다. 불평등의 문제가 부유층과 빈곤층, 상
류층과 하류층, 남성과 여성 사이에서뿐만 아니라 노인 세대와
청년 세대, 또한 같은 연배 사이에도 존재한다는 데서 촉발된 것
입니다. 세대 공정성의 개념은 노동시장에서의 불평등한 기회,
계층이나 나이 그룹별 불평등한 삶의 조건 등 다양한 영역에서
표출되고 있습니다. 하지만 논의의 중심은 복지국가 측면에서
의 불평등에 초점이 맞춰지고 있습니다. 독일의 사회보장 시스
템은 나이별 그룹을 동일하게 대우하려고 노력 중입니다. 차별
적 대우는 정당성을 갖기 어렵다는 분석에서 비롯된 것입니다.

최근 인구의 변화 추이가 분배 공정성과 관련해 세대 갈등의
주요 원인이 되고 있습니다. 무엇보다 전체 인구에서 차지하는
노인 비중이 급격히 증가하면서 과거와 달리 사회보장 지출이
상대적으로 대폭 늘어나고 있기 때문입니다. 특히 연금, 요양보
험, 건강보험 분야의 지출 증가가 쟁점으로 떠오르고 있습니다.
독일의 연금 시스템은 연금 생활자가 받을 연금을 근로자의 연

금보험료 납부에 의존하고 있습니다(Umlageverfahren). 이런 방식을 흔히 '세대협약(Generationenvertrag)'이라고 합니다.

　세대협약은 인구와 근로자의 지속적 공급을 전제로 하고 있습니다. 그런데 1970년대 초반부터 출생률이 급속히 감소하면서 문제가 발생했고, 1990년대부터 사회적으로 이슈화되고 있습니다. 연금 생활자의 증가 속도에 비해 연금 납부자의 증가 속도는 상대적으로 줄어들고 있어 독일의 연금 시스템은 점점 더 난관에 부닥치고 있습니다. 1960년대에는 연금 생활자 1명당 6명의 연금 납부자가 있었고, 1990년대에는 1명당 2.7명, 2020년에는 1명당 1.8명입니다. 2030년에는 연금 생활자 1명당 1.5명의 연금 납부자, 2050년에는 1명당 1.3명에 불과할 것으로 추산됩니다.

　1993년에는 연금 납부자가 3천만 명이 넘고, 연금 생활자는 1천만 명을 조금 넘는 수준이었습니다. 2021년에는 연금 납부자가 약 4천만 명으로 늘어났지만, 연금 생활자도 거의 2천만 명에 육박하기 시작했습니다. 다시 말해 1993년에는 연금 납부자 3명에 연금 생활자 1명이었는데, 2021년에는 연금 납부자 2명에 연금 생활자 1명이 된 셈입니다. 이런 추세를 감안해 연방정부는 2012년부터 연금 수령 나이를 단계적으로 상향 조정하고 있습니다. 구체적으로 1950~1957년생은 65세부터, 1958~1963년생은 66세부터, 1964년생 이후는 67세부터 연금을 수령할 수 있습니다. 2031년부터는 일반적으로 67세가 돼야 연금을 수령할 수 있게 됩니다. 이렇게 연금 지급 시점을 늦추는 것은 연금 생활자가 점점 더 늘어나는 데 반해, 연금 납부자는 늘지 않고 있기 때문입니다.

　원래 독일에서 은퇴 후에 연금을 받으려면 최소 5년 이상 연금을 납부해야 자격이 생깁니다. 연금 납부액은 2018년부터 급

연금 생활자와 연금 납부자 비율

Unsere Gesellschaft altert
———— 우리 사회는 고령화되고 있습니다.

Immer weniger Versicherte tragen einen Rentenbezieher
연금 생활자를 부양하는 가입자는 점점 줄어들고 있습니다.

1962 $\frac{1}{6}$

1992 $\frac{1}{2,7}$

2017 $\frac{1}{2,1}$

Das tut die Bundesregierung: 연방정부의 조치

Bis 2025 gesichert 2025년까지 보장
Rentenniveau auf mind. 48 % und Rentenbeiträge bis max. 20 %.
연금은 최소 48%의 수준 유지 그리고 연금 보험료 최대 20%로 제한

Nächster Schritt 그 다음 단계
Kommission erarbeitet Vorschläge für nachhaltige Alterssicherung ab 2025.
2025년 이후 지속 가능한 노후 보장을 위한 제안 마련

Quelle: Deutsche Rentenversicherung / BiB   © Bundesregierung
출처: 독일연금보험/인구조사연구   연방정부

출처: 독일 연방정부

여의 18.6퍼센트인데, 노동자와 회사가 각각 9.3퍼센트씩 절반을 부담합니다. 이를 보통 표준연금(Regelaltersrente)이라고 합니다. 2024년 연금 수령 나이가 되어 받게 되는 표준연금 액수는 평균적으로 매월 남성이 898유로(약 126만 원), 여성이 642유로(90만 원)입니다(「FAZ」, 2024년 5월 15일).

반면 35년 이상 연금을 낸 장기 납부자는 63세부터 조기 연

금 수령이 가능하고 그 액수는 평균적으로 매월 남성이 1,435유로(200만 원), 여성이 984유로(138만 원)입니다. 1개월 조기 수령 시 0.3퍼센트씩 공제해 14.4퍼센트까지 공제할 수 있습니다. 공제된 연금액은 전체 수령 기간에 적용됩니다. 1964년 이후 출생자는 장기 납부자라도 67세부터 받을 수 있습니다.

45년 이상 연금을 납부한 최장기 납부자는 63세부터 조기 연금 수령이 가능하며, 그 액수는 평균적으로 매월 남성이 1,662유로(233만 원), 여성이 1,296유로(181만 원)입니다. 1953년 이전 출생자는 45년 이상 보험료 납부 시 63세부터 별도의 공제 없이 연금 수령이 가능합니다. 반면 1964년 이후 출생자는 45년 이상 보험료를 냈더라도 65세부터 연금 수령이 가능합니다.

이와는 별개로 많은 연금 생활자가 연금 수령 나이를 넘어서까지 오랫동안 일하기를 원하고 있습니다. 그들은 연금 받을 시점을 늦추거나 연금 수령과 일을 병행하기를 희망합니다. 건강 유지, 사회적 관계망 구축, 경제적 수입 증대 등의 다양한 이유로 계속 일하기를 원합니다. 동시에 바로 이런 점들이 연금 생활자에게 활력을 주어 장점이 될 수도 있습니다.

2024년 현재 독일에는 약 2,100만 명의 연금 생활자가 있습니다. 독일 연방고용청의 2022년 자료에 따르면, 약 31만 7천 명의 연금 생활자가 자신의 연금 수령을 늦추고 사회보험료를 내는 직업을 유지하고 있습니다. 약 99만 명의 연금 생활자는 세금이나 사회보험료를 내지 않는 소액을 버는 미니잡(Minijob)*을 가지고 있습니다. 또한 2023년 7월 1일부터 동서독 간 연금 액수가 같아졌습니다. 통일 이후 그동안 경제력 차이 때문에 서독 지역

의 연금이 동독 지역보다 조금 높았습니다. 이러한 격차 해소는 원래 계획보다 1년 앞당긴 결과입니다. 전일제로 일하는 누구나 자신의 직업생활이 끝난 후에는 자신의 연금으로 잘 살 수 있어야 한다는 것이 연방정부의 기본 철학입니다.

이런 상황에서 독일 정부가 세대 간 갈등을 해소하기 위해 어떤 노력을 기울이고 있는지 살펴보겠습니다. 먼저, 능력주의 원칙과 평등 원칙입니다. 일상의 경제활동에서는 개인의 실적에 따른 사회적 불평등을 용인하는 능력주의 원칙을 수용하고 있습니다. 이에 반해 세대협약에 들어 있는 정신은 평등 원칙이며, 자기가 낸 것을 나중에 받는다는 상호주의 원칙에 기대하고 있습니다.

또한 국가 연금에 대한 청년 세대의 신뢰를 회복하기 위해 노력하고 있습니다. 청년 세대는 향후 연금과 관련해 공정한 대우를 받기 어려울 것으로 예상해 기존 연금 시스템에 대해 신뢰하지 않는 경향이 있습니다. 그러나 연금 시스템의 공정성에 대한 부정적 평가에도 불구하고 청년 세대 다수가 기존 시스템을 따르는 것은 민영보다 국가 연금을 선호하기 때문이고, 이미 납부한 연금보험료를 상실할 우려 때문입니다.

독일 연금정책에서 중요한 변화의 하나는 2017년 1월부터 유연 연금(Flexirente) 제도를 도입한 것입니다. 이 제도는 누군가 연금 수령 나이에 이르면 자동으로 연금 생활에 들어가는 것이 아니라 반드시 연금을 신청해야 받도록 한 것입니다. 이에 따라 연금 생활자가 은퇴 시점을 개인적으로 결정할 수 있게 됐고, 근로활동을 계속하도록 동기를 부여하는 계기가 되기도 했습니다. 또한 연금 수령 나이에 이르렀을 때 연금을 받으며 계속 일할 수도 있고, 연금보험료를 계속 납부해 미래의 수령액을 높일 수도 있게 되었습니다.

연금 수령 나이보다 늦게 연금을 받을 때는 연금 액수가 높아집니다. 구체적으로 연금 수령일이 1개월 늦춰질 때마다 연금액은 0.5퍼센트씩 인상됩니다. 예를 들어 연금 생활자가 자신의 연금 수령 시기를 1년 늦출 경우, 원래보다 6퍼센트 인상된 연금액을 받게 됩니다. 또한 추가로 낸 연금보험료를 통해서도 연금액을 높일 수 있습니다.

연방정부는 2023년 1월부터 연금 생활자의 추가수입의 한도를 폐기했습니다. 연금액은 연금 생활자의 추가수입과 상관없이 원래대로 지급됩니다. 2022년 12월까지 추가수입의 한도액은 연 4만 6,060유로였습니다. 건강상 이유로 일할 수 없게 됐을 때는 연금을 조기에 수령할 수 있습니다. 부분 노동력 감소의 경우에 추가수입의 한도액은 연 3만 5,650유로입니다. 완전 노동력 감소의 경우에는 추가수입의 한도액이 연 1만 7,820유로입니다. 연금액 인상은 매년 7월 1일 자로 반영됩니다.[*]

한국에서도 이미 오래전부터 연금 문제가 중요한 사회적 이슈가 됐습니다. 우리의 연금 시스템은 독일과는 다른 형태입니다. 그래서 연금 생활자가 증가하고 연금을 받는 기간이 늘어나면서 그동안 모아 놓은 연금기금이 조기에 고갈될 것이라는 우려가 가장 큰 문제가 되고 있습니다. 이에 대한 젊은 세대의 불신도 커지고 있는 상황입니다.

제21대 국회(2020~2024년)에서도 연금개혁특별위원회를 만들어 제도의 개선에 대해 논의를 이어 왔습니다. 산하에 공론화위원회를 구성해 500명의 시민 대표단이 참여하는 숙의형 토론회도 진행했습니다. 여기서는 연금보험료를 현행 급여의 9퍼센트에

---

[*]　자세한 내용은 『독일 사회, 우리의 대안』(어문학사, 2019) 제4장 4절 참고.

서 13퍼센트로 인상하고 나중에 받는 연금을 소득대체율 40퍼센트에서 50퍼센트로 올리는 소위 '더 내고 더 받는 안'을 채택했습니다. 이후 정치권 논의에서 여권의 소극적 자세로 합의점을 끌어내지 못했고, 2024년 5월 회기 종료와 함께 무산됐습니다. 독일의 사례가 향후 연금 논의에 도움이 됐으면 합니다. 이와 같은 연금 논의도 시민교육에서 다뤄야 할 중요한 주제입니다.

6. 기후변화와 재생에너지

기후 온난화에 따라 조만간 전 세계가 심각한 위기 상황에 부닥칠 것이라고 합니다. 지구가 붕괴할 시간이 얼마 남지 않았다고도 합니다. 인류에게 위기의 순간입니다. 그런데 전문가들이 매스컴에 나와 아무리 이 상황을 설명하면서 대책이 필요하다고 강조해도 별로 피부에 와닿지 않습니다. 단지 날씨가 조금 더워졌다거나 폭우나 폭설이 잦아졌다는 정도의 느낌 외에는 별다른 감흥이 없습니다. 왠지 그건 내일이 아니고 남의 일처럼 느껴집니다. 하지만 기후변화의 위기는 우리가 알고 있거나 생각하는 것보다 우리의 삶에 훨씬 더 가깝고 밀접하게 다가와 있습니다.

기후변화가 불러온 나비효과

지구의 온도 상승은 밀과 옥수수 등의 식량 생산에 막대한 영향을 미칩니다. 2010년 세계적 가뭄은 러시아에서 밀의 흉작을 초래했고, 러시아 당국은 수출을 중단시켰습니다. 이 영향으로 아랍 국가의 밀 가격은 60~70퍼센트가량 폭등했습니다. 이에

따른 식량난은 시리아에서 내전을 유발해 약 400만 명의 난민
을 만들어 냈습니다. EU 국가에 큰 영향을 미친 시리아 난민의
발생 원인이 기후변화에 있었다는 사실이 놀랍지 않은가요?

전문가들은 온도가 0.5°C 상승하면 약 1억 명의 난민이 발생
하고, 1°C 상승하면 약 7억 명의 난민이 발생할 것으로 전망합
니다. 이에 따라 1990년대부터 기후 온난화의 원인인 이산화탄
소(CO₂) 배출량을 줄이는 문제와 환경 보존의 과제가 전 지구적
관심사로 떠올랐습니다. 선진국을 중심으로 자연보호와 온실가
스를 줄이려는 노력이 이어지고 있습니다. 구체적으로 온실가
스의 주범인 화석연료의 사용을 줄이려는 정책과 재생에너지에
관한 관심과 투자가 늘고 있습니다. 동시에 원자력발전소에서
생산되는 전력이 바람직한가를 둘러싸고도 상반된 논의가 계속
되고 있습니다.

독일의 원전 중단과 녹색당의 역할

독일은 1958년부터 원전 건설을 시작해 순차적으로 37개에
이르는 원자력발전소를 가동해 왔습니다. 1980년대 이후 독일
에서는 이런 원전을 계속 가동해야 한다는 입장과 중단해야 한
다는 입장이 팽팽하게 맞섰습니다.

사민당(SPD)과 녹색당은 아래와 같은 이유를 들어 원전 가동의
중단을 요구했습니다. 첫째, 원전에서 나오는 방사성 폐기물을
처리하기가 어렵다는 점입니다. 실제로 연방정부는 해당 지역
주민과 환경단체의 반발 등으로 안전한 보관 장소를 선정하는
데 큰 어려움을 겪었습니다. 둘째, 폐기물의 처리비용이 만만치
않다는 점입니다. 그 비용을 감안한다면 원자력 에너지는 반드
시 저렴한 것이 아니기 때문입니다. 셋째, 원전 가동에 따른 이

익은 원전 업체의 것에 불과할 뿐, 그것이 결코 소비자에게 돌아가지는 않는다는 것입니다.

반면 기민당(CDU)과 자민당(FDP)은 다음과 같은 이유로 원전 지속을 주장했습니다. 첫째, 원전은 온실가스의 배출이 없는 친환경 에너지라는 점입니다. 독일이 온실가스 감축 목표를 달성하기 위해서는 원전 가동이 필수라는 입장입니다. 둘째, 원전에 의해 생산된 전기요금이 화력발전소나 재생에너지에 의한 것보다 저렴하다는 점입니다. 셋째, 독일은 가스·석유·석탄 수입국 가운데 상위권에 속하는데, 원전 가동을 중단하면 수입 의존도 문제가 더욱 심해질 것이라는 우려 때문입니다.

1998년에 정권을 잡은 사민당-녹색당 정부(적녹연정)는 2000년 에너지 관련 기업과 논의해 각 원자력발전소의 가동기간을 32년으로 제한하기로 합의하고, 원전 가동을 순차적으로 중단하기로 했습니다. 이는 2002년 관련 법의 제정을 통해 구체화됐습니다. 이에 따라 당시 전체 19기 원전 가운데 1960년대 후반 및 1970년대 초반부터 가동됐던 2기가 각각 2003년(Stade, 슈타데)과 2005년(Obrigheim, 오브리그하임) 가동을 중단하고 폐기됐습니다. 독일은 1971년부터 1994년 사이에 이미 16기의 원자력발전소를 폐쇄한 바 있습니다.

2005년 총선에서 승리한 기민당은 사민당과 함께 대연정(2005~2009년)을 구성하면서 앞서 적녹연정에서 이룬 원전 중단 결정을 받아들였습니다. 그리고 순차적으로 나머지 원전을 2022년까지 중단하기로 합의했습니다. 하지만 2009년 총선에서 승리한 기민당-자민당 정부(흑황연정, 2009~2013년)는 2010년에 관련 법을 개정했습니다. 그 주요 내용은 경제 상황을 감안해 기존 원전의 가동시한을 연장한다는 것이었습니다. 이에 따라 1980년 이전에 가동을 시작한 7기의 원전은 향후 8년, 그 이후의 10기는 향후 14년을 추가로 더 가동할 수 있게 됐습니다.

그런데 2011년 3월에 발생한 일본 후쿠시마의 원전 사고는 이런 상황을 급격하게 바꿔 놓았습니다. 사고 직후 당시 메르켈 총리는 독일의 원전 및 에너지 정책을 대폭 수정하기로 의견을 모았습니다. 연방의회와 함께 '원자로 안전위원회'와 '에너지 대책위원회'를 구성해 원전 문제를 논의했습니다. 2011년 6월 연방정부는 결국 문제가 있는 원전 8기를 즉시 폐기하기로, 나머지 원전 9기도 2022년 말까지 순서대로 가동을 중단하고 모두 폐기하기로 했습니다. 그런데 2022년 2월에 일어난 러시아-우크라이나 전쟁으로 인해 러시아로부터 천연가스 수입에 어려움을 겪으면서 일부 원전의 가동을 몇 개월 더 연장하게 됐습니다. 그러나 결국 2023년 4월, 1980년대에 건설한 3기의 원전 가동을 중단함으로써 독일의 원전은 모두 종료됐습니다.

물론 독일의 결정이 하루아침에 이뤄졌다고 보기는 어렵습니다. 앞에서 살펴봤듯이 원전의 중단 여부를 두고 갈등이 있었습니다. 이때 후쿠시마의 원전 사고가 망설이던 중단 여부에 결정적 계기가 됐습니다. 2012년 원전 폐기를 결정한 연방정부는 전력 생산에서 재생에너지가 차지하는 비중을 계속해서 늘려 왔습니다. 결론적으로 독일의 원전 중단은 부족한 에너지 문제를 해결하기 위한 연정정부의 다양한 정책 추진, 녹색당의 집권과 환경보호 정책 강화, 재생에너지에 관한 연구와 투자 확대, 그리고 이에 동참하는 시민의 노력 등이 종합적으로 어우러진 결과라고 할 수 있습니다.

독일의 원전 중단 과정을 살펴보면, 민주주의가 원래 다수결 원칙에 따르는 것이지만 소수의 의견도 무시하지 않고 반영한다는 것을 알 수 있습니다. 애초에 독일 사회에서 원전 중단을 가장 강력하게 요구한 집단은 녹색당이었습니다. 군소 정당인

독일의 원전 중단 현황

Reaktoren nach Jahr der Abschaltung

출처: 독일 연방환경·자연보호·핵안전부(프라운호퍼 태양에너지시스템 연구소)

녹색당의 주장이 다수가 되기는 어려웠지요. 소수의 주장이 현
실 정치에서 구체화하거나 실현되기는 쉽지 않습니다. 그런데
독일에서는 군소 정당의 주장(아젠다)인 소수의 의견이 제도적으
로 실현될 수 있습니다.

어떻게 그런 일이 가능한 것일까요? 그것은 정치 시스템이 우

리와 다르기 때문입니다. 간단히 말해 승자독식의 대통령제가 아니라 합의제 시스템인 의회중심제(의원내각제)를 채택하고 있기 때문입니다.

이런 모습은 매번 다수가 소수의 의견을 무시하는 일이 일상화된 한국 사회나 정치에 경종을 울리는 사례입니다. 불평등과 양극화가 극심한 우리 사회에 필요한 시스템이 바로 이런 독일의 합의제 시스템 아닐까요? 이에 대한 답을 찾기 위해서, 또 우리의 형식적 민주주의를 한 단계 끌어올리기 위해서는 이에 대한 교육이 필요합니다. 바로 정치교육이 절실한 때입니다.

독일의 재생에너지

재생에너지란 한번 사용하면 고갈돼 버리는 화석에너지와 달리 수력, 풍력, 태양광 및 태양열, 지열, 바이오매스(biomass, 작물, 목재 등) 등과 같이 계속해서 재생산이 가능한 에너지를 말합니다. 화석에너지를 사용하면 많은 양의 이산화탄소가 발생하지만, 재생에너지는 상대적으로 확연하게 적은 양의 온실가스를 발생시킵니다. 그래서 다수의 국가가 재생에너지의 사용을 늘리고 있습니다.

세계적으로 전체 에너지 사용량에서 재생에너지가 차지하는 비중은 2018년 기준 약 18퍼센트 정도로 추산됩니다. 18퍼센트를 차지하는 재생에너지 중에는 목재, 짚, 사탕무 등 전통적 바이오매스가 6.9퍼센트로 가장 많고, 그 밖에 태양열이나 지열 등이 4.3퍼센트, 수력 3.6퍼센트, 풍력이나 태양광이 2.1퍼센트를 차지하고 있습니다. 2021년 세계 전력 사용량의 약 4분의 1이 수력, 풍력, 태양열에 의해 생산되고 있습니다.

독일은 오래전부터 재생에너지에 관심을 가져 왔습니다. 연

독일의 온실가스 감축 목표

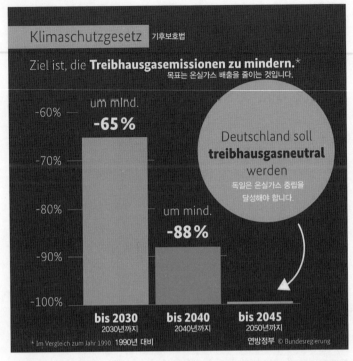

Klimaschutzgesetz 기후보호법

Ziel ist, die **Treibhausgasemissionen zu mindern.***
목표는 온실가스 배출을 줄이는 것입니다.

-60%
um mind.
-65%

-70%

Deutschland soll
treibhausgasneutral
werden
독일은 온실가스 중립을
달성해야 합니다.

-80%
um mind.
-88%

-90%

-100%

bis 2030
2030년까지

bis 2040
2040년까지

bis 2045
2050년까지

* Im Vergleich zum Jahr 1990. 1990년 대비

연방정부 © Bundesregierung

출처: 독일 연방정부 홈페이지

방정부는 "에너지의 경제성과 안정성 확보, 친환경적 이용"을 에너지 정책의 목표로 설정하고 있습니다. 이 목표를 위해 "에너지 절약, 효율성 증대, 재생에너지 확대"를 정책 수단으로 추구하고 있습니다. 그 연장선상에서 2000년 「재생에너지법」을 시작으로 2009년에 「재생에너지 난방법」 등 다양한 관계법을 만들어 에너지 산업을 지원하고 있습니다.

재생에너지를 직접 사용하거나 관련 시설에 투자할 경우, 적절한 지원을 하여 재생에너지가 경쟁력을 갖추도록 유도하는 것입니다. 이는 재생에너지에 의한 전력 생산 비용이 기존의 화석에너지보다 비싸기 때문입니다. 독일의 재생에너지 관련법은

재생에너지를 사용해 전력 생산이나 난방에너지로 이용할 때 일정 기간 적정액의 보조금을 지급하는 내용을 골자로 하고 있습니다.

2019년 말에 제정된 「연방기후보호법(Bundes-Klimaschutzgesetz)」에서 연방정부는 온실가스 배출량을 1990년 대비 2030년까지 65퍼센트 감축(원래 55퍼센트였으나 상향 조정), 2040년까지 88퍼센트를 감축하기로 했습니다. 2045년까지는 온실가스 중립화(배출하는 만큼 감축)를 달성하기로 목표를 설정했습니다. 또한 2024년 1월부터 새로 설치되는 모든 난방시설 중 최소한 65퍼센트는 재생에너지를 사용하도록 의무화했습니다. 물론 기존 시설을 서둘러 교체할 의무는 없습니다. 다만 2045년부터는 난방시설에 더 이상 화석연료, 천연가스 또는 석유의 사용을 허용하지 않기로 했습니다.

2023년 4월 15일 연방정부는 원전 중단 시점에 맞춰 독일이 원전을 중단하더라도 전력 생산에 별 문제가 없다고 발표했습니다. 아래 그림에서 보듯이 2022년의 전력 생산에서 원전이 차지하는 비중은 6퍼센트에 불과했고, 재생에너지 비중은 44퍼센트에 달했습니다.

OECD의 국가별 에너지 총생산량과 인구수로 1인당 에너지 소비량을 계산해 보면, 2011년 한국을 100으로 봤을 때 독일은 73으로 우리보다 4분의 1가량 작았습니다. 2020년 1인당 전력 사용량을 한국을 100(약 1만 킬로와트시)이라 한다면 독일은 58(약 5,800킬로와트시)에 불과했습니다. 2022년 독일의 1인당 GDP를 100(약 5만 1천 달러)으로 보았을 때, 한국은 68(약 3만 5천 달러)에 불과합니다. 그런데 전력이나 에너지 사용량을 비교해 보면 우리가 독일보다 훨씬 더 많습니다. 우리의 1인당 전력 사용량은 미국과 엇비슷한 상황입니다. 에너지를 너무 많이 쓰고 있는 것이지

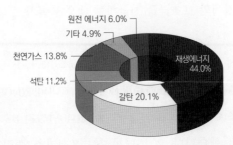

독일의 전력 생산에서 각 에너지가 차지하는 비중(2022년)

원전 에너지 6.0%
기타 4.9%
천연가스 13.8%
석탄 11.2%
재생에너지 44.0%
갈탄 20.1%

출처: 독일 연방경제기후부(BMWK)

요. 모두가 좀 더 불편한 데, 다시 말해 덥거나 추운 데 익숙해지는 교육이 필요하지 않을까요?

비싼 에너지요금 등의 정책에 따라 에너지 절약이 생활화된 독일인의 생활 태도는 석유 한 방울 나지 않는 우리에게도 많은 생각거리를 던집니다. 에너지의 과다한 사용은 막대한 조달비용을 가져오고, 그런 에너지 사용은 환경의 훼손이나 오염을 초래합니다. 또한 환경오염을 예방하거나 복구하기 위해서 모두가 큰 비용을 추가로 부담해야 합니다. 그러므로 에너지를 절약하는 일은 사회 전체의 공공비용을 절감하는 것일 뿐만 아니라 각 개인의 비용 부담을 줄이는 것이기도 합니다.

어릴 때부터 환경 운동을 시작해서 세계적으로 유명해진 스웨덴의 그레타 툰베리(Greta Thunberg)는 새 옷이나 새 학용품을 생일 선물로 받는 것을 싫어한다고 합니다. 중고 제품을 더 선호한다고 하지요. 한국에서 안 입는 옷을 모아서 아프리카에 보내고 있는데, 이제 거기서도 별로 좋아하지 않는다고 하네요. 방송에서 들어 보니 버려진 옷들이 쌓여 산을 만든다고 합니다. 기후변화에 대처하고 자연환경을 보호하기 위해 우리는 무엇을 해야 할까요? 원전과 관련해서는 여전히 상반된 견해가 존재하는데, 우리도 그 당사자로서 원전을 어떻게 하는 것이 바람직할까요?

이처럼 원전 문제를 포함해 지구 온난화, 저출생, 최저임금, 노동문제, 복지제도 등 일상의 주제에 대해 우리가 올바른 판단 능력을 갖추는 일은 중요합니다. 이는 우리의 지속 가능한 삶을 위해서, 또 미래 세대를 위해서도 대단히 중요한 일입니다. 이것을 가능하게 하기 위해서는 청소년을 비롯해 일반 성인을 민주 시민으로 키워 내야 합니다. 이미 오래전부터 구청이나 도서관 등 여러 곳에서 시민강좌가 열리고 있습니다. 취미생활이나 특정 지식을 위한 강의도 많고, 인문학 강의도 성황을 이루고 있지요. 이와 더불어 앞으로는 정치교육이 추가돼야 합니다. 학생들을 위한 정치교육도 학교에서는 물론, 학교 밖에서도 활성화돼야 합니다.

2부 청소년 정치교육

민주적 소통과 다름의 인정

Chapter III

학교 안 정치교육

1. 교육제도의 다양성

2000년대 중반, 한국교육과정 평가원의 해외위촉연구원으로 한동안 활동한 적이 있습니다. 독일 교육제도의 기본 정보를 소개하고, 교육 현안을 정리해 보고서를 작성하거나 필요한 텍스트를 번역해 보내는 일을 했습니다. 이렇게 작업한 내용 가운데 일부는 다른 나라의 사례와 함께 「2007 국제 교육 연구·사업」이란 연구보고서로 나오기도 했지요. 이런 과정을 통해 독일의 교육제도나 현황에 대해 이전보다 더 자세히 알게 됐습니다.

독일의 정치교육을 잘 이해하기 위해서 먼저 독일의 교육제도를 간략하게 살펴보겠습니다.* 한국과 독일 교육제도의 가장 큰 차이점은 한국에서는 교육 문제가 중앙정부의 사안인 반면, 독일에서는 지방정부(주 정부)의 소관이라는 것입니다. 교육과 관련

---

* 자세한 내용은 『독일 사회, 우리의 대안』(어문학사, 2019) 제2장 참고.

한 모든 결정권이 연방정부가 아니라 16개 주 정부에 있습니다.

독일의 각 주는 자신의 교육제도나 내용을 스스로 결정할 수 있습니다. 또한 우리와 같은 교육감이 없고, 주 정부 내 교육부 장관이 학교 행정을 관장합니다. 한국에서는 교육 관련 제도나 내용이 모두 획일적으로 구성되고 운영되지만, 독일에서는 교육의 다양성이 존중되고 있습니다.

독일의 학교 시스템

독일의 학교 시스템은 우리와 같이 크게 초등·중등·고등교육의 3단계로 구분됩니다. 1단계 초등교육은 우리와 달리 대부분 4년제입니다. 예외적으로 베를린과 브란덴부르크주에서는 6년제이지요. 2023년 초등 과정의 학생 수는 약 308만 명입니다. 2단계 중등교육은 다시 I, II 과정으로 나뉩니다. 2단계 I 과정에는 학습 능력에 따라 구분된 세 종류의 학교인 하우프트슐레(Hauptschule), 레알슐레(Realschule), 김나지움(Gymnasium)과 이들을 하나로 통합해 운영하는 종합학교(Gesamtschule) 등이 있습니다. 이 과정은 우리의 초등학교 상급반과 중학교에 해당합니다. 하우프트슐레와 레알슐레는 5~6년 과정으로 우리의 특성화(실업계) 학교와 비슷하고, 김나지움은 8~9년 과정으로 대학 진학을 준비하는 인문계 학교입니다.

2단계 II 과정은 하우프트슐레와 레알슐레 등의 졸업생이 직업교육을 받는 과정이나 김나지움 학생이 김나지움의 상급반에서 대학 진학을 준비하는 과정을 말합니다. 직업교육을 받은 학생은 이후 취업하게 되고, 김나지움 상급반은 아비투어(Abitur, 대학입학자격)를 치르고 대학에 진학하게 됩니다. 2단계 중등교육의 학생 수는 2023년 기준 약 542만 명에 달합니다. 이 가운데 하우프트슐레의 학생 수가 약 33만 명(6퍼센트), 레알슐레가 77만 명(14퍼센트), 김나지움이 228만 명(42퍼센트), 종합학교가 115만 명(21퍼센트), 특수교육(장애아 교육) 등 기타 학교가 89만 명(16퍼센트)을 차지하고 있습니다.

독일의 2단계 교육과정을 살펴보면 몇 가지 점에서 우리와 차이가 있습니다. 학교의 공교육이 살아 있고, 과외나 학원과 같은 사교육이 거의 없습니다. 평가 방식은 대부분 절대평가입니다. 또 교육의 공정성이 살아 있다는 점입니다. 이런 것들이 가능한 이유 중 하나는 뒤에 살펴볼 독일의 대학 시스템이 우리와 다르기 때문입니다. 김나지움 과정을 이수한 후 치르는 아비투어 시험은 우리의 수능과 유사하지만 일부 다른 점이 있습니다. 가장 큰 차이점은 아비투어 시험이 전국에서 똑같이 시행되지 않고, 16개 주별로 독립적으로 출제되고 평가된다는 점입니다. 시험 방식에도 주별로 조금씩 차이가 있습니다. 보통 4~5과목의 시험을 보는데, 일부 주에서는 필기시험 4과목에 구두시험 1과목, 다른 주에서는 필기시험 3과목에 구두시험 2과목, 또 다른 주에서는 필기시험 3과목에 구두시험 1과목으로 구성됩니다.

필기시험 과목에는 대부분 독일어와 수학이 포함되고 여기에 선택 과목이 추가됩니다. 시험은 여러 개의 주관식 문제 중 일부를 선택해 답안을 작성하는 방식입니다. 시험문제 출제는 각 주의 교육부에서 주관합니다. 이는 1990년대 이후 주 차원의 공동 아비투어 시험을 도입한 결과입니다. 시험장소는 학생이 다니는 김나지움이며, 각 과목의 필기시험 시간은 보통 6시간이고 일주일에 1과목씩 여러 주에 걸쳐 진행됩니다. 이어서 간격을 두고 구두시험이 이어집니다. 구두시험에는 보통 3명의 해당 과목 교사가 참석합니다. 예를 들어 바이에른주의 2024년 아비투어 시험은 4월 22일부터 6월 14일에 걸쳐 시행됐습니다.

코로나 당시 아비투어 시험 장면

출처: 독일국영방송 ARD

　원래 아비투어 성적의 만점은 총 900점으로, 김나지움 상급 과정에서 평가한 600점과 아비투어 시험의 성적 300점으로 구성됩니다. 900점 가운데 300점부터 성적을 부여하며 660점부터는 '우수(gut)', 823점부터는 '매우 우수(sehr gut)'로 평가합니다. 독일의 모든 대학은 이렇게 주별로 평가된 학생의 아비투어 성적을 차별하지 않고 그대로 인정합니다.

　독일의 부모들이 주별로 서로 다른 아비투어 시험 결과를 받아들이는 이유는 16개 주 교육부장관 컨퍼런스(Kultusministerkon-ferenz)에서 정기적으로 의견을 교환하고 정책의 통일성을 기하고 있기 때문입니다. 좀 더 현실적인 다른 이유는 독일에서는 대학이 평준화돼 있어 일류대가 따로 없기 때문입니다. 대학에 가더라도 졸업하는 비율은 절반도 되지 않습니다. 또 대학 졸업 여부에 따라 정규직과 비정규직으로 갈리지 않고 임금 차이도 우리처럼 심하지 않습니다. 이것은 우리와는 아주 다른 점입니다. 우리도 시스템을 이런 방식으로 변경한다면 공교육이 정상화될까요, 아니면 사교육이 더 극성을 부리게 될까요?

3단계 고등교육은 주로 대학을 중심으로 전문대학, 직업 아카데미, 전문 아카데미 등에서의 교육을 말합니다. 독일의 대학 시스템은 우리와 많은 차이가 있습니다. 먼저 누구든지 아비투어 성적이 있으면 자기가 원하는 대학에 갈 수 있습니다. 대학 진학률은 2000년대 중반까지는 40퍼센트 미만이었고, 2014년 이후 50퍼센트를 넘어 60퍼센트에 가까워지고 있지만, 누구나 대학에 갈 수 있다는 점에서 우리와 완전히 다릅니다. 대학입시를 따로 치르는 것이 아니라 대학입학자격(아비투어)만 있으면 아무나 대학에 갈 수 있다는 것입니다. 어떻게 이것이 가능할까요? 대학에 서열이 없고, 또 입학만 하면 누구나 졸업하는 시스템이 아니기 때문입니다.

경제학, 경영학, 법학, 의학 등 일부 선호 학과에는 학생이 몰리기 때문에 인원을 제한하고 있습니다. 이렇게 정원을 제한하는 학과를 흔히 'NC(Numerus clausus, 입학 정원 제한) 학과'라고 합니다. 이런 학과에 가려면 아비투어 성적이 좋아야 우선적으로 입학허가서를 받을 수 있습니다. 그러나 대학을 졸업하는 일은 상당히 어렵습니다. 학업 도중에 시험을 통과하지 못하면 중도에 탈락합니다. 학과에서 치르는 각각의 시험은 매번 그 응시기회가 2~3회로 제한됩니다. 만약 낙제하면 바로 학업을 중단해야 합니다. 그런 탓에 시험시기에는 분위기가 살벌하게 바뀔 수밖에 없습니다. 독일의 대학졸업자 비율은 2000년대 초반까지는

20퍼센트 미만이었으나, 2010년대 이후에는 30퍼센트를 넘어서고 있습니다.

독일의 주요 대학은 대부분 국립입니다. 일부 사립대가 있기는 하지만 거의 존재감이 없습니다. 사립대에는 등록금이 있지만, 일반 국립대에는 등록금이 없습니다. 더불어 비펙(BAföG, Bundesausbildungsförderungsgesetz; 연방장학법)이란 장학제도가 있어 돈이 없더라도 대학에서 공부를 할 수 있습니다. 이는 교육에서의 기회균등을 강화하려는 조치입니다.

독일 대학은 '0원 등록금'

1990년대 동서독 통일 이후 정부재정 상황이 악화하자, 기민당/기사당(CDU/CSU)을 중심으로 대학생에게 등록금을 부과하자는 주장이 제기됐습니다. 오랜 논의를 거쳐 2000년대 들어 일부 주(州)의 대학에서 한 학기에 500유로의 등록금을 받았습니다. 하지만 베를린 등 사민당 성향이 강한 주에서는 끝내 이를 도입하지 않았지요. 이 등록금 제도는 가난한 학생에게 부담이 된다는 이유로 오래가지 못했고, 결국 2010년대 초반 독일 전역에서 모두 폐지됐습니다.

독일 대학에 등록금이 없는 까닭은, 즉 온전히 세금으로 대학을 운영하는 것에 대해 대다수 시민이 수긍하는 이유는 대학이 평준화돼 있어서 대학 간 서열이 존재하지 않고 대학 진학률이 30퍼센트에 불과한 데다가 엄격한 학사 과정에 따라 국가 차원의 소수 정예 인재를 육성한다는 인식이 보편화돼 있기 때문입니다. 게다가 일반인의 청강이 허용되고, 누구나 대학 도서관을 이용할 수 있는 것처럼 대학의 공공성이 살아 있기 때문입니다.

연방통계청의 자료에 따르면 2022년 현재 독일의 대학 수는

422개에 달합니다. 종합대학(Universität) 108개, 교육대학 6개, 신학대학 16개, 예술대학 52개, 전문대학(Fachhochschule, 우리의 전문대학과는 조금 차이가 있음) 210개, 행정전문대학이 20개 등입니다. 독일의 대학은 설립 주체에 따라 국립대(staatlich)와 사립대(privat)로 나뉘는데, 422개 대학 중 115개는 사립대입니다. 단순히 대학의 숫자로만 보면 사립대 수가 4분의 1가량 되지만, 실제로는 대부분 국립이라고 봐도 무방합니다. 일부 예외가 있지만, 사립대는 종교, 의료, 예술, 응용과학 등의 일부 특화된 분야에서 학생 수가 수십에서 수백 또는 많아야 몇천 명에 불과해 눈에 잘 띄지 않습니다. 한국의 종합사립대와는 그 규모부터 다릅니다. 반면 국립대에는 최소 1만 명 이상, 큰 곳에는 3~4만 명이 재학하고 있습니다. 한국에 알려진 독일의 대학은 모두 국립대라고 보면 됩니다.

1960년대까지 독일의 대학은 주로 극소수의 엘리트를 위한 곳이었습니다. 그런데 기존의 모든 권위적 질서에 저항했던 1960년대 후반 68혁명이 보수적 성향의 대학에도 영향을 미쳤습니다. 대학도 특권층에서 벗어나야 한다는 사회적 분위기에 따라 주 정부의 교육정책에 큰 변화가 일어나게 됐습니다. 각 주는 자신의 대학법을 별도로 제정하고 있으며, 각 대학은 그에 따라야 합니다. 대학의 정원을 대폭 늘리고 전문대학을 신설하면서 1990년대 말까지 대학 수와 학생 수가 급격히 증가하게 됐습니다. 2023년 기준 대학생 수는 약 290만 명에 달하고 있습니다.

1990년대 들어 EU가 점차 하나의 실체로 완성돼 가면서 회원국은 분야별 서로 다른 시스템을 일정 기준에 따라 하나로 단일화하게 됩니다. 교육 분야에서도 비슷한 통합이 이뤄졌는데, 1999년부터 시작된 '볼로냐 프로세스'가 그것입니다. 이는 회

독일과 한국의 교육과정(2023년)

독일	한국

```
           독일                              한국

        ┌─────────┐                      ┌─────────┐
        │  유치원  │                      │  유치원  │
        │ 만3~6세 │                      └─────────┘
        └─────────┘                           │
             │                                ▼
             ▼                           ┌─────────┐
      ┌──────────────┐                   │초등학교(6년)│
      │ 초등학교(4년) │                   └─────────┘
      │    만6세     │                        │
      └──────────────┘                        ▼
                                         ┌─────────┐
                                         │  중학교  │
                                         └─────────┘
```

37%   6%   14%   42%
기타

종합학교 특수교육 학교 등	하우프트슐레 (보통학교) 직업준비 학교	레알슐레 (실업학교) 직업준비 학교	김나지움 (인문계학교)
	5~10학년	5~10학년	5~13학년

한델스 카머 (임시 취업)   한델스 카머 (임시 취업)

직업학교 진학

37.9%

직업학교·기업 듀얼 시스템 이수

대학 진학

정식 취업

원하는 학생들은 마이스터 과정

특성화고   일반고

50.6%   77.8%

대학 진학

취업

출처: 독일 연방통계청과 한국 통계청 자료 참조

원국에 따라 조금씩 달랐던 대학의 학위 과정을 하나로 통일하기 위한 정책입니다. 독일에서도 2000년대 들어서면서 영미식의 학사(Bachelor)와 석사(Master) 학위를 처음으로 도입하게 됐습니다. 이는 기존의 학위인 디플롬(Diplom, 사회과학/자연과학 분야), 마기스터(Magister, 인문학 분야) 또는 국가자격시험(Staatsexamen, 법학/의학/

교원 자격증) 등을 대체하게 됐습니다.

2. 보이텔스바흐 합의

독일에서는 시민교육이라는 말 대신에 정치교육이란 용어를 사용합니다. 제2차 세계대전 후 새로 수립된 서독 정부는 학생과 시민 대상의 정치교육을 대폭 강화했습니다. 이는 과거 역사에 대한 반성으로 볼 수 있습니다. 현대사회로 들어오면서 가장 민주적이라고 평가받던 바이마르 공화국(1918~1933년)이 1933년 합법적 정치 과정을 통해 독재인 나치 체제로 넘어갔던 사실을 말합니다. 흔히 히틀러의 나치 체제가 총칼을 앞세워 만들어졌을 것으로 생각하기 쉽지만, 사실은 바이마르 헌법의 정치적 절차에 따른 것이었습니다.

전후 정치교육의 강화

당시 바이마르공화국의 상황은 제1차 세계대전의 패전에 따른 막대한 보상 문제와 세계 대공황에 따른 경제적 어려움 등으로 인해 정치적 대응이 어려운 난국이었습니다. 극단적 선전이나 선동이 난무했고, 불법적이고 음모론적인 정치 행위가 판을 쳤습니다. 형식적, 절차적 민주주의의 한계를 벗어나지 못했기 때문에 나치의 제도권 진입을 허용했다고도 할 수 있습니다. 전후 전문가들은 바이마르 시대의 정치교육과 시민의식의 부재가 나치 체제로의 전환을 방치했다고 평가하고 대안을 모색했습니다.

이러한 배경에서 독일은 연방정부 차원에서 연방정치교육원(Bundeszentrale für politische Bildung; BpB)을, 주 정부 차원에서는 주 정치교육원(Landeszentrale für politische Bildung; LpB)을 설립해 정치교육에 관심을 쏟고 있습니다. 이들 기관에서는 정치교육에 필요한 다양한 자료와 홍보물, 관련 도서 등을 제작해 무상이나 실비로 제공하고 있습니다. 독일에서 유학한 다수의 학자가 한국에도 이런 기관이 필요하다는 점을 강조하고 있습니다.

여기서 다루는 정치교육의 주요 주제는 가치와 인권, 정치와 사회제도, 평화, EU, 환경과 지속적 발전, 경제 등의 일반적 내용과 이민자와 통합, 젠더(Gender), 디지털화 등의 최신 동향에 따른 이슈입니다. 이와 관련된 개념, 전략, 방법론, 학문적 바탕, 학습 원칙, 실제 사례 등으로 구성된 많은 자료를 제공합니다. 또한 누구나 쉽게 이해하고 접근할 수 있도록 다양한 형태의 프로그램을 체계적으로 제공하고 있습니다.

또한 정치교육은 교육의 주체와 관련이 있습니다. 공적 기관(예를 들어 시민대학, 의회)과 사적 기관(교회, 노조, 정당 등)이 있기 때문입니다. 공적 기관에 해당하는 시민대학(Volkshochschule)은 정당의 정책이나 세계관 등에서 중립적 입장을 견지해야 합니다. 하지만 사적 기관은 자신의 정치적 성향이나 종교, 세계관에 근거해 행사를 진행할 수 있습니다. 그렇다고 정치교육이 특정 목적을 가진 정치학교의 교육은 아닙니다. 교황의 권위와 같이 틀림없거나 상부의 지시에 따른 것도 아닙니다. 또한 중앙에서 결정한 목표를 수행하기 위한 교과 과정도 아닙니다.

학생이나 일반인을 위한 정치교육의 목적은 각각의 개인이 다양한 행위자의 서로 다른 입장이나 관점을 인정하는 방법을 찾는 것입니다. 동시에 다른 사람의 정치적 선동, 특정 이념의 주입, 조작이나 음모 등에 빠지지 않도록 교육하는 것입니다. 즉 한 사람의 시민으로서 타인의 정치·사회적 견해를 이해하고 수용할 수 있는 자세를 갖추는 것입니다. 우리에게 필요한 정치교육이 바로 이런 것이 아닐까요? 한국 사회에서는 서로 의견이 다른 상대방을 적대시하거나 악마화하는 극단적 진영 논리가 지배하고 있고, 또 그런 기반에서 정치인에 대한 물리적 테러 행위까지도 서슴지 않고 자행하고 있기 때문입니다.

정치교육의 주요 원칙

1960~1970년대 독일에서도 정치교육을 둘러싸고 진보와 보수 또는 좌파(사회변혁 요구)와 우파(체제 옹호 주장) 간에 갈등과 대립이 존재했습니다. 교사의 성향에 따라 다른 내용이 전달될 수도 있기 때문입니다. 이런 문제점을 해결하고자 바덴-뷔르템베르크주 정치교육원은 1976년 가을 보이텔스바흐라는 인구 약 9천 명의 소도시에 다수의 정치학자와 교육학자를 초대해 정치교육을 어떻게 하는 것이 바람직할지를 논의했습니다.

그 논의에서 다수가 합의해 결정하거나 의결된 사항은 따로 없었습니다. 다만 그 논의에서 나왔던 핵심 내용을 정리한 것이 바로 널리 알려진 보이텔스바흐 합의(Beutelsbacher Konsens)입니다. 여기서 도출된 세 가지 원칙은 첫째, 학생에게 특정 의견을 강요해서는 안 되고(Überwältigungsverbot), 둘째는 논쟁적 사안에 대해서는 양쪽의 의견을 그대로 제시해야 하며(Kontroversität), 셋째는 정치적 사안에 대해 학습자가 스스로 자기 입장을 결정하게 한다(Schülerorientierung)는 것입니다. 이 합의는 이후 독일 정치교육에서 중요한 원칙이 되고 있습니다.

이러한 원칙에 따른 독일의 정치교육은 크게 학교 안과 학교 밖에서의 교육으로 구분할 수 있습니다. 먼저 학교 내에서의 정치교육을 살펴보고, 이어서 학교 외부에서의 정치교육을 살펴보겠습니다. 학교 외부의 교육기관은 우리와 달리 국가기관과 민간기관 등 매우 다양한 차원에서 구성돼 있습니다. 우리에게 많은 시사점을 줄 것으로 생각합니다.

3. 학교 안 징치교육

독일에는 의무교육이 있습니다. 정치교육은 의무교육의 하나입니다. 학교 정치교육은 가장 효과적인 수단입니다. 자발적으로 참여해야 하는 학교 외부의 시민교육과는 다르기 때문입니다. 헌법 차원에서 2개 과목을 보장하고 있습니다. 헌법 차원의 보장이란 그 과목을 폐지하거나 내용을 심각하게 바꾸는 것을 허용하지 않는다는 의미입니다. 2개 과목 중 하나는 종교, 다른 하나는 직접적인 과목이 아니라 교육과정으로서 정치교육(시민교육)을 말합니다.

의무교육으로서 정치교육

누군가 독일에서 성장했다면 학교에서 정치교육을 받았을 것입니다. 모든 주에서 학교 안 정치교육의 필요성을 잘 인식하고 있습니다. 많은 주(바덴-뷔르템베르크, 바이에른, 브란덴부르크, 브레멘, 헤센, 노르트라인-베스트팔렌, 라인란트-팔츠, 작센-안할트, 튀링겐)의 주 헌법은 학교교육을 위한 원칙을 담고 있습니다. 주로 학생의 자유정신, 민주주의와 국제 평화, 자유민주적 세계관, 정치적 책임 교육 등인데, 이러한 원칙은 계속해서 논의되는 중입니다.

이것이 의미하는 바는 이런 과목을 반드시 자체적으로 교육해야 한다는 것이 아니라 최소한 학교 안팎의 정치교육시설에서 교육해야 한다는 뜻입니다. 먼저 자유, 민주주의와 국제정치에 대한 지식을 가져야 그와 같은 세계관을 발전시킬 수 있습니다. 그런 지식은 그냥 생기는 것이 아니라 전문적 수업이 필요합니다. 그와 같은 정치교육을 헌법에 명시적으로 보장한 주도 있습니다. 독일 남부 바덴-뷔르템베르크주의 주 헌법 제21조 2항에 "모든 학교에서 사회연대과목(Gemeinschaftskunde)은 정규 교과다"라고 규정하고 있습니다. 다른 주에서도 2010년대부터 정치교육은 비록 그 명칭은 다르더라도 매우 중요한 과목에 해당합니다. 그래서 모든 주에서 정치 과목의 목표와 내용이 교과 과정에 자세하게 규정돼 있습니다.

정치교육은 제2차 세계대전 이후에 만들어진 과목입니다. 과거 바이마르공화국에서 학교에 도입됐던 '국가와 국민의 권리와 의무론(Staatsbürgerkunde)'을 다시 채택하기 곤란했기 때문입니다. 교육 당국은 정치와 사회가 새로운 주요 과목에 들어가야 한다고 합의했을 뿐입니다. 각각의 주는 자신의 편의대로 이 과목을 불렀습니다. 그 명칭은 사회과(Sozialkunde), 사회연대과목(Gemeinschaftskunde), 정치교육(Politische Bildung), 정치(Politik), 정치학(Politikwissenschaft), 사회과학(Sozialwissenschaften) 등입니다.

한편으로 이렇게 국가적 차원에서 정치교육이 중시되는 반면, 다른 한편으로 이들 과목은 학교 시간표에서 주요 과목이 아니라 주변 과목에 머물러 있습니다. 초등학교에서는 사회과목과 관련해 간접적으로 다뤄지고 있습니다. 한국의 초등학교 고학년에서 중학교 과정에 해당하는 중등과정 I(Sekundarstufe I, 5~10학년)에서는 보통 8~10학년 동안 주당 1~2시간으로 배정돼 있습니다. 우리의 고등학교 과정에 해당하는 중등과정 II(Sekundarstufe II, 11~13학년)에서는 정치수업으로 배정되지만, 필수 과목이 되는 경우는 드문 편입니다. 반드시 들어야 하는 수업이 아니라 누구나 고를 수 있는 선택 과목으로 분류됩니다. 또한 지리, 경제학,

16개 주별 시민교육(정치교육)에 해당하는 과목

주(州)	중등과정 I(Sekundarstufe I)	중등과정 II(Sekundarstufe II)
바덴-뷔르템베르크	공동사회연구 (Gemeinschaftskunde)	
바이에른	사회과(Sozialkunde)	
베를린	정치교육(Politische Bildung; 5, 6학년) 사회과(7~10학년)	정치학(Politikwissenschaft) 혹은 사회과학(Sozialwissenschaften)
브란덴부르크	정치교육	
브레멘	정치(Politik)	
함부르크	정치/사회/경제 (Politik/Gesellschaft/Wirtschaft)	
헤센	정치와 경제 (Politik und Wirtschaft)	
메클렌부르크-포어포메른	사회과	
니더작센	정치-경제(Politik-Wirtschaft)	
노르트라인-베스트팔렌	정치	
라인란트-팔츠	사회과	
자를란트	사회과	
작센	공동사회연구/법교육/경제 (Gemeinschaftskunde/Rechtserziehung/Wirtschaft)	
작센-안할트	사회과	
슐레스비히-홀슈타인	경제-정치	
튀링겐	사회과	

법학, 교육학, 심리학 등 다른 사회과목과 경쟁 관계에 놓여 있습니다.

정치 과목이 김나지움의 교과 편성에서 취약한 위치에 놓인 것은 많은 주에서 이 과목을 '정치와 경제'의 혼성 과목으로 편성해 교육 당국이 경제 단체들의 압력에 양보하는 이유도 있습니다. 학교 당국은 항상 취업이나 일자리 문제가 우선이기 때문에 경제계의 요청을 거부하기 힘든 형편입니다. 이처럼 각 주는 새로운 과목을 도입하기가 쉽지 않기 때문에 기존의 과목에 통합하는 방식을 택하게 됩니다. 김나지움이 아닌 많은 학교에서는 이미 오래전부터 정치교육을 다른 과목과 함께 편성하는 것이 일반화된 상황입니다.

일반적으로 학교에서의 정치교육이 만족할 만한 상황은 아닙니다. 하지만 이러한 상황에 책임을 느끼는 많은 이들은 정치교육이 반드시 학교에서 특정 과목으로만 시행되고 있는 것은 아니라는 점을 지적합니다. 실제로 많은 과목이 정치와 관련이 있어서 정치교육은 다양한 과목의 형태로 이뤄지고 있습니다. 역사 과목은 정치와 밀접하게 관련돼 있습니다. 지리 과목에서는 정치적 과제를 주제로 삼고 있습니다. 외국어 과목에서는 그 나라의 문화, 사회와 정치를 다루고 있습니다. 독일어 과목에서는 대부분 정치 참여가 주제인 문학 작품을 다루고 있습니다. 다른 과목에서도 정치적 주제를 다룸으로써 정치교육이 이뤄지고 있습니다.

또한 학교에서 상호작용을 통해 정치교육의 효과를 지향하고 있다는 점도 긍정적 전망을 주고 있습니다. 학교는 확실히 정치적 경험이 가능한 공간입니다. 학급 대표나 대변인을 선출하는 것이 그런 사례입니다. 그러한 과정에서 학생들은 규칙, 권력, 갈등뿐만 아니라 갈등의 해소 등을 배울 수 있습니다. 그 밖에 학교에서의 소통 과정도 정치교육의 좋은 기회가 될 수 있습니다. 학생들은 교사의 강의스타일이 권위적이냐 민주적이냐를 비교하면서 정치를 배울 수 있습니다. 물론 한국의 일부 학교에서도 이와 유사한 경험을 할 수 있지만, 다수의 학교에서는 정치교육이 제대로 이뤄지고 있지 않습니다. 입시 위주의 교육이 우선시 되고 있는 데다가 교사의 정치적 기본권마저 제한되고 있기 때문입니다. 이런 문제는 단순히 정치교육을 강조한다고 해서 해결될 일이 아닙니다. 먼저 정치, 경제, 사회 등의 제도가 바뀌어야 나아질 것입니다

독일의 학교폭력

독일의 학교폭력 문제는 어떨까요? 독일에 있는 친구(Michael, Christoph)와 김나지움에 다니는 학생(Ahmed), 그리고 교사(Daniela)에게 독일의 학교폭력에 대해 물어보았습니다. 아래는 그들에게서 받은 대답을 정리한 것입니다.

독일에서도 학교폭력의 문제가 계속해서 제기되고 있습니다. 2023년에도 언론이 크게 주목한 극단적 폭력 사태가 몇 차례 있었습니다. 이처럼 언론의 관심을 받게 되면, 학폭 문제를 과장해 인식하게 될 위험이 있습니다. 나아가 학폭에 대한 공공의 인식을 다소 왜곡할 수 있지요. 실제 학교폭력의 발생 빈도는 과거와 크게 달라지지 않았거나 조금씩 줄어들고 있습니다. 그런데 학폭이 증가하는 것처럼 보이는 이유는 경찰 신고가 많아지고, 학생의 폭력이 과거에 비해 거칠어져서 (예를 들어, 칼을 사용한 폭력, 살인미수, 심지어 살인까지) 언론의 주목을 받기 때문입니다. 간단히 말해 폭력을 사용하는 학생은 줄었지만, 그 폭력성은 예전보다 더 심각해진 것입니다.

다음과 같은 사실도 주목해야 합니다. 학교에서 발생한 부상이나 폭력 사태가 통계에 잘 잡히지 않는다는 점입니다. 소위 다크 케이스 스터디(Dark Case Study)라고 불리는 익명의 설문조사를 통해 얼마나 많은 폭력과 범죄 사례가 보고되지 않고 있는지 분

석하고 있습니다. 한 연구 결과에 따르면, 지난 수년 동안 사례 수가 감소하고 있다고 합니다. 그런데 학교폭력과 관련한 공공의 논의에서는 이런 점들이 계속해서 무시되고 있습니다. 또한 학교폭력 문제가 발생했을 때 학교 관리의 영역으로 인식하여 우리와 달리 초보교사가 아니라 경험이 풍부한 교사나 교장이 책임을 지고 처리하고 있다고 합니다.

기본적으로 항상 한 가지 사실을 명심해야 합니다. 독일의 학교 시스템은 연방제 원칙을 따르기 때문에 학교정책은 주 정부의 몫입니다. 예를 들어 바이에른주에 적용되는 학교법이 반드시 노르트라인-베스트팔렌주에서도 적용될 필요는 없습니다. 또한 교육 관련 법률은 개별 학교가 추구하는 교육 방향에 따라 스스로 채워 넣을 수 있도록 기본적 조건만 제시합니다. 그러므로 모두에게 통용될 수 있는 일반적 진술을 하기는 어렵습니다. 실제로 독일의 일부 중등학교 웹사이트를 살펴봤지만, 징계 규칙에 관해 공개적으로 이용 가능한 정보는 어디서도 찾을 수 없었다고 합니다. 다음은 구체적 질문에 대한 답변입니다.

Q. 학생이 교사의 지시에 따르지 않을 때 교사는 어떻게 학생을 통제할 수 있는가?

일반적으로 그런 문제는 다수의 교사와 부모가 서로 협력해 해결한다. 그럼에도 불구하고 문제가 잘 해결되지 않을 때는 여러 가지 대응 방법이 있다. 먼저 교사는 학생의 부모에게 아이가 어떤 잘못을 했는지를 적은 주의나 경고(Hinweis)에 해당하는 편지를 써서 보낼 수 있다. 부모는 자기 아이에게 더 이상 그런 행위를 해서는 안 된다고 설명한 후에 서명해 교사에게 돌려보내야 한다. 이처럼 문서에 서명해야 하는 것은 독일에서 일반적인 관행이다.

학생이 좀 더 나쁜 짓을 했을 때는 교사가 견책이나 징계(Verweis)를 준다. 이것은 학적부에 기록되는 진술이다(예를 들어 범칙금 고지서와 같은 형태). 징계를 줄 때 교사는 부모에게 연락해 학교에서 함께 회합한다. 이 회의에서는 대략 6명의 교사가 참여해 부모에게 학생의 문제점을 지적한다. 또한 주의나 경고가 3회 누적되면 징계 1회가 된다. 하지만 학생을 징계하는 것도 그렇게 간단한 일은 아니다. 징계에 해당하는 경우가 아닌데 징계를 했을 때는 교사가 피해를 보게 된다. 교사가 자신의 자리를 잃을 수도 있기 때문이다. 원칙적으로 세 번의 징계를 받은 학생은 (자동으로) 퇴학 처분을 받고 학교를 떠나야 한다. 그러나 실제로는 의무교육을 하고 있어서 퇴학 처분이 쉽지 않다. 학생이 퇴학당할 경우, 보통 학교를 옮기게 된다.

Q. 자신의 아이가 학교에서 혼났을 때
부모는 교사를 비방하거나 고소할 수 있는가?

학생이 학교에서 꾸지람을 들었다고 그 부모가 학교로 찾아오는 경우는 드물다. 교사가 학생을 혼낼 때는 친구들이 보는 앞에서가 아니라 수업시간 후에 개인적으로 이야기하기 때문이다. 그러면 문제가 없다. 그런데 일부 교사는 수업 중에 지적해 다른 학생이 듣고 웃기도 한다. 그러면 지적받은 학생은 분노하거나 슬퍼하게 되고 이를 부모에게 알리게 된다. 이 경우에는 종종 부모가 학교에 찾아와 교사에게 항의하기도 한다.

교사에 의한 모욕이나 신체적 처벌은 독일에서 용납되지 않으며 심지어 법으로 금지돼 있다. 그런데도 그런 행위를 반복하는 교사는 학교 업무에서 배제되거나 더 이상 교사가 될 수 없다.

기본적으로 독일에서는 1년에 두 번 정도의 학부모-교사 모임(El-ternsprechtagen)에서만 자녀의 교사를 볼 수 있다. 그래서 접촉이 제한된다. 반면 학부모의 행동에 대해 불평하는 교사 이야기가 늘어나고 있다. 아이들이 부모가 기대하는 만큼 학교에서 성적을 내지 못하면, 교사를 비난하는 부모가 많아지고 있기 때문이다. 점점 더 많은 부모가 자기 자녀가 똑똑하지도 않고 열심히 공부하지도 않는다는 사실을 믿기 어려워하고 있다. 그들은 교사에게 불평하면서 그런 사실을 받아들이려고 하지 않는다.

Q. 그게 가능하다면, 교사는 고소에 어떻게 대응할 수 있는가?

학부모가 학교에 와서 교사를 비난하면, 교사는 학부모를 진정시키고 문제를 해결하려고 노력한다. (고소 여부 질문에 모두 답변이 없는 것을 보면, 학부모가 교사를 고소하는 경우는 많지 않은 것으로 보인다.)

Q. 학생 간 폭력 사태는 어떻게 처리되는가?

폭력 사태 후에 학생은 그 벌로 징계를 받게 되고 부모를 학교로 소환한다. 그 폭력 사태의 정도가 심할 때는 바로 퇴학시킨다. 하지만 퇴학이 그렇게 간단한 일은 아니다. 또 피해 학생의 부상 정도가 심각할 때는 바로 경찰이 나서게 된다.

4. 독일 교육제도의 시사점

독일에서는 4년 과정의 초등학교를 마치면, 학습 능력에 따라 취업과 대학 진학을 위한 서로 다른 학교에서 중등교육을 받도록 하고 있습니다. 모두가 대학 준비를 위해 시간을 낭비하지 않도록 하는 것이지요. 학교에 상관없이 누구나 아비투어(대학입학자격) 과정을 공부하고 시험을 치른 후 합격하면 자신이 원할 때 대학에 갈 수 있습니다. 대학입시가 따로 없고 자신이 원하는 대학에 신청서를 내어 자리가 있으면 입학허가서를 받습니다.

대학은 서열 없이 평준화돼 있으며 등록금이 없습니다. 하지만 입학했다고 누구나 졸업하는 것은 아닙니다. 시험기회는 2~3회로 엄격하게 제한돼 있고, 입학생 가운데 학위를 받고 졸업하는 비율은 30피센드도 채 되지 않습니다. 모든 교육과정이 누구를 이겨서 떨어뜨려야 하는 경쟁교육이 아니라 자기계발을 위한 과정이라고 볼 수 있습니다. 이런 과정에서는 누구나 해당하는 능력을 갖추게 되면 자격증이나 학위를 받을 수 있으므로 서로 협력할 수 있습니다.

이러한 교육 시스템이 가능한 것은 근본적으로 공부를 못해서 꼭 좋은 직업을 갖지 못하더라도 인간답게 살아가는 데 별로 부족함이 없기 때문입니다. 일차적으로 소득의 격차가 우리만큼 크지 않습니다. 그럼에도 불구하고 발생하는 사회경제적 격차에 대해서는 이차적인 다양한 복지제도를 통해 그 차이를 완화하고 있습니다. 대신 우리보다 훨씬 많은 세금과 사회보험료를 부담하고 있지요. 그래서 원하지 않은 공부를 하면서 굳이 대학 졸업장에 목을 맬 이유가 없습니다. 공부하는 것을 좋아하거나 잘하지도 않는데, 무조건 대학에 가기 위해 우리처럼 큰돈을 들여 사교육을 받는 일은 드뭅니다. 설사 그렇게 해서 대학에 가더라도 졸업이 어렵기 때문입니다.

한국 교육의 현실

반면 우리의 입시경쟁은 타협의 여지가 없는 무한경쟁입니다. 아무리 우수한 학생이 모였을지라도 석차를 내어 줄을 세워야 하기 때문입니다. 공부를 못하는 학생도 그 대열에서 벗어날 수가 없습니다. 일부 상위권 학생을 위해 나머지 다수는 불필요한 경쟁에 들러리를 서고 있는 셈입니다. 그런 과정에서 학생의 재능이나 취미, 원하는 것이 무엇인지는 중요하지 않습니다. 대다수 학생은 자신이 잘하거나 좋아하는 공부를 할 수 없습니다. 버릇이 없거나 성격이 나쁜 것도 크게 문제가 되지 않습니다. 일부 부모들이 그냥 방치하고 있는 학교폭력의 문제도 비슷하다고 볼 수 있습니다. 그저 좋은 대학만 가면 모든 것이 다 용서되고, 반대로 아무리 착하고 성실하더라도 입시 결과가 나쁘면 실패한 인생이 됩니다.

1990년대 중반, 김영삼 문민정부가 실시한 대학 자율화 정책은 학과정원의 자율결정을 허용해 대학생 수를 급속하게 늘렸습니다. 이후 대학 수는 그대로인데 학생 수가 감소함에 따라 대학 진학률은 계속해서 상승하고 있습니다. 실제로 독일에서는 40~60퍼센트에 불과한 대학진학률이 우리는 80퍼센트를 넘어서고 있습니다. 2022년 독일의 전체 대학생 수가 약 295만 명인 반면, 한국은 246만 명에 이르고 있습니다. 독일 인구가 약 8,200만 명이고 한국이 5천만 명인 것을 감안하면 우리의 숫자가 과도하게 많다는 사실을 알 수 있습니다.

이런 현상이 바람직하지는 않지만, 그렇다고 딱히 대학생만을 탓할 수도 없는 것이 현실입니다. 대학을 졸업하지 않으면 사람 취급을 하지 않는 잘못된 사회 분위기가 큰 문제이고, 또 상대적 저임금, 승진 시 차별 등 그 불이익이 지나치게 크기 때문입니다. 실제로 대졸과 고졸, 일류대 출신과 그렇지 않은 출신 사이에서 드러나거나, 또는 드러나지 않은 격차가 다른 나라에 비해 유난히 크다고 할 수 있습니다. 2023년 정규직 노동자는 월 평균 371만 원을 받는데 반해, 비정규직 노동자는 200만 원으로 정규직의 54퍼센트에 불과합니다.

그 결과, 대학 졸업자의 일자리는 부족하고 고등학교 졸업자의 일자리는 남아도는 불균형 현상이 나타나고 있습니다. 그래서 외국인 노동자가 3D와 같은 기피업종이나 저임금 노동의 일자리를 채우고 있습니다. 대학을 졸업했지만 일자리를 구하지 못하는 사람도 늘어나고 있습니다. 이에 따라 좋은 대학에 가려는 경쟁은 더욱 치열해지고 있고, 또 사교육 시장은 더 커지고 있습니다. 동시에 공교육은 점점 더 설 자리를 잃고 있습니다. 좋은 사교육을 받기 위해서는 부모의 경제력이 중요하고, 이 문제는 우리 사회의 불평등을 심화하는 데 기여하고 있습니다. 이는 부의 대물림으로까지 이어지고 있습니다.

학생 대부분이 어릴 때부터 무한경쟁에 내몰리고 있으며, 부모들은 과도한 사교육비에 등골이 휘고 있습니다. 선행학습을 위해 과외나 학원이 기형적으로 성장하고, 그에 비례해 공교육은 심각하게 훼손됐습니다. 이런 와중에 학생들은 공부기계로 전락하고 있으며, 그 인성은 파괴돼 우리 사회는 점점 더 삭막해지고 있습니다.

다른 한편으로 진학률이 높아져 대학은 커졌지만, 대학에서의 교육은 오히려 퇴보하고 있다는 지적이 많습니다. 대학교육의 부실은 많은 학생에게 대학을 왜 다녀야 하는지 하는 자괴감을 주고 있으며, 비싼 등록금은 부모들의 부담을 가중하고 가난한 대학생들을 장시간 값싼 아르바이트 시장으로 내몰고 있습니다. 그래서 선거 때마다 소위 '반값 등록금' 공약이 정치권의 화두가 되고 있지만, 그것이 현실에서 가능할 것 같지는 않습니다. 현재와 같은 대학의 모습으로는 그 설득력이 없기 때문입니다. 이런 대학의 모습은 사회 전체적으로 비용의 낭비와 비효율성을 초래하고 있습니다. 따라서 과도하게 많은 대학 수를 축소하는 구조조정과 대학교육 본연의 역할을 되찾는 것이 매우 시급한 상황입니다.

독일의 사례를 볼 때 교육개혁의 핵심은 단순히 입시제도를 공정하게 만드는 것이 아닙니다. 아이들이 자신의 삶을 행복하게 꾸려 갈 수 있는 내적 힘을 기를 수 있도록 교육해야 합니다. 이는 소정의 교육을 마친 후 갖게 되는 직업에서의 극심한 격차와 차별을 줄이는 데서부터 출발해야 하지요. 무한경쟁의 입시 지옥에서 벗어나는 길은 누구나 자신의 직업 활동을 통해 최소한의 인간다운 생활이 가능하도록 적절한 급여 수준을 보장하는 것, 서로 다른 직업 간에 지나치게 큰 소득의 격차를 줄여 가는 것, 또 같은 일을 하지만 정규직과 비정규직 또는 자기가 속한 회사가 본 기업이냐 하청 기업이냐에 따라 달라지는 부당한 대우를 줄이는 것 등입니다.

만약 이런 불공정이나 불평등의 문제가 개선된다면, 우리의 교육 문제도 자연스럽게 해결되지 않을까요? 그런 상황이라면 부모들이 무조건 자기 아이를 좋은 대학에 보내기 위해 과도한 사교육을 받게 하거나 무한경쟁으로 내몰지 않을 것입니다. 만약 이렇게 된다면, 극심한 스트레스와 심지어 자살로까지 몰아가는 학생들의 고통을 줄일 수 있을 것입니다. 누구나 저마다 자기가 일한 몫을 제대로 받을 수 있다면 자기가 잘하는 일을 하면서 인생을 즐길 수 있을 겁니다.

소득과 자산의 양극화에 따른 빈부격차와 불평등의 심화는 세계적으로 어느 정도 일반화되고 있는 현상입니다. 문제는 우리의 경우에 비정규직이 증가하면서 삶의 질 차이와 불평등이 훨씬 더 크고 심할 뿐만 아니라, 그것이 급속하게 진행되고 있다는 점입니다. 점점 더 극단적인 약육강식의 사회로 가고 있습니다. 직장인의 3분의 2는 전혀 연장근로를 하지 않지만, 나머지 3분의 1은 매번 연장근로에 시달리고 있다고 합니다. 바로 이런 상황에 우리의 교육제도가 놓여 있습니다. 그래서 교사의 역할이 막중한 것입니다.

우리는 교육을 통해 이런 상황을 알리고, 이 불평등의 문제를 개선하는 데 초점을 맞춰야 합니다. 그런데 모두가 이를 외면하고 있습니다. 보수와 진보를 막론하고 대다수 학부모는 그런 상황에서 단지 자신의 아이가 어떻게 하면 승자가 될 것인가에만 골몰하고 있고, 결과적으로 교사는 이를 방치하고 있습니다. 새로 임명된 교육부장관은 매번 교육개혁을 선언합니다. 그리고 수시와 정시 비율을 조정하는 등 수능제도를 변경하거나 대학 입시제도를 개편합니다. 하지만 이런 식의 개혁은 아무 의미가 없습니다. 예를 들어 서울대가 한자를 중시하는 쪽으로 입시제도를 바꾼다면, 많은 부모가 자기 아이에게 갓난아이 때부터 천자문을 배우게 할 것이기 때문입니다.

결론적으로 극단적 점수경쟁, 높은 사교육 비용, 인간성 상실 등 산적한 한국의 교육 문제를 해결하는 방안은 승자독식의 사회경제적 시스템을 개혁하는 데서 찾아야 합니다. 문제의 본질은 교육 자체에 있는 것이 아니라 교육받은 후에 이어지는 경제적, 사회적 격차와 연관돼 있기 때문입니다. 먼저 이런 격차를 줄이지 않는다면 입시제도를 어떻게 바꾸더라도 우리 교육은 정상화되기 어려울 것입니다. 현재와 같은 무한경쟁의 소용돌이 속에서 어떻게 인성교육이 가능하며, 개인의 적성과 소질에 맞는 교육을 할 수 있을까요?

독일에서도 학생을 조기에 나누어 가르치는 교육제도에 대해 비판의 목소리가 있습니다. 일부 학생은 뒤늦게 공부의 필요성을 깨달을 수도 있고, 실력을 발휘할 수도 있기 때문입니다. 그래서 대안으로 마련된 것이 학습 능력에 따라 구분된 세 종류의 학교를 통합해 운영하는 종합학교 제도입니다. 그럼에도 불구하고 조기에 나누어 가르치는 교육제도가 널리 받아들여지고 작동하는 것은 어떤 경우에도 최소한의 인간다운 삶을 보장하는 그들의 사회경제적 시스템에 그 이유가 있다고 생각합니다. 그런 시스템을 만들고 유지할 수 있는 것은 어렸을 때는 물론이고, 성인이 된 후에도 지속되는 정치교육을 통해 건전한 민주시민을 육성하고 있기 때문입니다. 민주시민이 선거를 통해 정치권이 보다 공정한 사회경제적 시스템을 만들도록 추동하는 것이지요.

특히 독일철학자협회는 하우프트슐레, 레알슐레와 김나지움으로 나누는 학제를 옹호하고 있습니다. 그 이유는 학습 능력이 뛰어난 학생과 그렇지 못한 학생 간에 교육과정을 달리하는 것이 양측 모두에게 더 유리하고, 교육의 공정성에 적합하다는 것입니다. 누구나 자신의 성향과 능력에 적합한 교육을 받을 수 있어야 하는데, 이를 무시한 채 함께 수업을 진행하는 것은 오히려 적절한 교육을 방해하기 때문입니다. 우리도 곰곰히 생각해 봐야 할 문제가 아닐까요?

Chapter IV

학교 밖 정치교육

1. OECD 국가 중 마지막 18세 유권자

　　　　　　2019년 12월, 제20대 국회는
선거 연령을 기존의 19세에서 18세로 낮추는 법안을 의결했습
니다. 이에 따라 고등학교 3학년 가운데 일부 학생이 선거권(투
표권)을 갖게 됐습니다. OECD 국가 중 마지막으로 우리나라가
18세 선거권을 허용한 것입니다.

　과거 1960년 4.19혁명, 1979년 부마항쟁, 1980년 5.18광주항
쟁 등에서 보듯이 학생들의 정치 참여와 활동은 정치적 격변 상
황에서 매번 결정적 역할을 했습니다. 이런 점을 고려한다면 그
동안 선거권을 부여하는 나이를 낮추지 않았던 것은 결과적으
로 젊은 유권자의 권리를 박탈해 온 것이었다고 할 수 있습니다.

　선거권은 유권자가 선거에서 투표할 수 있는 권리입니다. 일
반적으로 투표권을 얻기 위해서는 다음과 같은 조건을 충족해
야 합니다.

- 해당 국가의 국적이 있어야 합니다. 다만 지방선거에서는 반드시 국적

을 가지고 있지 않더라도 투표권이 주어지는 경우가 많습니다. EU 회원 국 국민은 거주 요건을 갖추면 EU 내 어느 국가에서나 투표할 수 있습 니다. 한국에서도 체류 자격을 취득한 후 3년이 지나면 외국인에게 지 방선거의 투표권이 주어집니다.

- 해당 지역에 거주해야 합니다. 그러나 실제로, 많은 국가에서 해외에 거주하는 국민도 전국 단위 선거에 투표할 수 있으며, 때로는 지역 선 거에도 투표할 수 있습니다.

- 선거권 나이에 도달해야 하는데, 보통 18세입니다. 예외적으로 오스트 리아, 몰타, 브라질에서는 최소 연령이 16세, 그리스, 인도네시아에서 는 17세입니다. 이와 별도로 많은 나라에서 지방선거에서는 이미 16세 부터 선거권을 보장하고 있습니다. 투표권을 주지 않는 경우는 누군가 특정 범죄에서 유죄 판결을 받았거나 다른 사람에게 후견을 받는 피후 견인이 됐을 때입니다.

이미 오래전부터 대다수 OECD 국가가 18세 선거권을 보장해 왔는데, 우리는 2020년에 와서야 뒤늦게 선거 연령을 18세로 낮 춘 것입니다. 그동안 우리가 19세 투표권을 그대로 유지한 것은 정치권이나 기성세대의 무관심, 정치 혐오, 경쟁에 기반을 둔 교 육제도 등이 복합적으로 작용한 결과로 보입니다. 입시를 이유 로 청소년의 정당 가입이나 정치 활동을 철저하게 배제해 온 것 이 18세 청소년의 당연한 권리 행사를 막아 온 셈이지요. 대학 입시에 직면한 18세 고등학생이 정치에 관심을 두기 어려운 점 이나 그것을 우려하는 부모들의 반대도 중요한 역할을 했을 것 입니다. 이는 입시에만 매달리는 우리 교육제도의 문제이기도 합니다. 이 같은 상황에서 아래와 같은 독일의 모습은 우리에게 많은 시사점을 줍니다.

독일 연방학생회, 16세 선거권 요구

독일에서는 이미 대부분의 기초자치 선거나 일부 주 의회 선거에서 16세 이상의 유권자에게 선거권을 허용하고 있습니다. 2024년 6월의 유럽의회 선거에서는 16세 이상의 젊은이에게 투표권을 부여했습니다. 처음으로 전국 단위 선거에서 16세 선거권을 보장한 것입니다.

이에 즈음해 교육정책과 관련한 학생들의 관심사를 대변하기 위해 만들어진 상시적 연방학생컨퍼런스(Bundesschülerkonferenz; BSK)*는 한 걸음 더 나아가 독일의 모든 선거에 16세 선거권을 요구하고 나섰습니다. 이 조직의 대표인 사무총장 루이자 바스너(Louisa Basner)는 한 언론과의 인터뷰에서 "우리는 16세 투표권이 매우 의미가 있고, 청소년의 정치 참여를 강화할 것으로 생각한다"라고 밝혔습니다. 이어서 젊은이들이 민주주의에 참여함으로써 직접적 영향력을 경험할 것이라며 16세 선거권을 강조했습니다. 바스너는 정치수업에서 기본법에 따른 선거권에 대한 논의는 있었지만, 유럽의회 선거에 대한 직접적 언급은 없는 경우가 많았다고 비판했습니다. 유럽의회 선거에 대한 안내가 해당 교사에 따라, 또 학급마다 달랐다며 충분히 논의되지 않았음을 지적한 것입니다.

반면 독일교사협회(Deutscher Lehrerverband; DL)**는 16세부터 선거권을 부여하는 데 다소 회의적 견해를 피력하고 있습니다. 유럽의회 선거에서 투표가 가능한 나이를 16세로 낮춘 것에 대해서

---

* 14개 주의 학생들이 모여 2004년에 설립한 조직.
** 독일노총 산하의 교원 노조 외에 가장 큰 단체인데, 4개의 우파 교사단체가 1969년 연합해 설립한 조직으로 약 16만 5천 명의 교사로 구성돼 있음.

도 서로 엇갈린 태도를 보였습니다. DL의 스테판 뒬(Stefan Düll) 회장은 연방과 주 선거에 청소년의 투표를 허용하는 것에 반대한다는 입장을 밝혔습니다. 투표권을 행사하기 위해서는 성숙하고 책임감이 있어야 하며, 그러려면 최소한 18세는 돼야 한다고 강조했습니다.

독일교사협회 회장은 "선거권 나이를 낮추는 것이 좋은 것인지에 대해 고민하고 있다"라며, 자신의 투표권에 대해 매우 우려하는 학생들이 많다고 했습니다. 그러면서 "그들 중 대다수는 복잡한 면을 지닌 정치에 관심이 없다"라고 분위기를 전했습니다. 학교에서도 정치에 관한 관심을 강요할 수는 없으며, 또한 그것은 가정, 사회, 청소년 자신 모두가 나서야 할 문제라는 점을 강조했습니다. 어쨌든 학교는 정치교육에 충분한 역할을 하고 있다고 주장했습니다.

그러나 녹색당 출신의 연방가족/노인/여성/청소년장관인 리사 파우스(Lisa Paus)는 독일교사협회의 입장에 반대해 투표권 나이를 낮추는 데 찬성의 목소리를 냈습니다. 한편 연방통계청에 따르면, 2024년 유럽의회 선거에 투표할 수 있는 16세와 17세의 유권자는 2023년 말 기준 약 140만 명에 달하는 것으로 나타났습니다.

이처럼 독일에서는 모든 선거에서 투표권을 부여하는 나이를 18세에서 16세로 낮추자는 주장과 의견이 대두되고 있습니다. 이에 반해 한국에서는 2020년에 들어서야 19세 선거권을 18세로 낮췄습니다. 청소년의 정치 참여를 둘러싸고 왜 이런 차이가 있을까요? 우리 학생들은 독일 학생들보다 성숙하지 못한 것일까요?

그렇지 않습니다. 단지 우리의 교육제도가 학생들을 지나치게 입시에만 매달리도록 강요하고 있기 때문입니다. 정치권에서도 자신의 기득권 때문에 젊은 유권자가 추가되는 것을 반기지 않기 때문이 아닐까요? 시민교육이나 정치교육에서 이런 문제에 대한 논의가 활발하게 이뤄져야 합니다.

2. 주 의회의 정치교육팀과 노조의 청소년교육

2022년 여름, 독일 중서부에 있는 라인란트-팔츠주의 주도(州都)인 마인츠를 방문한 적이 있습니다. 독일고등연구진흥원(DAAD)의 지원을 받아 독일의 주 단위 정치 시스템을 연구하기 위해서였습니다. 마인츠에서 주 의회와 정부를 찾아 관계자들을 인터뷰를 진행하는 과정에서 깜짝 놀랐던 일이 있었습니다. 주 의회에 청소년 정치교육을 담당하는 부서가 있었기 때문입니다. 의회 사무처 조직은 총무, 의회, 소통의 3개 분야로 구성되는데, 정치교육팀은 소통 분야에 소속돼 있었습니다. 더 놀라운 것은 그 부서에서 최근에 초등학교 3~4학년 학생을 대상으로 한 정치교육 프로그램을 만들었다는 것이었습니다. 그 부서의 책임자로부터 설명을 듣고 프로그램 책자를 한 부 건네받기도 했습니다.

라인란트-팔츠주 의회 정치교육팀장
크리스틴 에르하르트(Christine Ehrhardt)와
함께한 저자

초등학생을 위한 정치교육 자료의 표지

출처: 라인란트-팔츠주 의회

주 의회의 교육적 노력

주 의회 정치교육팀에서는 "민주주의는 참여를 통해 성장한다!(Demokratie lebt vom Mitmachen!)"라는 모토 아래 라인란트-팔츠주의 청소년(초등학생과 중·고등학생)과 교사를 위한 다양한 프로그램을 제공하고 있습니다. 주 의회 홈페이지에 '청소년 홈페이지'도 추가해 자세한 프로그램 정보와 연락처를 홍보하고 있지요. 누구나 홈페이지에서 교육 자료를 내려받을 수 있고, 교육은 모두 무료로 진행된다고 합니다.

초등학생을 위한 정치교육은 학생들이 주 의회를 방문해 진행하는 3시간 정도의 프로그램입니다. 주요 내용을 소개하면 다음과 같습니다. 학생들이 주 의회를 방문해 함께 아침 식사를 합니다. 민주주의란 무엇이며 라인란트-팔츠주와 주 의회, 교섭단체, 의회 규정 등에 대해 설명을 듣습니다. 이어서 학생들은 본회의장을 찾아 주 의회 의장, 주 총리를 선출하거나 주제를 선정해 토론하는 등 의원의 역할을 직접 체험합니다. 점심을 먹은 후에는 주 의회 방문에 대한 소감을 나누고, 본회의나 의원의 업무 등에 대해 질의응답 시간을 갖습니다. 교재에서는 라인란트-팔츠주에 어떤 정당이 있는지부터 주 의원을 어떻게 뽑는지에 대해서 자세히 다루고 있습니다. 최근의 선거 결과도 알려주고, 주 의회의 본회의나 의원의 일상에 대해서도 상세하게 소개하고 있습니다. 민주주의가 어떻게 작동하는지, 모든 개인의 투표가 얼마나 중요한 것인지 등을 직접 깨닫게 하는 것입니다. 중·고등학생을 위한 프로그램도 마련돼 있습니다. 이 프로그램은 실업학교, 김나지움 등 모든 학교의 고학년을 대상으로 하며, 3~4시간이 소요됩니다. 주 의회가 열리는 날과 열리지 않는 날로 구분해 방문 프로그램을 진행하고 있습니다.

주 의회가 열리지 않는 날	주 의회가 열리는 날
• 주 의회 건물과 본회의장에서 소개(약 2.5시간) • 본회의장에서 역할 체험(약 3.5시간)	• 본회의장 방문(약 4시간) • 상임위원회장 방문(약 4시간)

학생 그룹은 자신이 원하는 프로그램을 담당자와 상의해 선택할 수 있습니다. 주 의회는 학생들의 방문에 드는 교통비의 75퍼센트를 지원하고 있습니다. 그 밖에도 주 의회는 청소년, 직업훈련생, 대학생, 교사 등을 대상으로 다양한 워크숍과 세미나 프로그램을 제공하고 있습니다. 여기서는 정치적 주제와 문제에 대해 주 의회 의원과 함께 논의할 수 있습니다. 또한 의원의 활동이나 의회 민주주의의 작동 방식과 관련해 주 의회의 보이지 않는 부분을 들여다볼 수도 있습니다.

이와 별도로 주 의회 의원의 초대에 따른 방문 프로그램이 있

학생 그룹의
라인란트-팔츠주 의회
본회의장 현장실습 장면

출처: 라인란트-팔츠주 의회

습니다. 2020년부터 본회의가 없는 날에 의원의 초대로 단체 방문(35명 이내)이 가능합니다. 일반적으로 방문 당사자가 의원이나 지역구 사무실에 연락하면 되며 의회의 구성, 과제, 작동 방식 등에 대한 강연과 초대한 의원과의 간담회 등으로 구성됩니다. 상황에 따라 간단한 다과를 나눌 수도 있습니다. 물론 우리도 의원이 지역구 학생들을 초청하여 국회 견학을 하는 경우가 종종 있습니다. 다만, 이런 일이 체계적이고 지속적인 정치교육으로 이어지는 것이 아니라, 일회성 행사에 그치는 점이 문제인 것이지요.

노조의 청소년 정치교육

독일노총(DGB)의 청소년교육은 노조문화와 관련해 매우 중요한 부분입니다. 단순히 교육에만 한정되지 않고 교육생이 노조의 일원으로 참여하는 데 도움이 되기 때문입니다. 노조의 청소년교육은 2005년부터 연방정치교육원과 밀접한 협력 관계를 유지하고 있습니다. 청소년교육의 목표는 다양한 교육 프로그램을 통해 청소년의 사회적, 직업적 참여를 독려하는 데 있습니다. DGB 홈페이지의 홍보를 통해 학생, 수습생, 대학생과 기타 관심 있는 이들이 참여하고 있습니다. 주요 프로그램과 세미나의 주제는 다음의 표와 같습니다.*

프로그램	세미나
활동가를 위한 정치교육	• 사업장협의회의 권리와 음모 이데올로기 I, II: 공동결정제 • 혁명은 내일 아침 8시에!: 프로젝트를 성공적으로 수행하기 • 미래의 노동 I, II • 위원회 활동을 쉽게 하는 법
직업교육과 팀 능력 보강	• 훈련가 양성 • 세미나와 그룹 인솔 • 장애물 해체하기 • 미디어 교육
직업학교노동	• 민주주의와 공동결정제 • 대학생과 직업학교 연계 방안 • 직업학교에서의 상담
국제문제	• 로비의 중요성 • 국제적 협력의 필요성 • 위기 후의 그리스 상황: EU 차원의 연대

이처럼 독일에서는 학교 외부에서도 정치교육이 활발하게 진행되고 있습니다. 정치교육은 크게 두 가지 부분으로 구성됩니다. 첫째는 교육 프로그램을 설계하고 조직하는 것이고, 다른 하나는 강연, 코스, 세미나, 워크숍, 연수 등 행사를 진행하는 것입니다. 교육의 주체 혹은 행사의 진행이 항상 동일인에 의해서 이뤄지는 것은 아닙니다. 학교 외부에서 시행되는 개설 강좌는 대체로 비정형적 교육입니다. 청소년이나 성인 등 교육생이 의무가 아니라 자발적으로 참여하므로 외부 강좌는 교육학적이나 방법론적으로 잘 준비돼 있어야 합니다.

---

* 독일노총의 교육기관 홈페이지 참조(https://www.dgb-bildungswerk.de/jugendbil-dung/bildungsprogramm).

청소년교육은 주로 역할연기를 하거나 공개된 장소에서 토론하거나, 또는 연극, 영화, 음악, 전시 등 문화 활동과 연계해 진행하기도 합니다. 또한 새로운 창조적 프로젝트, 일터, 실험적 공간 등과 같은 교육 형태를 띠기도 합니다. 전반적으로 끊임없이 새로운 형태와 방식을 모색하고 있습니다. 박물관, 유적지, 지역의 조사대상이나 증거 보전 장소, 미학적-문화적 창조물, 상호작용하는 세미나, 새로운 미디어의 활용 등이 있습니다. 한편으로 교육학적으로 구성된 주제와 내용으로 진행돼야 하며, 다른 한편으로 항상 교육과정의 역동성과 교육생의 수준과 관심에 따라 열려 있고 유연해야 합니다.

학교 외부의 정치교육에는 주 의회, 노조 등의 사례 이외에도 아래에서 보듯이 시민단체, 교회, 정당 등 다양한 기관이 교육의 주체로 참여하고 있습니다. 이처럼 많은 기관에서 교육하고 있어서 얼마나 많은 사람이 정치교육에 참여하고 있는지에 대한 정확한 통계는 알기 어렵습니다. 다만 독일성인교육연구소(DIE)의 조사에 따르면, 참가자는 연간 약 285만 명에 달한다고 합니다. 교육 활동의 확산을 위해 잡지, 간행물, 뉴스레터 등의 홍보물이나 저널과 같은 저작물도 발간하고 있습니다. 이를 위해 다양한 후원과 지원이 이뤄지고 있지요. 그 밖에 아래와 같은 외부 교육기관이 있습니다.

- 시민대학과 지역 시민대학
- 교회와 청소년 단체
- 각종 복지 단체
- 지역 청소년 교육 센터
- 주 청소년단체연합
- 독일교육시설 실무공동체
- 청소년·성인 교육협회 '노동과 삶'
- 연방정치교육원과 주 정치교육원
- 정당 및 정치재단과 아카데미
- 연방청소년단체연합
- 정치교육연방위원회
- 가톨릭 성인교육연방공동체

- 독일개신교 성인교육공동체
- 가톨릭-사회적 교육기관
- 협회와 경영자 단체의 교육기관
- DGB와 개별노조

3. 연방정치교육원과 교회의 정치교육

연방과 주 차원에서 정치교육원이라는 공공기관이 제도화된 까닭은 과거 바이마르공화국의 합법적 붕괴와 그에 뒤이은 나치 독재 체제의 경험에 기인합니다. 그 시작은 제2차 세계대전이 끝난 1945년 이후 연합국이 독일의 민주화를 위해 추진한 재교육정책에서 찾을 수 있습니다. 또한 민주주의를 가르치고 배우기 위해 스스로 노력한 시민의 공로이기도 합니다.

1954년 주 총리 컨퍼런스(Ministerpräsidentenkonferenz, 16개 주 총리 회합)에서 시민교육을 위한 정부 기관을 모든 주에 설립하기로 의결했습니다. 이 결정은 주별로 서로 다른 방식으로 시차를 두고 집행됐습니다. 구동독 지역에서는 1990년 이후 설립됐습니다. 비록 각 주의 정치교육원은 조직 구성이나 과제 등에서 차이가 있었지만, 연방정치교육원과 관심사를 공유했습니다. 그들은 자유주의적-민주주의적 기본 질서를 확산하고 시민의 정치 참여를 후원하는 것을 목표로 삼았습니다.

연방과 주의 정치교육원은 일부 분야에서 상호 협력하기도 하지만, 기본적으로 서로 독립적으로 운영됩니다. 독일의 정치체제가 연방제인 까닭입니다. 1990년대 이들은 출간물이나 회의, 연방제 개혁 등에서 공동 작업을 강화했습니다. 이들은 1997년 뮌헨 협약을 펴내면서 자신의 임무를 새로이 규정했는데, "정치교육은 반드시 다양성, 정파 초월성, 독립성을 견지해야 한다는 것과 시민의 정치적 참여를 후원한다"라는 것이었습니다.

연방정치교육원

연방정치교육원은 1952년 시민서비스연방교육원(Bundeszentrale für Heimatdienst)이라는 이름으로 연방내무부의 하위 기관으로 설립됐다가 1963년 현재의 이름으로 변경됐습니다. 원래 그 뿌리는 독일제국까지 거슬러 올라갑니다. 제1차 세계대전이 끝날 무렵 시민서비스교육원(Zentrale für Heimatdienst)이라는 이름으로 제도화됐고 바이마르공화국에서는 시민서비스제국교육원(Reichzentrale für Heimatdienst)이라는 이름으로 지속됐습니다.

연방정치교육원의 설립 취지는 정치교육을 통해 민주주의와 EU 정신을 독일 시민에게 안착하고 확산하는 것입니다. 이를 위해 시민에게 의회중심제 정부형태, 정치게임 규칙, 민주주의 원칙에 대한 신뢰를 주어야 합니다. 또한 나치즘이나 공산주의와 같은 전체주의 이데올로기에 저항하고, 민주 세력의 정치 과정에 대한 참여를 후원해 유럽의 화해 정신을 고양하는 데 일조하고 있습니다.

연방정치교육원의 과제와 목적은 오랫동안 유지되고 있으며, 새로운 사회적 변화와 도전에 따라 보완되고 있습니다. 2001년 이후 교육원은 시민교육을 통해 정치 상황에 대한 이해를 강화하고 민주적 자각을 확고하게 하며 정치적 동참 자세를 강화한다고 과제와 목적을 보강했습니다. 그런데도 관련 출판물 사업에서 실업, 폭력, 미래 세대의 기회 등의 과제가 소홀히 취급되고 있다고 비판받기도 했습니다. 그럼에도 불구하고 연방정치교육원은 정치교육의 중심지 역할을 하고 있을 뿐만 아니라 정치교육에 대한 정부의 의지를 보여 주고 있어 독일 정치교육의 상징처럼 여겨지고 있습니다.

연방정치교육원이 다루는 주제는 크게 정치·정책, 역사, 국제 관계 등으로 나뉩니다. 정치·정책 분야에서는 민주주의와 선거, 국내아 복지정책, 사회와 공동체, 극단주의와 극단화 현상, 외교 안보 정책, 경제와 환경, 교육과 문화, 미디어와 디지털 등의 주제를 다룹니다. 역사 분야에서는 제1차 세계대전과 바이마르공화국, 나치와 제2차 세계대전, 홀로코스트, 전후 시대, 냉전 시대, 독일 분단, 독일통일, 시대와 문화사, 식민주의와 제국주의, 유럽 역사 등이 주요 대상입니다. 국제 관계 분야에서는 아프리카, 아시아, 북아메리카, 중남미, 중동, 호주와 오세아니아 등으로 구분하고 있습니다.

위 주제와 관련해 다양한 형태의 책자를 시리즈로 발간해 무료로 배포하거나 저렴하게 판매하고 있습니다. 예를 들어, 각각의 주제와 관련된 전문가의 논문을 수록한 「정치와 현대사(Aus Politik und Zeitgeschichte)」를 정기적 발간하고 있습니다. 또한 다양한 주제를 사진과 함께 쉽게 설명한 「정치교육 정보집(Informationen zur politischen Bildung)」을 시리즈로 발간하고 있습니다. 이와 같은 논문집이나 정보집은 무료로 배포되고 있으며, 홈페이지에서도 내려받을 수 있습니다. 그 밖에도 학생이나 성인을 위해 테마 자료, 화보, 만화, 게임 등 다양한 형태의 교육 자료를 제작해 배포하고 있습니다.

처음에는 다수의 출판물을 통한 교육이 대세를 이뤘고 이후에는 오디오 등 다양한 형태의 미디어 방식이나 인터넷 프로젝트 등이 보강됐습니다. 연례회의(Tagung)나 여러 가지 행사방식도 중요한 역할을 했습니다. 이벤트, 캠페인이나 문화 프로젝트 같은 비전통적 교육방식도 증가하고 있습니다.

1952년 설립된 연방정치교육원은 그동안 여러 차례 조직의 구성에 변화가 있었습니다. 처음에는 1명의 원장이 주도하는 체제였으며, 그의 무당파성은 감사위원회의 견제를 받았습니다. 1969년에는 자문기구(Wissenschaftliche Beirat)가 설치됐고, 자문기구는 내용이나 전문성의 문제를 지원했습니다. 1973년에는 대대적 조직 개편이 이뤄졌는데, 연방의회 내 3곳의 원내교섭단체에 따른 3명의 원장 체제를 도입했습니다. 이후 1992년 다시 1명의 원장과 2명의 부원장 체제로 바뀌었습니다. 마지막 변경은 2000년으로, 다시 1명의 원장 체제로 돌아왔습니다. 이와 같은 교육원의 변천사는 향후 우리가 유사한 기관을 설립하고자 할 때 많은 도움이 될 것입니다.

오늘날 연방정치교육원은 두 가지 커다란 도전을 마주하고 있습니다. 하나는 교육기회가 부족한 사회적 약자에 대한 정치교육을 활성화하는 것이고, 다른 하나는 지난 수십 년간 나타난 극우주의와 이슬람주의, 또 극좌주의 등 극단주의 행태에 대한 교육을 강화하는 것입니다. 극우주의 문제는 특히 2023년 이후 '(독일)대안당(Alternaative fur Deutschland)'에 대한 지지율이 급상승하면서 독일 정당민주주의를 위협하고 있습니다.* 그 밖에 국제협력 문제, 특히 EU 파트너와의 협력 등이 주요 과제가 되고 있습니다.

주 정치교육원

주 정치교육원의 과제는 자유주의적–민주주의적 기본 질서

---

* 극우주의 문제는 3부의 해당 내용을 참고.

를 정착하고 확산하는 것, 시민의 정치적 참여를 후원하는 것, 출판물의 제작, 출간 등을 조정하고 독려하는 것입니다. 주 정치교육원은 각 주의 사정에 따라 운영됩니다. 한편으로 어느 부처나 부서의 하위 기관으로 자리할 경우, 주 정부의 정책에 휘둘리거나 정파성을 띨 우려가 있습니다. 다른 한편으로 독립된 기관일 경우에는 통제가 필요합니다. 파당성과 통제의 필요성과 관련해 각 주는 서로 다른 대처법을 가지고 있습니다.

일반적으로 주 정치교육원은 주 총리나 부처의 한 부분으로 자리하고 있으나, 조직적으로 독립된 기구입니다. 대다수의 주 정치교육원은 정파 초월성을 지키기 위해 감사위원회의 통제를 받고 있습니다. 감사위원회는 주 의회 모든 정파의 의원들로 구성되며, 여기에는 전문가 그룹이나 사회단체의 대표자가 함께 참여하고 있습니다.

주 정부의 재정 상태가 안 좋을 때는 주 정치교육원에도 영향을 미치게 됩니다. 단지 일부 주에서만 예산 삭감을 막을 수 있었습니다. 예산 문제는 주 정치교육원의 유지에 종종 큰 어려움이 되고 있습니다. 예를 들어 가장 큰 규모를 자랑하던 니더작센주의 정치교육원은 2004년 일시적으로 문을 닫기도 했습니다. 문을 닫자 연방정치교육원 등 여러 곳에서 거센 저항이 일어났지요. 니더작센주 헌법수호청에 그 짐을 넘겼지만, 비판과 저항은 멈추지 않았습니다. 그 결과 이 과제는 연방정치교육원의 온라인 서비스 등으로 대체됐습니다. 그러다가 2017년 1월에 다시 문을 열었죠. 주 정치교육원의 중요성을 반영한 것입니다.

민간 교육기관과 '독일교육시설 실무공동체'

제2차 세계대전 후 서독 지역에는 정치교육을 위한 공적인 기구와 별도로 수많은 민간 교육기관이 세워졌습니다. 1959년과 1961년 사이에 이 기관들을 연합한 독일교육시설 실무공동체 (Arbeitskreis deutscher Bildungsstätten; AdB)가 만들어졌습니다.

1945년 이후 서독에서는 학교 외부의 정치교육과 관련하여 국가가 주체가 되거나, 또는 국가가 지나치게 규제하는 제도화 조치를 계속해서 폐지해 나갔습니다. 정치교육에 대한 국가의 간섭을 줄이려는 데에는 다양한 이유가 있습니다. 특히 나치 독재의 직접적 경험과 국가의 정치적 독점에 따른 폐해를 되풀이하지 않으려는 것입니다. 또한 바이마르공화국 당시 다양한 주체에 의한 정치교육에 대한 기억, 그리고 시민사회의 자율성을 강조하는 승전국, 특히 미국과 영국의 역할이 컸습니다. 반면 동독에서는 국가가 모든 것을 통제했고 민간에 의한 시민교육을 막았습니다.

위와 같은 배경으로 독일에서 학교 외부의 정치교육은 아래와 같은 세 가지 자유 원칙에 근거하고 있습니다.

- **교육 주체의 자유**

  시민사회단체, 협회, 연합 등이 정치교육기관을 세우고 운영한다.

- **교육 참여의 자유**

  참여자는 어떤 의무 관계나 필요에 따른 결과가 아니라 일반적으로 자신의 의지로 교육에 참여한다.

- **수업과 수업 조직의 자유**

  강의 커리큘럼이나 수업 계획은 정해진 것이나 구속력이 없고, 시민사회의 요구나 전문적 식견의 결과에 따라 정해진다.

1966년 본(Bonn)에서 AdB의 주도하에 다양한 정치교육 단체가 참여해 연방 차원의 정치교육 실무위원회를 설립했습니다.

이는 2002년 정치교육 연방위원회(Bundesausschuss politische Bildung: BAP)로 이름을 변경했습니다. 또한 청소년 정치교육을 위해 추가로 청소년 정치교육 공동연대(Gemeinsame Initiative der Trägerverband politscher Jugendbildung: Gemini)가 1980년대에 만들어졌습니다.

학교 외부의 정치교육에 대한 시민사회적 인회과 상대적 자율성은 중요한 장점이지만, 일부 단점도 내포하고 있습니다. 한편으로 특별한 지원 프로그램 때문에 원하는 정치적 방향으로 유도될 수 있고, 다른 한편으로 직업교육의 논리에 따라 개인의 경제적 이해관계를 지향하는 것이 될 수도 있기 때문입니다.

AdB는 학교 외부의 정치교육을 위한 가장 중요한 전문단체로 발전했고, 동시에 매우 다양한 정치적 관점이나 세계관을 갖게 됐습니다. 2000년에는 기관회원의 가입 수가 정점에 달해 AdB는 약 120개 기관으로 구성됐고, 그중 일부 기관은 다수의 시설을 운영했습니다.

AdB의 기관이나 시설은 독일 사회나 정치에 대한 하나의 반사경이었습니다. 그들은 매우 다양한 내용과 주제를 다뤘고, 특정 지역이나 다른 지역의 서로 다른 배경이나 세대와의 공존을 지향했지요. 청소년 교육기관뿐만 아니라 유럽·국제적 기관, 역사, 사회정책, 환경문제 등을 다루는 기관 등 정치와 사회문제와 결부된 다양한 기관으로 구성되었습니다.

그들은 정치적으로나 교육학적으로 매우 광범위하게 구조화된 단체라 정치교육과 관련해 특정 사상을 보급하거나 선전할 수 없었지요. AdB의 역사를 살펴보면, 정치적으로나 교육학적으로 최소 합의점을 찾기 위해 매번 격렬한 논쟁이 전개됐습니다. 그러나 오래전부터 정치교육은 단기적 정치 목표나 시사 주제보다 민주주의를 강화하거나 미래지향적인 열린 정치문화를 과제로 삼자는 합의가 존재했습니다.

정치교육이란 그것이 비록 완전한 답을 얻지는 못하더라도 질문을 던지는 것이 핵심입니다. 그 질문이란 한 사회가 평화롭게 함께하는 삶을 추구하는 데 필요한 것이 무엇인지를 묻는 것입니다. 구체적으로 권력의 분산, 불평등의 극복, 개인의 자유, 이익의 정당한 분배, 사회의 미래 발전 등이 그것입니다. 정치교육은 비판 능력의 향상을 목표로 삼고 있으며, 비판 능력은 민주주의 체제에서 개인의 중요한 권리 가운데 하나입니다.

AdB는 하나의 이익공동체이며, 특히 교육사업에 전문성을 가진 전문단체입니다. 이런 맥락에서 시사성 있는 정치적 주제와 이에 대한 효과적 교육을 위한 교육학적 방법론 등을 다루는 위원회가 중요합니다. 평생교육, 청소년교육, 여성교육, 유럽·국제교육, 행정과 재정 등 5개의 위원회가 있습니다.

AdB는 1970년부터 분기별로 「학교 외부의 교육(Aussenschulische Bildung)」이라는 잡지를 발간하고 있습니다. 그것은 이론과 실제를 서로 연결해 주고 있으며 정치교육의 지속 발전을 내용상으로 지원하고 있습니다.

그 밖에 AdB의 주요 사업은 국제협력입니다. 이미 1970년대부터 이스라엘, 폴란드, 스페인과 긴밀한 관계를 맺고 있으며, 최근에는 중·동유럽뿐만 아니라 몽골과도 협력관계를 확대하고 있습니다. 또한 민주주의와 인권교육 유럽 네트워크(Democracy and Human Rights Education in Europe; DARE)의 설립에도 막대한 영향을 끼쳤습니다.

교회의 정치교육

자율 조직체로서 개신교와 가톨릭교회는 사회적 책임을 가진 존재입니다. 이런 상황에서 이들도 시민을 위한 정치교육을 개설하고 있습니다. 마치 개인 기업처럼 운영되는 한국의 교회와 달리 독일의 교회는 자발적인 노동자의 종교세에서 재원을 충당하고 있습니다. 그래서 우리보다 교회의 공공성이 큰 편입니다. 그들의 자체 아카데미나 사회교육시설을 통해 연간 약 900회가 넘는 다양한 행사를 개최하고 있습니다. 이들 상대 교회는 다음과 같은 다양한 형태로 조직돼 있습니다.* 세 가지 차원의 모든 개별시설은 상부단체 및 중앙본부와 유기적으로 결합해 조직돼 있고, 이들은 자신의 회원을 대변하고 있습니다. 아래에서는 개별기관을 간략하게 소개합니다.

1) 독일개신교 아카데미협회(Evangelische Akademien in Deutschland; EAD)

베를린에 본부를 둔 이 협회는 주 단위의 16개 개신교 아카데미를 대표합니다. 이 아카데미 사업의 주요 교육방식은 대화입니다. 대화방식을 통해 사회발전에 공헌하고 있습니다. 기본적으로 사회적 문제에 대해 민주적 방식으로 적극 참여해 만장일치의 대안을 모색하는 것을 지향합니다. 상반된 이해관계나 모순점을 드러내고 서로 협상할 수 있다는 것 자체가 진일보를 내디뎠다고 할 수 있습니다. 그래서 권력이나 이해관계를 감추지 않고 사회화하는 대화문화를 선호합니다. 개신교 아카데미의 대화문화는 다음과 같은 원칙을 지향합니다.

- 대화를 중시하는 것은 기본적으로 생산적이다. 그래서 공동의 문제에 대해 만장일치 방식의 해법을 모색하는 노력이 하나의 사회적 해법으로 자리 잡아야 한다.

---

* 개신교 아카데미, 가톨릭 아카데미와 사회교육센터, 공공성을 띠는 기독교 평생교육센터, 특정 교육 주제와 관련된 목적시설 및 교육센터 등이 있음.

- 문제 해결을 위한 대화에는 특정 지식이나 이해관계, 입장, 심지어 종교적 신념조차도 미리 전제하지 않는다. 모든 것은 오로지 대화를 통해 정해진다.
- 문제 해결을 위한 일반적 해법은 참여자의 현실 인식, 규범적 결정, 주관적 진정성이 구분되어 동등하게 취급되었을 때만 비로소 기대할 수 있다.

이 협회는 연간 200회가 넘는 정치교육 행사를 개설하는데, 이는 협회의 전체 행사에서 매우 중요한 비중을 차지합니다.

2) 가톨릭 사회교육공동체(Arbeitsgemeinschaft katholisch-sozialer Bildungwerke)

가톨릭 사회교육공동체는 본에 자리하고 있으며, 약 60개에 이르는 가톨릭 아카데미, 교육센터, 협회, 단체 등의 중앙본부입니다. 이들은 연간 700회가 넘는 다양한 형태의 정치교육 행사를 주관하고 있으며, 여기에는 약 2만 명이 참가하고 있습니다. AKSB는 연방 차원의 전문기관으로 주로 정치교육을 주관하고 있습니다. 이 기관의 근본 바탕은 1976년 보이텔스바흐 협약에 따라 정치적 사상의 강압을 금지하고 사안의 논쟁성을 인정하며 스스로 의사결정을 하는 정신이며, 이에 따른 시민의 정치적 참여를 독려하고 있습니다. 이 기관의 업무는 기독교적 인간상과 가톨릭 사회교범에 의지합니다. 개인과 공동체의 관계는 정당성, 보충성, 연대성과 공공의 복지 원칙을 지향해야 한다고 보고 있습니다.

3) 가톨릭 아카데미 지도자협회(Leiterkreis der Katholischen Akademien)

가톨릭 아카데미 지도자협회는 23개 가톨릭 아카데미의 본부 조직입니다. 가톨릭 아카데미는 교회, 종교, 사회, 정치, 문화, 학문 등을 성찰하는 장소로 이해되며, 사회봉사 활동이 의무화되어 있습니다. 또한 종파를 가리지 않고 모든 교회에 개방되어 있습니다. 가톨릭 아카데미는 공공의 대화 장소로 인식되며, 사회적 대화에서 기독교적 진실의 수호자 역할을 하고 있습니다.

4) 평생교육을 위한 독일개신교공동체(Deutsche Evangelische Arbeits-gemeinschaft für Erwaschenenbildung)

평생교육을 위한 독일개신교공동체는 혜센주 프랑크푸르트에 자리하고 있으며, 19개 주 교회조직(개신교 평생교육기관)의 중앙본부 역할을 하고 있습니다. 개신교 평생교육기관은 공동체 관련 개별프로그램을 개설하고 있으며, 주요 분야는 신학적/종교적 교육, 삶의 형태와 성별/세대별 관계, 정치교육/국제관계, 협업능력 향상 과정 등입니다. 전체 개설 과목 가운데 정치교육은 양적으로 적은 편입니다.

5) 평생교육을 위한 가톨릭연방공동체(Katholische Bundesarbeitsgemein-schaft für Erwaschenenbildung)

평생교육을 위한 가톨릭연방공동체는 본에 자리하고 있으며, 12개 주에 있는 평생교육을 위한 가톨릭 주 공동체(Katholische Landesarbeitsgemeinschaft für Erwaschenenbildung)의 중앙본부입니다. 이들은 스스로 판단하고 자기 행동을 책임질 수 있도록 개성 있고 직업적/사회적/정치적 삶이 가능한, 또 인간의 기본적 욕구를 보장하는 전반적이고 가치지향적이며 통합된 교육을 개설하고 있습니다.

위에 언급한 교육기관 이외에도 특정 계층을 대상으로 하는 다음과 같은 기관들이 존재합니다. 먼저 교회 노동자 조직으로서 개신교 차원에서는 '노동세계의교회서비스(Kirchliche Dienst in der Arbeitswelt)'가 있고, 가톨릭 차원에서는 '독일 가톨릭 노동자-운동(Katholische Arbeitsnehmer-Bewegung Deutschlands)'이 있습니다. 또한 교회 여성센터로서 '독일 가톨릭 여성공동체(Katholische Frauengemeinschaft Deutschlands)'와 '독일 개신교 여성지원센터(Evangelische Frauenhilfe in Deutschland)'가 있습니다.

독일 교회의 적극적 사회 활동 모습은 개인의 구원과 교회의 성장에만 몰두하는 한국의 교회에 많은 시사점을 주고 있습니다. 물론 정치와 종교의 분리는 인류 역사의 오래된 숙원입니다. 그렇더라도 교회가 우리 사회를 구성하는 주요 집단으로서 사회나 정치 문제에 무관심한 자세는 곤란하다고 생각합니다. 이와 반대로 일부 교회의 극우적 행위를 방치하는 것도 심각한 문제입니다. 독일의 교회 관련 다양한 기관의 정치교육은 수많은 한국 교회에 교회의 역할이 어떠해야 하는지에 대해 중요한 질문을 던지고 있습니다.

Chapter V

청소년의 정치 참여

1. 자유로운 정당 활동

독일 제20대 연방의회(2021~2025년)의 최연소 연방의원(우리의 국회의원)은 사민당의 에밀리 본츠(Emily Vontz)입니다. 2000년 10월 자를란트주 메르찌히(Merzig)에서 태어난 그녀는 현재 대학생입니다. 2016년 16세에 사민당 청년공동체(Jusos; 35세 이하)에 가입했고 이후 바로 당원이 됐습니다. 2017년부터 메르찌히-바더른(Merzig-Wadern) 지역*의 청년공동체 대표가 됐고 2019년부터는 이곳의 지역위원장이 됐습니다. 2020년 중반부터 자를란트주 의회의 사민당 교섭단체에서 일하며 학업을 병행했습니다. 이후 연방법무부장관을 지낸 하이코 마아스(Heiko Maas)가 중도에 의원직을 사퇴함에 따라 의원직

---

* 메르찌히-바더른 크라이스(우리의 군에 해당)는 2개의 도시와 5개의 게마인데(우리의 읍/면에 해당)로 구성되고, 면적은 556제곱킬로미터(전남 곡성군 정도의 크기), 인구는 약 10만 명임. 자를란트주는 이와 같은 6개의 크라이스(군)로 구성돼 있으며, 인구수는 약 99만 명으로, 독일에서 브레멘(68만 명) 다음으로 인구가 적은 주임.

을 승계해 2023년 1월 1일부터 연방의원이 됐습니다. 독일의 선 거제도는 연동형 비례대표제로 비례대표 명단(Landesliste)을 작성 하기 때문에 누군가 의원직을 사퇴할 경우, 같은 정당의 해당권 역 비례대표 순번에 따라 의원직을 승계하게 됩니다.*

제20대 최연소 연방의원

이처럼 독일에서는 지역에서 적극적으로 활동하는 당원이 해 당 지역의 연방의원이 됩니다. 반면 우리의 경우 대체로 판사 나 검사, 변호사, 고위 공무원, 교수 등 중앙에서 활약하던 인사 가 자신의 출신 지역에 가서 후보가 되고 의원에 당선됩니다. 특 히 지방의 국회의원직은 해당 지역에 연고가 있으면서 중앙에 서 성공한 이들의 놀이터가 되고 있습니다. 이런 현상은 정치발 전에 도움이 되지는 않을 겁니다. 그런데 왜 이런 일이 반복되고 있을까요? 무엇보다 정당의 후보 선출 권한이 해당 지역의 당원 에게 있지 않고 정당의 대표와 지도부가 공천권을 행사하기 때 문입니다. 만약 독일에서도 공천권을 중앙에서 독점하고 있다

2000년 10월생인 독일의 최연소 연방의원
에밀리 본츠(Emily Vontz)

출처: 연방의회 홈페이지

---

* 독일의 선거제도에 대해서는 3부에서 자세하게 다룰 예정.

면, 본츠와 같은 22세의 여대생 연방의원이 나오기는 힘들 것입니다. 공천권이 분산돼 있기에 가능한 일입니다.

당 지도부가 공천권을 행사하는 것을 당원이나 유권자가 받아들일 수밖에 없는 한국의 현실은 우리 사회가 과도하게 중앙집권적 시스템에 놓여 있기 때문입니다. 반면 독일에서는 지역(지방)의 자치권을 보장하는 연방제를 시행하고 있으므로 중앙에서 지방의 권력까지 독점할 수는 없습니다. 후보 공천 문제도 결국 지방분권과 연결돼 있다는 것을 알 수 있습니다.

독일의 제20대 연방의회에서 40세 미만의 연방의원은 168명으로 전체 의원 736명의 22.8퍼센트에 달합니다. 이 가운데 녹색당은 37.3퍼센트로 젊은 의원이 가장 많습니다. 다음으로 사민당이 30.1퍼센트, 자민당 25퍼센트 순입니다. 보수적인 기민당/기사당과 대안당은 12퍼센트 정도로 청년 정치인이 상대적으로 적은 편이지만, 우리의 4.4퍼센트에 비하면 3배 가까이 많은 수치입니다. 이런 결과에서 보듯이 실제 선거에서 젊은 유권자층(18~24세)의 23퍼센트가 녹색당을 지지했습니다. 그다음으로 선호한 정당은 자민당 21퍼센트, 사민당 15퍼센트, 기민당/기사당 10퍼센트, 좌파당 8퍼센트, 대안당 7퍼센트 순이었습니다. 녹색당의 미래가 밝은 이유입니다.

2021년 연방총선에서 유권자가 주요 관심사로 꼽은 것은 기후와 환경문제가 47퍼센트로 가장 높았고, 이어서 코로나 문제 28퍼센트, 이민·난민 문제 13퍼센트, 사회복지 문제 12퍼센트 순이었습니다.

제20대 연방의회(2021~2025년)의 40세 미만 정치인 비율

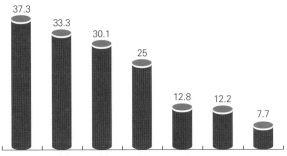

(%)

당명 (전체 의석)	녹색당 (118)	기타 (6)	사민당 (206)	자민당 (92)	대안당 (78)	기민당/ 기사당 (197)	좌파당 (39)	합계 (736)
35~39세	14	1	24	14	3	17	3	76
30~34세	13	1	26	5	7	6	–	58
25~29세	17	–	11	4	–	1	–	33
18~24세	–	–	1	–	–	–	–	1
계	44	2	62	23	10	24	3	168

출처: 독일 연방의회 홈페이지

접근성 높은 정당과 풍부한 정치권 일자리

독일에서는 왜 어린 학생이나 젊은이가 정치에 관심을 가지고 정당에 가입해 활동하고, 또 선거에 출마해 당선되는 것일까요? 도대체 정치 환경이 우리와 어떻게 다른 것일까요? 여러 가지 요인이 있겠지만 무엇보다도 아래와 같은 독일이 가진 정치 제도의 영향이 크다고 할 수 있습니다.

첫째, 독일의 정치권에는 우리와는 비교할 수 없을 정도로 많은 일자리가 있습니다. 선출직 자리를 살펴보면 우리는 4,400여

한국과 독일의 선출직 정치인 수(2023년 기준)   (단위: 명)

선출직 정치인	한국 (약 5,200만)	독일 (약 8,300만)	비고
대통령	1	1	
국회의원	300	736	
광역단체장	17+17+5	16	교육감 17명 교육위원 5명
광역의원	872	1,884	
기초단체장	226	400	
기초의원	2,988	약 24,000	
게마인데 시장	-	10,790	읍·면장
게마인데의회 의원	-	약 300,000	읍·면의회 의원
합계	4,426	약 337,827	
인구 10만 명당 정치인 수	9	408	

출처: 한국 중앙선거관리위원회 및 독일 선거위원회

개에 불과하지만 독일은 33만 개가 넘습니다. 인구수를 감안하더라도 비교할 수 없을 정도로 큰 차이입니다. 독일의 유권자에겐 우리보다 훨씬 더 많은 정치적 대표자가 있는 것입니다. 또 우리와 달리 독일의 의사당 앞에는 시위대가 몰려들지 않습니다. 시민의 의사를 수렴할 창구가 이미 정치의 하부 단위에서부터 마련돼 있기 때문입니다.

촛불집회를 비롯한 크고 작은 수많은 시위에서 보듯이 한국에서도 시민의 정치적 참여 열망은 대단히 높습니다. 하지만 그러한 시민의 요구를 공식적으로 다룰 수 있는 제도적 장치가 턱없이 부족한 상황입니다. 그래서 많은 시민이 용산 대통령집무실, 국회, 정당, 대법원, 검찰청사 등 권력기관을 찾아가 자신의 요구 사항을 외치고 있습니다. 이들이 거리로 나서게 된 이유는 무엇일까요? 한마디로 말해 제도적으로 자신의 이익을 대변해 줄 정치적 대표자가 없거나 부족하기 때문입니다.

우리의 정치 환경은 청년이 관심을 가지고 나설 여건이 거의 갖춰져 있지 않습니다. 정치권에 일자리가 없는데 어떻게 참여할 수 있을까요? 청년이 정당에 가서 활동하는 것을 꺼리는 이유입니다. 실제로 정치권에는 청년 외에도 출마 순서를 기다리는 사람이 부지기수입니다. 해결책은 선출직의 자리를 늘리는 것입니다. 독일의 게마인데 시장과 게마인데의회 의원처럼 우리도 읍·면장과 읍·면의회 의원을 주민이 직접 선출하도록 해야 합니다. 읍·면의회 의원은 독일처럼 급여가 없는 명예직으로 할 수 있습니다. 일이 많지 않기 때문에 충분히 가능하며 적은 예산으로도 운영할 수 있습니다.*

청년의 정치 참여가 적거나 정당에 실질적 당원이 모이지 않는 것은 선출직 자리가 부족한 것이 가장 큰 이유입니다. 이런 사정을 무시하거나 방치한 채, 우리나라의 정당은 정당 개혁 방안을 논의하면서 매번 당원의 가입과 당원 활동의 활성화를 강조합니다. 특히 젊은이의 참여와 활동을 희망하지만 공염불에 불과합니다. 정치권에 일자리가 없는데, 어떤 청년이 정치에 관심을 가지고 정당에 들어오려고 하겠습니까?

둘째, 독일 청소년의 정치 참여가 높은 것은 (교사나 공무원을 포함해) 누구나 정당에 참여할 수 있고, 또 누구든지 손쉽게 정당을 만들 수 있기 때문입니다. 독일에서는 14세나 16세부터 정당에 가입할 수 있도록 해 청소년의 정치 참여를 장려하고 있습니다. 이를 결정하는 주체는 정당입니다. 심지어 녹색당은 아예 연령 하한선을 없앴습니다. 또한 주요 정당은 청년 조직을 따로 두고

---

* 자세한 내용은 『누가 그들에게 그런 권리를 주었는가?』(교학도서, 2022) 제4장 참고.

사민당의 청년사회주의자 로고

있습니다. 이들은 모(母) 정당과 같은 노선을 지향하지만 별도의 조직과 재정을 가진 독립기관으로 활동하고 있습니다.

사민당에는 청년사회주의자(Jungsozialisten 또는 Jusos)란 청소년 조직이 있어 14세부터 당원에 가입할 수 있습니다. 2021년 기준 약 7만 명의 회원이 있습니다. 모든 사민당 당원은 35세까지는 자동으로 청년사회주의자의 회원을 겸하게 됩니다. 이 조직은 16개 주에 지부를 두고 있습니다. 그중에는 아직 사민당 당원에 가입하지 않은 회원도 있습니다. 이들은 연간 12유로의 회비를 내면서 당원의 역할을 합니다. 사민당의 주요 정치인은 대부분이 청소년 조직의 대표로 활동을 했습니다. 예를 들어 게르하르트 슈뢰더(Gerhard Schröder) 전 연방총리는 1944년생으로 19세인 1963년에 사민당 당원이 됐고, 1971년에는 하노버 지역 청소년 위원회 대표가 됐고, 1978~1980년에는 연방 청소년위원회 대표로 활동했습니다.

기민당과 기사당에서는 16세부터 당원이 될 수 있습니다. 청년연합(Junge Union)이란 청소년 조직에는 14세부터 가입할 수 있고, 약 9만 1천 명의 회원이 있습니다. 청년연합은 독일에서 청년금속노조(IG Metall Jugend) 다음으로 큰 청소년 조직입니다. 헬무트 콜(Helmut Kohl) 전 연방총리도 16세인 1946년에 이미 기민당의 당원이 됐습니다. 그는 고향인 루드비히하펜(Ludwigshafen)이라는

기민당/기사당의 청년연합 로고

자민당 청년자유주의자 로고

청년녹색당 로고

청년좌파당 로고

도시의 청년연합을 새로이 만드는 데 동참했고, 1954년에는 라인란트-팔츠주 청년연합의 부대표를 역임했습니다.

　자민당에서도 16세부터 당원에 가입할 수 있습니다. 청년자유주의자(Junge Liberale: JuLis)란 청소년 조직이 1980년 만들어졌으며, 2022년 현재 약 1만 5천 명의 회원이 활동하고 있습니다. JuLis는 물론 자민당의 협력 기관이지만 조직과 재정 면에서 자민당과 분리된 독립기관입니다. 녹색당의 청소년 조직인 청년녹색당(Grüne Jugend: GJ)은 약 1만 6천 명의 회원을 보유하고 있습니다. GJ는 전국 조직으로 16개 주 조직으로 구성돼 있으며, 1991년부터 2005년에 이르기까지 순차적으로 만들어졌습니다. 좌파당에서는 14세부터 당원이 될 수 있습니다. 청년좌파당(Linksjugend, solid)이란 청소년 조직이 있으며, 약 2만 5천 명(9천 명의 적극적 회원과 1만 6천 명의 소극적 회원으로 구성)의 회원이 있습니다.

독일 주요 정당의 청년 조직과 당원 수

정당	청년 조직	청년 당원 수
사민당	청년사회주의자(Jungsozialisten, Jusos)	70,000명 2021년
기민당/기사당	청년연합(Junge Union)	91,000명 2021년
자민당	청년자유주의자(Junge Liberale, JuLis)	15,000명 2022년
녹색당	청년녹색당(Grüne Jugend, GJ)	16,000명 2022년
좌파당	청년좌파당(Linksjugend, solid)	25,000명 2022년

출처: 독일 위키피디아 내 해당 기관의 정보

군소 정당의 후보도 당선

셋째, 독일의 선거제도(연동형 비례대표제)도 청년의 정치 참여를 북돋는 요인입니다. 우리와 달리 군소 정당의 후보도 선거에 참여해 당선될 가능성이 크기 때문입니다. 그래서 젊은이들이 꼭 거대 정당만을 고집하지 않고 자신의 정치적 소신에 따라 작은 정당에 가서 활동할 수 있습니다. 한국에서는 불가능한 일입니다. 거대 양당이 아닌 경우에는 수십 년간 정당 활동을 하더라도 선출직 정치인에 당선될 가능성이 희박하기 때문입니다.

독일에서 정당의 공직후보 선출은 반드시 해당 선거구 당원의 비밀투표로 이뤄집니다. 바로 이런 점이 청소년이나 일반인의 정당 참여를 가능케 하는 요인입니다. 우리의 경우에는 지방의원 후보는 국회의원이, 국회의원 후보는 당 대표나 지도부가 실질적인 공천권을 갖습니다. 그 결과 청년은 각종 선거에서 구색 맞추기용으로 후보가 되는 것 이외에는 기회가 없습니다. 경제력이나 경력이 부족한 청년이 후보가 돼 선출직 정치인이 되기는 매우 어려운 구조입니다.

그 밖에도 독일에서는 권역별 비례대표제를 실시하기 때문에 후보 공천이 중앙에서 이뤄지지 않습니다. 우리의 광역 단위에 해당하는 권역과 해당 지역구에서 후보가 결정되므로 지역에서 열심히 활동하는 청년에게도 기회가 주어집니다. 그러나 한국에서는 주로 당 대표나 지도부가 후보를 결정하기 때문에 정치에 뜻이 있는 청년은 모두 중앙에 와서 기웃거릴 수밖에 없습니다. 이런 정당 구조가 우리의 정치발전을 막고 있는 셈입니다.

우리도 2022년 「정당법」을 개정해 정당 가입 연령을 18세에서 16세로 낮췄습니다. 다만 16~18세는 정당 가입 시 법정대리인의 동의를 받도록 했습니다. 이렇게 나이만 낮춘다고 우리의 청소년이 정당에 몰려오고 정치에 관심을 가질 수 있을까요? 이들을 지도할 학교의 교사나 공무원은 정작 정당에 가입할 수도 없고, 정치 활동을 할 수도 없습니다. 또한 대다수 부모는 정치를 혐오하고 있을 가능성이 크므로 자녀의 정당 가입을 원치 않을 것입니다. 그렇다고 자녀의 정당 가입이나 활동을 막기만 해서는 정치발전을 기대하기 힘들겠지요. 딜레마에 빠진 형국입니다. 이런 모순된 상황을 방치하면서 정치 선진국이 될 수 있을까요?

독일처럼 청소년의 활발한 정치 참여를 기대하려면 형식적으로 나이만 낮추는 것으로는 부족합니다. 선출직 일자리를 늘려 정당에서 활동하면 정치인이 될 수 있는 기회를 부여해야 합니다. 누구나 정당에 가입할 수 있어야 하고, 누구든지 쉽게 정당을 만들 수 있어야 합니다. 우리처럼 정당의 설립요건을 까다롭게 만드는 것은 기본권인 결사의 자유를 침해하는 일입니다.* 또한 선거제도를 바꿔 군소 정당의 후보도 당선될 기회를 주어야 합니다. 공천권도 당원에게 돌려줘야 할 것입니다. 모두 정치제도를 바꾸는 일입니다. 유권자들도 그저 무언가를 잘하겠다고 주장하는 후보가 아니라 문제가 많은 우리의 정치 시스템을 바꾸겠다는 후보를 뽑아야 할 것입니다.

2. 한국 국회의원과 독일 연방의원

우리나라 국회의원의 성별, 나이, 직업 등의 통계를 살펴보면, 남성 비율이 80퍼센트를 넘어 절대다수입니다. 또 특정 연령대인 50대가 압도적인 다수를 차지하고 있으며 정당인, 법조인, 교수 등의 전문가 출신이 의원직을 독점하고 있습니다. 반면 독일 연방의원의 통계를 살펴보면, 우리보다 여성의원의 비율이 높고 의원들이 여러 연령대에 고루 분포돼 있으며 직업군도 훨씬 더 다양한 것을 알 수 있습니다.

한국, 명망가의 50대 남성

2020년에 치러진 제21대 총선에 당선된 의원 가운데 여성은 총 57명(지역구 29명과 비례대표 28명)으로 전체 의원 300명의 19퍼센트입니다. 이는 과거와 비교해 가장 좋은 결과였습니다. 하지만 독일의 여성의원 비율인 30~35퍼센트보다 많이 부족하며, 여성 인구수를 고려할 때는 턱없이 빈약한 수치입니다.

국회의원의 나이별 구성을 살펴보면 50대 나이의 의원이 거

* 자세한 내용은 『독일 정치, 우리의 대안』(지식의날개, 2018) 제2장 참고.

한국 제21대 국회의원(2020~2024년)의 나이별 구성

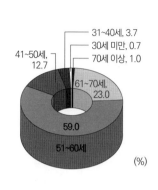

나이	지역구		비례대표	
	인원 (명)	비율 (%)	인원 (명)	비율 (%)
70세 이상	3	1.2	–	–
61~70세	59	23.3	10	21.3
51~60세	157	62.1	20	42.6
41~50세	28	11.1	10	21.3
31~40세	6	2.4	5	10.6
30세 미만	–	–	2	4.2
계	253		47	

출처: 중앙선거관리위원회 홈페이지

의 60퍼센트를 차지할 정도로 압도적으로 많습니다. 또한 60대 의원이 40대의 2배에 달할 정도로 고령화 현상이 심하다고 할 수 있습니다. 우리는 50세 이상 의원의 비율이 83퍼센트에 이르지만, 독일은 50퍼센트도 되지 않습니다.

이와 반대로 20~30대 출신의 국회의원은 찾아보기 어렵습니다. 구체적으로 20~29세 의원의 비율이 0.7퍼센트(300명 중 2명), 30~39세 의원의 비율은 3.7퍼센트(300명 중 11명)에 불과합니다. 40세 미만의 청년의원 비율이 우리는 4.4퍼센트에 불과하지만, 독일은 22.3퍼센트에 달해 5배 이상 차이가 납니다. 제20대 연방의회(2021~2025년)에서 20~29세 의원의 비율은 4.5퍼센트(736명 중 33명), 30~39세 의원의 비율은 17.8퍼센트(736명 중 131명)입니다. 이렇게 한국에서 20~30대 의원의 비율이 낮은 현상은 매우 심각한 문제입니다. 젊은 세대가 과소 대표되고 있는 증거이기 때문입니다.

물론 40대에서도 격차가 심합니다. 우리는 12.7퍼센트(300명 중

2부. 청소년 정치교육 ● 151

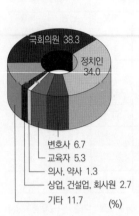

직업	인원(명)		
	지역구	비례대표	합계
국회의원	115	–	115
정치인	86	16	102
변호사	17	3	20
교육자	10	6	16
상업, 건설업, 회사원	3	5	8
의사, 약사	2	2	4
기타	20	15	35
합계	253	47	300

국회의원 38.3
정치인 34.0
변호사 6.7
교육자 5.3
의사, 약사 1.3
상업, 건설업, 회사원 2.7
기타 11.7 (%)

출처: 중앙선거관리위원회 홈페이지

38명)에 불과하지만 독일에서는 28.4퍼센트(736명 중 204명)에 달해 우리보다 2배 이상 많은 것을 알 수 있습니다. 전체 의원 가운데 50세 미만 의원의 비율이 우리의 경우에는 17퍼센트에 불과하지만, 독일에서는 절반이 넘어 우리보다 3배 이상 많습니다.

국회의원의 직업을 살펴보면 독일보다 한국은 직업군이 다양하지 않음을 알 수 있습니다. 직업을 국회의원(다선의원)과 정치인으로 분류한 비중이 70퍼센트를 넘고 있습니다. 다선의원의 경우에는 초선의원이 되기 전에 어떤 직업을 가졌었는지가 다시 조사돼야 합니다. 또한 언론의 조사 결과를 살펴봐도 정당인, 법조인, 전문인/대학교수 등이 초선의원의 거의 절반을 차지하고 있습니다.

교수나 고위직 공무원이 아닌 일반교사와 하위직 공무원 출신 의원이 거의 없다는 것은 심각한 문제입니다. 전국에 수십만 명에 달하는 교사와 공무원의 정치적 의사가 제대로 반영되고 있다고 보기 어렵습니다. 독일에서는 교사나 공무원도 공직선거에 출마해 선출될 수 있고 임기가 끝나면 다시 원래 자리로 복귀할 수도 있습니다. 이것을 제한하는 것은 교사나 공무원의 정치 기본권을 심각하게 침해하는 것입니다.

독일, 다양한 직업의 고른 연령대

다음은 독일 연방의원의 성별, 나이, 직업에 따른 구성을 제19대 연방의회(2017~2021년)를 통해 살펴보겠습니다. 먼저 성별 구성을 살펴보면 전체 709명 의원 가운데 남성이 68.5퍼센트(486명), 여성이 31.5퍼센트(223명)입니다. 이어진 제20대 연방의회(2021~2025년)에서는 전체 736명 의원 가운데 남성이 65퍼센트(478명), 여성이 35퍼센트(258명)로 여성 비율이 조금 늘어났습니다.

〈독일 제19대 연방의원(2017~2021년)의 성별·나이별 구성〉 표를 살펴보면, 독일 연방의회는 의원의 나이별 통계를 출생연도별로 집계하고 있음을 알 수 있습니다. 어쩌면 이런 방식으로 집계하는 것이 나이별 의원 수를 더 잘 나타내는 방식인지도 모르겠습니다. 1960년대 출신이 34.6퍼센트로 상대적으로 조금 많기는 하지만 1950년대 23.3퍼센트, 1970년대 26.5퍼센트, 1980년대 11.7퍼센트에서 보듯이 특정 연령대에 집중되지 않고 모든 연령대에 골고루 분산돼 있음을 알 수 있습니다.

독일의 연방의원을 직업별로 나누는 일은 생각보다 간단치 않습니다. 예를 들어 공공기관 출신이라고 하더라도 공무원이 아닌 경우가 있고, 공무원도 업종별로 다양합니다. 또 단순히 행정기관 종사자뿐만 아니라 판사, 검사, 교수, 교사 등도 공무원에 해당합니다. 그래서 어떤 기준에서 보느냐에 따라 통계수치가 조금씩 달라집니다.

〈독일 제19대 연방의원(2017~2021년)의 직업별 구성〉에서 보듯

독일 제19대 연방의원(2017~2021년)의 성별·나이별 구성

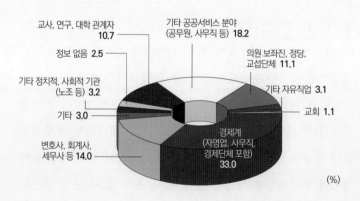

~1940
(77세 이상)
0.3

1991~1992
(25~26세)
0.4

1981~1990
(27~36세)
11.7

1941~1950
(67~76세)
3.2

1951~1960
(57~66세)
23.3

1971~1980
(37~46세)
26.5

1961~1970
(47~56세)
34.6

(%)

* 다선의원 61% (433명)
  초선의원 39% (276명)

출생연도	남성		여성	
	인원 (명)	비율 (%)	인원 (명)	비율 (%)
~1940 (77세 이상)	2	0.4	–	–
1941~1950 (67~76세)	21	4.3	2	0.9
1951~1960 (57~66세)	108	22.2	57	25.6
1961~1970 (47~56세)	161	33.1	84	37.2
1971~1980 (37~46세)	136	28.1	52	23.3
1981~1990 (27~36세)	55	11.3	28	12.6
1991~1992 (25~26세)	3	0.6	–	–
계	486	68.5	223	31.5

독일 제19대 연방의원(2017~2021년)의 직업별 구성

교사, 연구, 대학 관계자
10.7

정보 없음 **2.5**

기타 정치적, 사회적 기관
(노조 등) **3.2**

기타 **3.0**

변호사, 회계사,
세무사 등 **14.0**

기타 공공서비스 분야
(공무원, 사무직 등) **18.2**

의원 보좌진, 정당,
교섭단체 **11.1**

기타 자유직업 **3.1**

교회 **1.1**

경제계
(자영업, 사무직,
경제단체 포함)
33.0

(%)

출처: 연방의회 홈페이지 참조 (연령은 2019년 기준)

40대 이하 독일의 제19대 연방의원과 한국의 제21대 국회의원

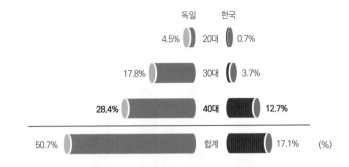

	독일	한국
여성의원 비율	30~35%	10~20%
의원의 나이	20~60세 다양	50대에 집중(약 60%)
의원의 직업	다양한 직업군	정당인, 법조인, 교수/전문가
교사·공무원 출신 의원	10~20%	거의 전무

이 연방의원의 직업을 살펴보면 두 가지 점이 눈에 띕니다. 첫째
는 우리보다 훨씬 더 다양한 직업군에서 의원이 배출된다는 점
이고, 둘째는 우리와 달리 법조인, 교수 등 특정 직업군의 충원
비중이 특별히 높지 않다는 점입니다.

독일 연방의원의 구성은 나이별로 전 연령대에 골고루 분산
돼 있습니다. 직업별로도 경제계 인사의 비중이 약간 크기는 하
지만 비교적 다양한 직업에서 충원되고 있습니다. 특히 교사 그
룹은 매 선거에서 5~10퍼센트에 달하는 당선자를 배출하고 있
는데, 여기에는 초·중·고등학교 교사는 물론 유치원 교사도 포
함됩니다. 일반 공무원 그룹에서는 교사보다 더 많은 당선자를
내고 있습니다. 우리가 교사와 공무원의 정치 기본권을 제한하

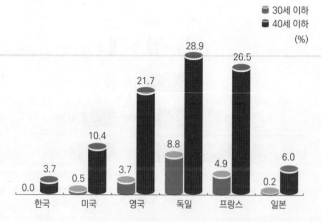

주요국의 청년의원 비율(2023년)

출처: 국회도서관, THE 현안: 독일과 미국의 청년 정치(2024-5호)

고 있는 것과는 완전히 다른 모습입니다.

이처럼 특정 연령대의 특정 직업군이 국민의 대표인 국회의원직을 독점하고 있는 것은 큰 문제입니다. 지방의원도 마찬가지입니다. 도대체 국회의원의 이러한 독과점 현상이 일어나는 원인은 무엇일까요? 반대로 독일에서는 왜 그런 독과점 현상이 일어나지 않을까요? 또 국회의원이 독일과 같이 다양한 연령대에서, 또 다양한 직업군에 배출되려면 우리의 선거제도나 정치제도가 어떻게 바뀌어야 할까요?

3. 시스템 개혁과 청년의원 증가

4년에 한 번씩 국회가 새로 구성될 때마다 처음 국회의원에 당선되는 초선의원이 전체 의석의 절반 정도를 차지합니다. 2024년 4월 제22대 총선에서는 전

체 300명 가운데 131명으로 43.6퍼센트를 기록했습니다. 제
21대에서는 151명으로 절반을 넘었습니다. 나머지 의석수는 초
선의원이 아닌 다선의원으로 채워질 것입니다. 다선의원이란
초선 이상의 2선, 3선, 4선, 또는 그 이상 선수를 기록한 의원을
일컫는 말입니다. 다선의원은 초선이나 이전 임기 때 의정 활동
을 잘해서 다시 의원으로 선출됐을 것입니다. 그렇다면 다선의
원은 유능한 정치인이라고 할 수 있습니다. 그런데 한국에서는
왜 다선의원이 무능해 보일까요?

다선의원은 왜 무능해지는가

그것은 다선의원을 어떤 측면에서 보느냐에 따라 그 평가가
달라지기 때문입니다. 개인적 측면에서 봤을 때 다선의원은 유
능하다고 할 수 있습니다. 경쟁이 치열하고 살벌한 정치판에서
여러 차례 정당의 후보가 되고, 또 본선에서도 당선됐다는 것은
능력이 있다는 증거이기 때문입니다. 문제가 많은 기존의 불합
리한 정치제도하에서 계속 승리를 한 셈이기도 합니다. 다선의
원은 바로 그런 점에서는 유능합니다.

그러나 누군가 현 체제의 문제점을 지적하고 개선을 주장한
다면, 오히려 옳은 소리를 하고도 도태될 수 있습니다. 불합리한
제도에서 다선의원이 됐다는 것은 불합리한 제도를 고치려 하
지 않았다는 증거이기도 합니다. 예를 들어 어떤 의원이 다른 의
원은 나서지 않는데 홀로 개혁을 주장한다면, 그는 왕따가 되거
나 공천 탈락 등으로 퇴출당하기 쉽습니다. 그러면 다선의원이
되기는 힘들 것입니다. 이 말은 어떤 의원이 다선의원이 됐다는
이야기는 왕따도, 퇴출도 안 됐다는 말이고, 이는 개혁을 주장하
지 않고 현실에 안주했다는 뜻이기도 합니다.

우리 정치는 사회의 다른 분야에 비해 많이 뒤처진 상황입니다. 많은 시민이 정치에 혐오감을 느끼고 무관심에 빠져 등을 돌리고 있습니다. 정치가 이렇게 된 데에는 물론 정치인 개인의 문제도 있겠지만, 보다 근본적으로는 승자독식의 시스템에 문제가 있기 때문입니다. 정치 혐오의 문제점을 해결해야 한다는 관점에서 봤을 때 다선의원은 무능한 것이 사실입니다. 정치가 제 역할을 못 하고 있는데, 이를 개선하려 하지 않았기 때문입니다.

정치의 역할이나 시스템에 문제가 있다면 그것을 바꿀 책임은 초선의원보다는 다선의원에 있습니다. 그런데 다선의원은 그러한 책임을 외면하거나 방치한 채 자신의 영달만 추구해 온 셈입니다. 물론 그들의 입장에서는 이를 반박하거나 개혁할 수 없었던 많은 이유를 제시할 것입니다. 그러나 정치는 결과를 통해 말한다는 측면에서 책임을 벗어나기는 어려울 것입니다.

많은 문제를 안고 있는 정치권에서 다선의원이 됐다는 것은 개인적으로는 가문의 영광일지 몰라도 정치발전이나 사회발전을 위해서는 매우 무능하고 불필요한 존재라는 증거입니다. 기득권 정치를 바꿀 새로운 변화의 바람이 필요했는데도 불구하고 그러한 변화에 눈 감고 있었다는 뜻이기 때문입니다.

또 다른 측면에서 다선의원은 문제가 많은 기존 선거제도와 정당제도의 수혜자입니다. 소선거구 단순다수제 선거제도에서는 한 표라도 많은 후보가 당선되기 때문에 지역구에서 거의 거대 양당의 후보에게만 기회가 주어집니다. 그래서 거대 양당에서 후보가 된다는 의미는 특정 지역을 제외하고는 이미 절반의 당선 가능성을 보장받는 것입니다. 그러한 공천 과정에 당 대표와 지도부는 막강한 영향력을 행사하고 있습니다. 거대 양당에서 공천받기 위해서는 당 지도부에 잘 보여야 하고, 또 문제가 있는 기존의 시스템에 반기를 들어서는 안 됩니다. 기득권에 도전하면 안 되는 것이지요. 이렇게 순응하다 보면 무능해지는 것입니다.

원래 선거는 각 정당의 후보가 유권자로부터 선택을 받는 과정입니다. 여기서 가장 중요한 것은 유권자의 선택입니다. 당연히 그 경쟁은 매우 치열해야 하겠지요. 그런데 한국의 선거는 조금 역설적입니다. 거대 양당의 지역구 후보 결정 과정에서 가장 치열한 정치적 경쟁이 이뤄집니다. 자유선거라고 하지만 실제 유권자의 자유는 거대 양당의 후보 가운데 1명을 선택하는 것뿐입니다. 선거제도 자체가 그렇게 설계되어 있기 때문입니다. 그래서 선거제도를 바꾸는 것이 정치개혁의 첫걸음입니다.

정치 시스템의 개혁이 중요

다선의원 문제를 해결하기 위해 가끔 3선 이상을 제도적으로 금지하자는 방안을 제시하기도 합니다. 하지만 그렇게 억지로 피선거권을 막는 방법은 좋은 방안이 아닙니다. 대신 공천권을 당원에게 주는 것이 바람직합니다. 당원들이 알아서 필요한 다선의원인지, 아니면 무능한 다선의원인지를 판단하게 하는 것이지요.

노무현 전 대통령의 경우가 좋은 사례입니다. 그는 지역주의가 우리 정치를 왜곡시킨다고 보고, 유리한 조건을 포기하고 지역주의를 타파하기 위해 노력했습니다. 그러다 보니 흔히 말하는 다선의원(보궐 선거 등을 통해 13대와 15대 국회의원 역임)이 되지 못했습니다. 하지만 바보스러운 자기희생을 알아본 '노사모' 등의 열성적 후원과 국민의 지지에 힘입어 대통령이 됐습니다.

요약해 정리하면 다선의원 자체가 문제라는 주장이 아닙니다. 현행 시스템에 별문제가 없다면, 다선의원은 오랜 정치적 경험과 전문성을 바탕으로 중요한 일을 할 수 있는 인재이므로 바람직한 존재입니다. 독일에서는 대체로 다선의원이 돼야 연방총리나 연방장관이 될 수 있습니다. 대통령제와는 달리 정치 신인이 바로 최고 권력자가 되는 일은 제도적으로 불가능합니다. 그러다 보니 정치가 매우 안정적입니다. 다선의원이 문제라는 지적은 정치권의 수많은 문제를 방치하면서 자신의 당선 횟수만 늘리고 있기 때문에 무능하다는 이야기입니다. 우리 정치가 제 역할을 잘하고 있고 시스템도 훌륭하다면 굳이 다선의원의 문제를 지적할 필요가 있을까요?

이와 같은 무능한 다선의원의 문제를 해결하는 길은 우리의 정치 시스템을 대통령제에서 의원내각제로, 중앙집권제를 연방제로 바꾸는 것입니다. 대통령제에서는 대통령의 임기가 보장되므로 대통령을 견제할 제도적 장치나 정치적 권력은 매우 제한적이거나 혹은 거의 없다고 봐도 무방합니다. 반면 의원내각제에서는 최고 권력자인 총리를 의회에서 의원들이 선출하기 때문에 그들의 의견이 항상 중요한 견제 장치가 됩니다. 그뿐만 아니라 총리의 임기를 따로 보장하지 않기 때문에 총리의 정치행보는 제도적으로나 정치적으로도 제약이 많습니다. 그래서 총리는 권력의 행사나 정책의 선택에 있어서 매우 신중할 수밖에 없습니다.

또한 과도한 중앙집권으로 중앙에서 모든 권력을 독점하고 있는 우리의 정치구조를 해체해 지방으로 권력을 분산해야 합니다. 이는 수도권에 집중된 인구와 자원을 분산하는 과제와 직결된 문제입니다. 한국의 17개 광역자치단체에 해당하는 독일의 16개 주는 지방분권을 실현해 입법, 행정, 사법권을 가진 하나의 국가처럼 작동하고 있습니다.

의원내각제와 연방제는 현재 우리에게 필요한 정치 시스템입니다. 이렇게 권력구조와 정치구조를 바꾸는 일은 아무래도 초선의원보다 다선의원의 몫이라고 할 수 있습니다. 그런데 그들의 목소리가 거의 들리지 않습니다. 다선의원은 이런 중요한 일을 방치한 채, 도대체 어떤 일을 하는 중일까요? 결론적으로 무능한 다선의원이 젊은 정치인의 앞길과 한국 정치의 미래를 막고 있는 것이 아닐까요?

독일에서는 많은 청소년이 어릴 때부터 정당에 가입해 향후 정치인으로서 필요한 다양한 경험을 쌓고 교육을 받고 있습니다. 그런 활동들 덕분에 20~30대에 연방의원이나 주 의원에 당선되더라도 전문 정치인으로서 손색이 없습니다. 우리도 그러한 시스템을 만들어야 합니다. 어떤 시스템을 어떻게 만들 것인가에 대해서는 정치교육을 통해 다 같이 논의하는 것이 바람직할 것입니다.

3부 성인 정치교육

일상의 권리 회복

Chapter VI

일터

1. 노란봉투법과 귀족노조

한국 사회에서 노동조합은 항상 뜨거운 감자입니다. 소위 말하는 보수 진영과 진보 진영에서 친노동이나 친노조 여부를 놓고 의견이 갈리는 분야 가운데 하나이기 때문입니다. 사실 거대 양당은 모두 보수에 가까워 진보로 볼 수 있느냐는 지적이 있습니다. 상대적으로 진보일 뿐이지요. 노동계 출신 인사도 거대 양당의 국회의원으로 활동하고 있습니다. 그래서 양대 진영이 노동문제에 대해 서로 견해가 다르다고 할 수 있을지 애매한 측면이 있기도 합니다. 거대 양당이 진정으로 노동자를 위한 정치를 추구한다기보다, 노동자 표를 의식해 자신이 노동 계층을 대변한다는 모습을 보여 주기 위한 것인지도 모릅니다. 실제로 노동의 가치를 중시하고 이를 대변하려는 정의당, 노동당, 진보당, 녹색당 등 일부 진보 정당은 승자독식의 선거제도 때문에 국회에 들어가지 못하고 있습니다.

노동조합은 노사 관계에서 노동자 측을 대변한다는 너무나도 당연한 상식적 평가 이외에, 언젠가부터 비정규직 노동자나 일부 시민으로부터 귀족노조라는 비판을 받고 있습니다. 대기업 노동자가 이미 충분한 대우를 받고 있는데도 불구하고 노조를 통해 더 많은 혜택을 누리려고 한다는 논리입니다. 그렇지 못한 처지에서는 상대적 박탈감에서 귀족 노동자, 귀족노조라는 말이 나오는 것이 어쩌면 불가피해 보입니다. 귀족노조에서 벗어나야 한다고 이야기하면, 노조 관계자는 사업주의 탐욕을 언급하며 그들이 먼저 욕심을 버려야 한다고 주장합니다. 한국 사회에서는 노동 분야에서도 승자독식이 작용하고 있습니다. 이 문제를 어떻게 시정할 수 있을까요?

사측의 손해배상 청구

노란봉투법은 간단히 말해 「노동조합 및 노동관계조정법」(약칭: 노동조합법)의 개정안으로, 노조의 파업으로 발생한 손실에 대해 사측의 과도한 손해배상 요구를 제한하는 것이 주요 내용입니다. 사측의 손해배상 청구 범위가 지나치게 넓고 그 금액에 상한이 없어서 노동조합의 활동이 위축되는 문제를 개선하고자 한 것입니다. 이 개정안은 2023년 11월 정의당과 민주당의 주도로 국회에서 통과됐으나 12월 대통령이 법률안 거부권을 행사해 폐기됐습니다.

노란봉투법이 등장하게 된 배경은 2009년에서 2015년까지 지속됐던 쌍용차 사태입니다. 2014년 법원이 노동쟁의에 참여한 노동자에게 47억 원의 손해배상을 판결하면서 많은 노동자가 손해배상 가압류로 고통을 받게 됐습니다. 이후 30명이 넘는 노동자가 자살 등으로 목숨을 잃었습니다. 이들을 위해 시민들이 노란색 봉투에 성금을 담아 전달하면서 법률의 필요성이 대두됐습니다. 노동자의 정당한 파업에 대해 업무방해 등을 이유로 손해배상을 청구하는 것은 선진국에서는 보기 어려운 일입니다. 불법파업 엄단이라는 상투적 용어는 이제 사라져야 합니다. 일반적으로 조합원의 투표를 통해 동의를 구하고 사측과의 교섭 절차를 거친 후에야 파업이 이뤄지기 때문입니다. 이를 부정하는 것은 "근로자는 근로조건의 향상을 위해 자주적인 단결권·단체교섭권 및 단체행동권을 가진다"라는 헌법 제33조 1항을 부정하는 것입니다.

노란봉투법이 필요하다는 것은 결국 우리 사회의 노사 간 대화나 협상이 원활하지 않다는 간접증거입니다. 서로가 양보나 타협보다는 법적 대응을 우선한다는 증거입니다. 귀족노조나 노란봉투법 같은 말은 독일 사회에서는 들어보지 못한 용어입니다. 독일에서 사용자가 노동자에게 손해배상을 청구했다는 이야기를 들은 적이 없습니다. 노동의 가치나 노동자에 대한 존중, 또 노조의 활동이나 역할과 관련해서는 확실히 독일이 우리보다 앞서 있습니다. 한국과 독일의 노조가 서로 어떻게 다른지 비교해 살펴보고, 대안을 찾아보겠습니다.

한국 노동시장의 이원화

우리 사회에서 노동조합에 대해 잘 모르는 사람은 노조는 다 똑같다든가 하나밖에 없다고 생각하기 쉽지만, 실제로 노조의 종류와 조직은 대단히 다양하고 복잡합니다. 한국의 노조는 주로 기업노조 중심입니다. 기업별로 노조가 결성되고, 그 노조는 다시 광역 단위의 지역 본부나 산업별 노조(산별노조)에 편입되고, 최종적으로 민주노총이나 한국노총에 소속됩니다.

기업노조는 사측과의 임금협상 등 노조의 핵심 역할을 수행합니다. 일부 대기업 노조가 높은 임금 인상과 복지 혜택을 가져가게 되면, 그 하청 기업이나 비정규직 노동자는 반대로 자신의 몫이 줄어들게 됩니다. 그래서 귀족노조라는 말이 나온 것이지요. 예를 들어 2023년 기준 10대 재벌에서 일하는 노동자 수는 약 142만 명인데, 이 가운데 정규직이 87만 명, 비정규직은 55만 명입니다. 87만 명에 해당하는 임금 인상이 나머지 55만 명에게는 해당하지 않는다는 말입니다.

한국의 노조 형태는 원래 산별노조였습니다. 그런데 전두환 정권에서 산별노조를 불법화하고 기업노조만 인정했습니다. 또한 임금협상의 결과를 지역에만 적용하는 등 단체협약의 확장 적용을 제한했지요. 이는 산업별 전체 노동자 단결을 저지하고, 수출 상품의 가격 경쟁력을 유지하기 위해 하청업체 노동자의 저임금을 유지하려는 정책이라고 볼 수 있습니다. 결국 귀족노조의 탄생은 기업노조를 강제한 정부의 노동정책과 납품 단가 후려치기 등으로 수출 상품의 저가격을 유지하는 대기업의 전략이 작용한 결과라고 할 수 있습니다. 즉 노동시장의 이원화를 통해 저임금 노동자를 유지하고 있는 것이지요. 반면 노조는 이런 상황을 극복하지 못하고 있습니다. 이런 조건에서 불평등이 완화되거나 노동자 간 연대가 생겨날 수 있을까요?

산업 단위의 산별노조

독일에서는 1848년 혁명 때 베를린에서 담배 노동자와 인쇄공들이 조합을 만듦으로써 노동조합이 처음 만들어졌습니다. 뒤이어 섬유, 금속, 광부, 재단사, 제화공, 건설 등의 분야에서 노조가 생겨났습니다. 바이마르공화국에서는 종교나 이념에 따른 정파 노조의 모습을 띠었으나, 곧이어 들어선 히틀러 시대에 모두 해체됐습니다. 제2차 세계대전이 끝나면서 산별 단체 원칙에

베를린, 독일노총(DGB) 본부

따라 차례로 산업별로 노조가 결성됐고, 1949년에는 그들의 집합체인 독일노총(DGB)이 만들어졌습니다. DGB는 최초 16개의 회원 노조로 설립되었으나 이후 이합집산을 거쳐 현재는 8개의 산별노조로 구성돼 있습니다.[*]

물론 기업별로 종업원협의회 또는 사업장협의회(Betriebsrat)가 있어서 노동자의 권익을 대변하고 있지만, 이를 노조라고 하지는 않습니다. 산별노조에는 노조의 가장 중요한 역할이라고 할 수 있는 임금협상의 권한이 있습니다. 그래서 기업 단위가 아니라 산업 단위로 임금협상이 이루어져 해당 산업의 전체 노동자 임금이 오르게 됩니다. 노조의 역할이나 활동이 특정 기업에 한정되지 않고 해당 산업 내 모든 노동자에게 영향을 미치게 되는 것이지요. 바로 이 점이 한국과 독일의 노조 역할에서 가장 큰 차이입니다. 그래서 독일에서는 노조에 대한 노동자의 지지가

[*] 자세한 내용은 『독일 사회, 우리의 대안』(어문학사, 2019) 제6장 참고.

확실하고 노동자 간 연대가 큰 편입니다.

독일에서는 체계적으로 잘 조직된 산별노조와 개별 기업 내 종업원협의회가 노동자의 이익을 잘 대변해 노사 관계나 노노 관계의 극단적 대립이나 갈등을 미리 예방하고 있습니다. 물론 이런 독일 노조의 모습은 과거 바이마르 시대부터 강력한 노동 운동이 성과를 보였고, 제2차 세계대전 후 소련의 등장에 따라 서독 경제의 사회주의화를 막으려는 여러 노력에 힘입어 공동 결정제(Mitbestimmung)를 도입하는 등 노조와의 타협이 있었기 때 문에 가능했습니다.

우리에게도 산별노조가 있고, 기업별 노조도 있습니다. 하지 만 그 기능이나 역할이 독일과 달라서 노조의 보호를 받지 못하 는 노동자가 많습니다. 특히 임금 교섭권이 산별노조가 아니라 기업별 노조에 있어서 노동자 간 임금격차가 심한 편입니다. 양 국의 노조 간에는 왜 이런 차이가 있고, 그 배경은 무엇일까요? 역사적, 문화적 차이 등 다양한 요인이 있겠지만, 조금 단순화해 보면 양국의 경제 시스템 차이와 연결된다고 볼 수 있습니다. 그 것은 자유시장경제(한국)와 사회적 시장경제(독일)의 차이입니다.

자유시장경제와 사회적 시장경제

자유시장경제란 한마디로 생산과 소비를 시장이 결정하는, 즉 국가 간섭이나 시장 규제가 거의 없는 경제체제를 말합니다. 주로 영미식 경제 질서를 일컫는 말이며, 과도한 불평등이 발생 함에 따라 흔히 약탈적 자본주의라고 비판의 대상이 되기도 합 니다. 우리나라의 대다수 보수 정치인은 자유시장경제를 마치 금과옥조처럼 여기고 있습니다. 그래서 그것을 바꾸면 무슨 큰 일이 날 것처럼 호들갑이지만, 미국 이외에 이런 자본주의를 채택하는 나라가 서구 선진국 중에는 거의 없는 것이 현실입니다.

사실 우리 경제가 급속하게 발전한 것은 1960년대 이후 정부가 나서서 지휘한 수출주도 대기업 육성과 같은 계획경제에 힘입은 바 큽니다. 실제로는 자유시장경제가 아닌 것이지요. 크게 보아 한반도의 분단상황과 미국에 대한 군사적·경제적 의존, 재벌 중심의 경제정책과 노동자 요구 억압 등의 요소가 한국 경제를 규정해 왔습니다. 그리고 이를 자유시장경제로 명명한 것이죠.

자유시장경제의 논리에 따라 우리의 노동시간은 2021년 기준 연간 1,915시간으로 세계 최고 수준입니다. OECD 평균인 1,716시간보다 약 200시간이나 많습니다. 최근 우리가 일본을 추월했다고 자랑하는데, 일본의 노동시간은 1,607시간으로 우리보다 300시간이나 적습니다. 독일은 1,349시간으로 자그마치 566시간이 짧은데, 이는 1년에 3~4개월가량 일을 적게 한다는 의미입니다. 이런 상황에서 2023년 정부는 노동시간을 주 52시간에서 주 69시간으로 늘리자는 조정안을 제기해 노동계의 큰 반발을 초래했습니다.

어쨌든 한국 경제는 이런 자유시장경제를 통해 눈부신 성장을 했습니다. 문제는 빈부격차가 심하다는 점입니다. 승자는 많은 부를 얻었으나 그렇지 못한 이들은 빈곤에 시달립니다. 이에 따라 양극화와 불평등의 문제가 날로 커지고 있습니다. 특히 청년 문제가 심각한 상황입니다. 청년 실업의 증가가 개인 파산으로 이어지고, 경제적 파산이 고립이라는 사회적 파산으로 이어져 자살로 귀결되는 문제가 계속해서 일어나고 있습니다. 자유시장경제로 불리는 우리의 경제 시스템은 이런 문제에 대해 적절한 해법을 내놓지 못하고 있지요. 노동자 간 소득 격차도 승자독식에 따른 것으로 볼 수 있습니다. 좋은 기업에 취업하거나 경쟁에서 이긴 경우에는 높은 소득과 안정성을 보장받지만, 그렇지 못한 경우에는 저임금과 불안정을 감수해야 합니다.

사회적 시장경제(Soziale Marktwirtschaft)는 독일의 사회·경제 시스템을 한마디로 정의한 말입니다. 이는 시장의 기능을 맹신하는 자유시장경제나 철저한 계획경제를 의미하는 사회주의적 시장경제와는 다릅니다. 사회적 시장경제는 사회적 교정 장치를 가진 시장경제로 사회정책과 시장경제가 조화를 이루는 경제 질서를 추구합니다. 높은 생산성과 충분한 재화의 공급이라는 자유시장경제의 장점을 살리며, 이에 더해 시장경제의 부작용을 예방하고자 하는 사회국가(복지국가)의 요소를 결합한 것입니다. 사회국가의 요소에는 자본권력의 제한, 노동에 대한 권리 보장, 분배의 정의, 종합적 사회보장 등이 있습니다. 실업이나 장애, 질병 등의 어려움이 있더라도 사회구성원 누구나 최소한의 인간다운 삶이 가능하도록 보장해 주는 시스템으로, 승자독식의 자유시장경제 논리와는 차이가 있습니다.

이 시스템하에서는 재화와 서비스에 대한 가격이 시장에서 자유롭게 결정되고 창업, 소비, 계약, 직업 등에 대한 개인의 자유가 법적으로 최대한 보장됩니다. 또한 정부의 독과점 방지나 복지정책에 힘입어 경제 주체 사이의 자유로운 경쟁이 가능합니다. 더불어 노사 간 자율적 임금협상이나 공동결정제와 같은 사회적 파트너십이 중시됩니다. 자율적 임금협상이란 국가의 개입 없이 노사가 합의해 임금을 결정하는 것이고, 공동결정제는 기업의 주요 의사결정에 노동자 측이 함께 참여하는 것입니다. 그 밖에 국가의 역할도 중요합니다. 정부는 필요한 경우에 경기 부양, 고용, 복지 등의 정책에 적극적으로 개입해 시장의 실패를 보완하고 교정합니다. 또 대기업의 불공정 및 독과점 행위를 엄격하게 통제하고, 사회적 약자에 대한 체계적인 복지 시스템을 구축합니다.

독일의 사회적 시장경제는 우리와 같은 승자독식의 모습이 아닙니다. 자율적 임금협상이나 공동결정제 등에서 보듯이 노사 간 합의 도출이 중요한 과제가 되고, 산별노조는 특정 기업 노동자의 이익을 대변하는 것이 아니라 해당 산업 전체 노동자의 이해관계를 대변하고 있습니다. 이에 따라 우리처럼 비슷한 일을 하더라도 노동자가 소속된 회사에 따라 급여가 달라지는 일은 없습니다.

그렇다면 한국의 기업노조와 자유시장경제의 논리는 어디에서 연유한 것일까요? 독일의 산별노조와 사회적 시장경제의 논리는 도대체 어디에서 연유하고 있을까요? 앞에서 살펴본 대로 각각의 경제 상황이나 역사적 배경 등 다양한 요인이 있을 것입니다. 그러나 정치적 측면과 연결해 생각해 본다면 한국의 정치 시스템이 승자독식의 민주주의(다수대표제, 양당제, 대통령제)에 기반을 두고 있기 때문이며, 독일의 정치 시스템은 합의제 민주주의(비례대표제, 다당제, 의원내각제)에 기반을 두고 있기 때문입니다. 결국 한 사회에서 노조가 어떻게 조직되고 어떤 역할을 하느냐 하는 것은 그 사회의 경제와 사회 그리고 정치 시스템에 따라 영향을 받는다고 할 수 있습니다.

2. 독일 노동조합의 정치교육

노조의 교육 사업은 하나의 성인 정치교육(Politische Erwachsenenbildung)으로 이해되고 있습니다. 정치교육은 임금 노동자들이 자기 이익을 대변하는 능력을 향상하고 행동하도록 이끕니다. 노조는 단순히 임금이나 근로조건을 넘어 임금 노동자 전체의 삶이 개선되기를 원합니다. 이는 자연스러운 삶의 유지, 민주적 구조의 확대, 내적·외적 평화의 보장 등과 관련됩니다. 이러한 과제들이 바로 노조교육의 주제입니다.

노동조합의 교육 사업

노조교육의 핵심 과제는 정치적 영향력을 키우는 것이고, 특히 기업에서 노동자의 이익을 대변하는 것입니다. 목적 지향적 정치 행위의 바탕은 자신의 이해관계와 노조 업무의 전략적 방향을 정확하게 이해하는 것이지요. 노조의 행동력을 강화하기 위해서는 경제, 노동법, 임금협상의 전문지식뿐만 아니라 노동 조직적·사회적 소통 능력이 있어야 합니다.

추상적 계몽 전략은 노동자의 필요한 행위 능력을 키우는 데 별로 도움이 되지 않습니다. 노조의 교육 사업은 참가자가 배우려는 욕구와 교육 경험이 있을 때, 또 자신의 이해관계와 연관될 때 더욱 더 성공적입니다. 또한 교육생에게 노동자의 관점을 갖게 하는 것도 필요한 교육 사업입니다. 정치적 행위를 스스로 자각하기 위한 중요한 조건은 고용자 신분이라는 사회적으로 각인된 소극적 역할을 극복하는 것입니다. 사용자나 경영자와 의견이 다를 때 용기와 시민 정신을 발휘하는 것입니다. 그래서 노조교육의 과제는 항상 자기 능력에 대한 신뢰를 강화하고 자기 입장을 숙고하는 것이 돼야 합니다. 그 밖에 노조의 교육 사업은 항상 즉석에서 각자의 경험을 교환하는 장이 됩니다.

DGB와 관련된 교육기관들은 정치교육의 가장 큰 주체에 해당합니다. 예를 들어 독일 금속노조와 관련해서는 매년 노조원의 약 3분의 1이 주중이나 주말 세미나에 참가하고 있습니다. DGB 소속 다양한 산별노조의 교육 사업은 각각의 행동 조건과 연관되고, 또한 공동 행보와도 관련이 있습니다. 종합적으로 노조는 20개가 넘는 교육기관에 약 100명의 전문인력을 보유하고 있습니다.

물론 그들이 노조의 교육 사업을 모두 전담하지는 않습니다. 많은 수의 교육 행사는 지역의 공간을 대여해 치러집니다. 여기에는 종종 자원봉사자가 팀 교육 형태로 행사를 인도하기도 합니다. 노조교육 사업의 가장 중요한 대상은 기업별 사업장협의회나 공공기관별 인사협의회(Personalrat)의 간부들입니다. 또한 교육 사업에 대한 그들의 재정 여력은 한계가 있습니다.

노조의 교육 프로그램은 다양한 스펙트럼을 포함합니다. 사업장협의회나 인사협의회 교육 이외에도 기업 감독위원회(Aufsichtsrat)의 노동자 위원, 임금협상위원회의 노동자 대표, 노동 안전을 위한 특별위원 등 다양한 노동자를 위한 프로그램이 존재합니다. 또한 사회정책적 주제나 사회적 소통을 강화하는 능력, 기업경영분석 등의 프로그램도 제공합니다. 최근에는 노조 자체의 역량을 강화하기 위한 프로그램이 중요한 비중을 차지하고 있습니다.

노조의 교육 사업은 행위 능력을 가르치기 위해서, 또한 주말 또는 주중 세미나가 일반적이기 때문에 시간이 필요합니다. 물론 노동자가 시간을 내야 하는 문제나 재정적 압박도 교육 프로그램을 단축하게 만드는 중요한 원인입니다.

독일에서 노조가 발전하는 과정에서 교육 사업은 중요한 역할을 했습니다. 자발적 노동운동이나 직능별 단체 이외에도 많은 노동교육 단체가 존재했습니다. 그들은 운동의 전개 과정에서 정치화되었고 새로이 임금 노동자가 된 계층의 이익을 위한 논의의 장이 됐습니다. 이후 수많은 탄압에도 불구하고 노조는 안정되게 유지될 수 있었습니다. 교육은 조직 차원에서 중요한 구성 요소로 자리 잡았고, 교육을 위한 중심 장소는 규칙적으로 열리는 노조원 집회였습니다. 이러한 교육 사업은 정치적 계몽을 추구하는 주간 신문이나 안내서의 제작과 같은 적극적 출판 사업과 동시에 진행됐습니다.

노조 단체의 확산을 위해 일상에서 이뤄지는 비공식적 교육 사업은 중요한 의미를 가집니다. 열정적 노조 활동가는 임금 노동자의 조직화를 위해 노동 일상에서 기회를 찾습니다. 이를 통해 노조 운동에 젊은이들을 동참시킵니다. 바이마르공화국은 노조의 교육 사업을 위해 그런 일들을 직업화했습니다. 사업장협의회의 설립이 그러한 과제를 수행하기 위한 대표적 조직입니다. 또한 사업장협의회의 간부에게는 특별한 교육이 필요했습니다. 바이마르공화국 말기까지 노조에서는 자체 교육 시설과 교육 관련 전문인력을 보유한 현대적 교육 시스템을 발전시켰습니다. 그러나 이러한 긍정적 발전은 나치에 의해 완전히 파괴됐습니다.

제2차 세계대전 후 노조는 완전히 다시 출발했습니다. 새로이 선출된 사업장협의회 간부를 위한 교육이 필요했고, 그에 따라 교육 기구가 신설되었습니다. 1950년대 초반 대다수 노조는 교육 시설과 프로그램을 재정비했습니다. 1960년대에는 새로운 자본이 노조교육에 투입됐고, 완전고용에 힘입어 노조는 임금 협상에서 큰 성공을 거뒀습니다. 여기에는 독일 경제의 급속한 성장이 역할을 했습니다. 이런 상황에서 기업 내 교육 사업이 발전했습니다.

1972년 「기업경영법(Betriebsverfassungsgesetz)」에 따라 처음으로 기업이 사업장협의회의 간부교육 비용을 지원했습니다. 동시에 주 단위로 「교육휴가법」이 점진적으로 도입됐습니다. 이를 통해 노조의 교육 사업에 대한 참가자 수가 급속하게 증가했고, 교육 시스템이 확대됐습니다.

1990년 독일통일 이후 높은 실업률과 글로벌 경쟁의 압박, 그리고 금융 중심의 경제체제는 노조의 교육 사업에 새로운 도전이 됐습니다. 경영자층은 지속적 구조조정에 직면했습니다. 이에 맞서 노조는 정치적 공간에서 자신의 주장을 관철해야만 했지요. 그 무렵 노조의 교육 사업은 기업의 컨설팅 과정도 지원했습니다.

금융시장에 의해 발생한 경제 위기와 생태적 경제 조정에 따른 위기는 노조를 새로운 도전 앞에 놓이게 했습니다. 특히 2008년, 2009년 세계금융시장 위기와 그 결과는 사회적 진로 변경에 대한 논의를 촉발했습니다. 그로부터 제기된 문제의식과 요구는 노조의 교육 사업에 확실한 변화를 가져왔습니다.

독일노총 교육센터

독일노총 교육센터(DGB Bildungwerk, BUND)는 1972년 DGB가 설립한 연방 차원의 평생교육기관입니다. 교육센터는 뒤셀도르프(본부), 베를린(지부), 함부르크(교육장), 하팅엔(Hattingen, 세미나, 워크숍, 콘퍼런스 장소) 등 4개 도시에 자리하고 있으며, 약 170명이 근무하고 있습니다. 약 30명의 교육 담당자와 약 250명의 전문 강사진이 연간 약 600회에 달하는 강의, 세미나, 워크숍, 콘퍼런스 등을 진행하고 있고 여기에는 약 1만 9천 명이 넘는 교육생이 참가하고 있습니다.[*]

교육센터는 정치적 지식과 노조 관련 지식을 전달하고 역량

---

[*] 독일노총 교육센터 https://www.dgb-bildungswerk.de/ 참조.

강화 교육을 위한 DGB의 전국 조직입니다. 한마디로 교육을 통해 노동자에게 능력을 갖추게 하는 조직이지요. 교육이야말로 개인의 개별적 삶과 동시에 사회적 존재로서 더불어 살아가는 공존의 조건을 알려 주는 가장 중요한 수단입니다.

한편 교육센터는 사업장협의회 간부교육, 정치교육포럼, 청소년교육, 이민자 및 성평등 교육 등의 교육 분야와 교육팀으로 구성돼 있습니다. 무엇보다 사업장협의회 위원(간부)을 교육하기 위한 사업에 가장 많은 인력을 투입하고 있습니다. 이 전문가들은 분야별로 유연하게 결합 또는 해체하는 방식으로 과정별 혹은 분야별 교육을 책임지고 있습니다.

정치교육포럼은 전체 교육과정 등을 설계하기 위한 교육 전문가 3명, 행정인력 2명 등 5명으로 구성돼 있습니다. 그 밖에 교육과정을 지원하며 책임지고 진행하는 30여 명의 자발적 활동가가 결합하고 있습니다.

청소년 교육센터에는 DGB 중앙위원 중 1명이 청소년 부서를 대변하는 책임자로서 베를린에 근무하고 있습니다. 또한 하팅엔에는 직접 교육과정을 설계하고 진행하는 3명의 교육 전문가가 종사하고 있습니다. 각종 교육과정의 진행 등에는 다수의 강사 또는 명예회원(강사 및 전문가) 수십 명이 유연하게 결합하고 협력해 교육 사업을 진행하고 있습니다. 이를 구체적으로 살펴보면 다음과 같습니다.

■ 사업장협의회 위원 교육

우리의 기업노조에 해당하는 사업장협의회의 위원에 대한 교육을 담당하는 곳으로, 해당 교육은 1970년대부터 45년 이상 시행됐습니다. 사업장협의회 위원들이 반드시 알아야 할 기본적인 내용을 2주간에 걸쳐 교육하고, 그 외에도 연중 내내 다양한 교육 프로그램을 제공하고 있습니다. 아래에 대표적인 프로그램을 소개합니다.

노동법

2022년에는 30회 이상의 프로그램이 개설되었다.

- 노동법 1, 2, 3, 4 • 능력 강화를 통한 고용 보장 • 디지털화와 노동 4.0
- 고용 유연화와 디지털화 전략에서 노동시간의 문제

이 가운데 '디지털화와 노동 4.0' 주제와 관련해서는 8개의 세미나를 개설하고 있는데, 주요 내용은 다음과 같습니다.

디지털화와 노동 4.0

디지털화에 따라 기업의 변화가 계속해서 일어나고 있다. 기업에서 불안정 노동, 재택근무 등의 구조조정은 디지털화 변화에서의 일부 사례일 뿐이다. 사업장협의회는 이러한 변화를 인식해 「기업경영법」 규정을 어떻게 구성하는 것이 종업원을 보호하는 것인지를 반드시 알아야 한다.

- 디지털화된 변화에 관한 인식 • 노동법의 한계 • 디지털화와 기업 변화
- 노동시간 보호권의 보장 • 공동결정제 교육 • 노사 합의의 핵심 기준
- 합의문 예시

노동법 과목 이외에도 '데이터 보호와 신기술', '안전과 노동', '사회보장법', '대화의 기술' 등의 과목이 개설되고 있습니다.

■ **정치교육**

정치교육은 DGB 교육센터의 중요한 한 분야이며, 교육센터

산하의 정치교육포럼(Forum Politische Bildung)에서 담당합니다. 이곳의 교육과정은 DGB의 위임을 받아 구성됩니다. 주요 과제는 정치적 로비 활동, 공적인 활동, 교육 활동을 통한 노동자 이익 대변 등입니다. 노동자 계층이 점점 더 다양해지고 있는 가운데, 노동자의 경제적 이익과 사회적 조건은 결정적으로 중요합니다. 이와 관련해 포럼에서 제공하는 세미나에 참여하는 것이 정치적 대화나 협상을 배우기 위한 유일한 방안이며, 포럼의 정치교육은 조직문화적 통합을 가져다줄 것입니다. 이 교육은 청년 노동자부터 은퇴자 그룹까지 누구에게나 개방돼 있고, 노동자는 교육 휴가를 이용해 참여할 수 있습니다.

이 포럼은 다른 사람들과 함께 사회를 변화시키고 무언가를 하려는 사람들에게 공인된 전문가가 전문적이고 수준 높은 세미나, 교육 및 훈련 과정을 제공합니다. 모든 내용은 공개되며 특정 그룹의 요청에 따라 맞춤식 교육을 제공하기도 합니다. 주요 주제는 아래와 같습니다.

■ 기술, 언론과 사회

'기술, 언론과 사회' 주제는 정보화와 자동화의 효과를 다루고 있습니다. 먼저 자동화, 정보화, 디지털화를 정확하게 정의할 필요가 있습니다. 자동화(Automatisierung)는 기계가 인간의 노동을 대체하는 과정입니다. 정보화(Informatisierung)는 기존의 경험에 근거한 결정을 정보에 기반한 결정으로 대체하는 과정을 말합니다. 디지털화(Digitalisierung)는 인간의 정보 작업을 컴퓨터로 자동화하는 과정입니다.

산업화 이후 인간은 자신의 노동을 대체하는 기계와 경쟁을 하고 있습니다. 과거 수작업으로만 가능했던 일이 자동화됐고, 컴퓨터 시대에는 두뇌 노동까지 자동화되고 있습니다. DGB 교육센터는 이미 1997년 '노동세계의 자동화'라는 제목으로 프로 젝트를 수행했는데, 당시에는 누구도 디지털화를 언급하지 않 았습니다. 이후 이 주제는 급속한 발전을 가져왔습니다. GA- FA(구글, 애플, 페이스북, 아마존)가 권력을 넘겨받은 후 교육센터는 정 치교육 분야에서 연간 30개가 넘는 세미나를 개최하고 있습니 다. '미디어 여름(Mediensommer)'이라는 제목으로 7개의 관련 세미 나를 동시에 개최하고 있으며, 5일 동안 약 80명이 참가해 주권 적 입장을 배우고 있습니다. 여기서는 인터넷의 알려지지 않은 측면을 보여 주고, 디지털 세계에서 정치적 입장을 고민할 수 있 는 장을 제공합니다. 3D 프린터, 태블릿, 드론 등의 구체적 사례 또한 디지털화와 정보화를 이해하고 적응하는 데 도움을 주고 있습니다.

■ 노동, 복지와 노조

인구 변화, 글로벌화, 디지털화 등에 의해 노동이나 생활환경은 급변하고 있습니다. 사회의 모든 영역이 그로부터 이익을 얻는 것은 아닙니다. 노인 요양, 연금, 주택, 기초생활수급 등의 주제에 대해 노조는 논의를 거듭하고 있습니다. 이 문제는 사회정의와 긴밀히 연결된 문제로 다음과 같은 과제를 주로 다룹니다.

- 어떻게 요양 관련 위기 상황을 극복하고, 노동자의 과중한 근로조건을 개선할 수 있을까?
- 어떻게 증가하고 있는 노인 빈곤의 문제를 해결할 수 있을까?
- 어떻게 다시 적당한 주택을 충분히 공급할 것인가?
- 어떻게 소득 불평등과 그로 인한 불평등한 기회를 타파할 것인가?

독일 사회에서 사회적 불평등은 다양한 곳에서 나타나고 있습니다. 사회적 연대와 민주주의를 위협하는 요소로 부각되고 있지요. 역사적으로 나치 시대가 그것을 잘 보여 줬습니다. 따라서 사회적 불평등에 대한 사회정책적 해결책을 반드시 찾아내고 실행해야 합니다. DGB 교육센터는 다양한 세미나를 통해 이 문제를 다루고 있습니다. 사회국가인 독일은 사회적 공정성과 사회적 안전을 추구하고 있습니다. 그러나 노조가 그 문제를 어디까지 다뤄야 하는지, 사회적 불평등을 해결하기 위해 어떤 방법을 사용해야 하는지는 더 논의돼야 합니다. 새로운 불안정한 고용관계를 가져오는 디지털화 문제, 플랫폼 기업들의 이익 사유화, 그에 따른 사회적 비용을 사회에 전가하는 문제를 어떻게 해결해 나갈 것인가를 따져 봐야 합니다. 동시에 고용시장에서 남녀 차별 문제를 어떻게 해결할 것인지도 고민해야 합니다. 그 밖에 '민주주의, 자본주의와 생태', '역사와 기억', '유럽과 국제관계' 등의 과목을 개설하고 있습니다.

독일 통합서비스노조 교육센터

통합서비스노조 베르디(Ver.di)는 2001년 독일의 사무직노조, 우편노조, 은행/보험노조 등 여러 개의 노조가 통합해 만들어졌습니다. 조합원 수는 2020년 12월 기준 약 190만 명으로 독일 금속노조에 이어 두 번째로 큰 조직입니다. 전국에 10개 주 차원의 지역 조직과 직업 분야별 5개의 직능 조직을 갖추고 있으며 본부는 베를린에 있습니다.

베르디의 자체 교육기관에서는 일하는 이들의 필요에 적합한 교육과 세미나 프로그램을 준비하고 있습니다. 노동법, 사업장 협의회 과제, 노동과 건강 보호, 직업훈련, 차별 철폐 등 직업 세계와 관련된 사회적, 경제정책적 주제를 포함합니다. 이러한 프로그램은 서비스노조를 포함하며 기타 노조원뿐만 아니라 모든 이에게 열려 있습니다. 물론 서비스노조 회원에게는 대다수 강의와 세미나를 무료로 수강할 수 있는 혜택이 주어집니다.

베르디의 교육 프로그램은 연방 차원과 13개 주 차원 그리고 그 아래 단위인 하위(Bezirk) 차원의 3단계 차원에서 자체적으로 개설돼 시행됩니다. 연방 차원에서 노조원과 이익집단의 다양한 요구에 부응하기 위해 경제적, 노조정책적, 사회적, 문화적 관계에 상응하는 전문 분야 세미나를 준비하고 있습니다. 또한 노조나 사회 활동가를 위한 목표 그룹 지향형 세미나를 개설하고 있습니다. 그 밖에 일반 기업이나 공무원의 사업장협의회 간부들을 위한 세미나도 제공됩니다. 주 차원에서도 연방과 유사하지만, 지역과 관련하여 또 교육 휴가와 연계해 다양한 프로그램을 마련하고 있지요. 하위 차원에서는 더욱더 지역 특성과 해당 기업의 특성에 맞는 프로그램을 준비하고 있습니다.

교육 비용의 지원 여부는 세미나의 성격에 달려 있습니다. 예를 들어, 관련 법에 근거한 기업이나 공무원 사업장협의회 간부를 위한 교육은 모든 비용을 사용자 측에서 부담합니다. 모든 비용에는 교육비, 여비, 식대, 숙박비 등이 포함됩니다. 또한 사용자 측에서 여비를 부담하지 않을 경우, 베르디 교육센터는 노조원의 여비를 지원할 수 있습니다. 예를 들어 킬로미터당 0.20유로(최고한도 130유로)로 일괄해 여비로 지급합니다.

2022년 베르디는 아래와 같은 주제를 중심으로 세미나 프로그램을 개설하고 있습니다.

● 이익집단 세미나 ● 노동정책 교육 ● 건강/복지 세미나 ● 언론 미디어, 예술, 산업 관련 세미나 ● 버스/기차 운송인력 이익 대변 세미나

독일 금속노조 교육센터

금속노조(IG Metall) 교육센터는 베를린 등 전국 7곳에 교육장을 마련해 다양한 프로그램을 제공하고 있습니다. 교육센터는 다음 12가지 이유를 들어 자신들의 교육이 우수함을 강조하고 있습니다.

- 우리는 노동자의 이익을 대변하는 전문가로서 100년 넘게 이 일을 해오고 있다. 어려운 상황에서도 임금협상을 성공적으로 해내는 방법을 잘 알고 있으며, 사업장협의회의 협상도 지원하고 있다.
- 배움은 끝이 있는 것이 아니며, 노동자 누구나 금속노조의 155개 사업장에서 우리 교육 담당자를 직접 만나 볼 수 있다.
- 현장이 중요하다. 이론적 지식을 포기할 수는 없지만 그것은 현장과 연결되어야 의미가 살아나게 된다. 우리의 교육자는 매일 현장에서 활동하고 있다.
- 우리는 새로운 비전을 제시하고 있다. 경제와 정치의 변화는 기업의 노동에 영향력을 행사하는데, 우리는 그런 연관 관계를 논의하고 새로운 시각을 보여 주고 있다.
- 우리는 정확하고 뛰어난 일솜씨를 가지고 있다. 우리는 사업장협의회와 해당 그룹에 꼭 필요한 것들을 교육 프로그램으로 제공하고 있다.
- 우리는 여유 있게 일하고 있다. 법적인 측면을 고려해 시간을 가지고 필요한 능력을 제공하고 있다.
- 우리는 다양한 네트워크를 가지고 있으며, 지역 내 또는 지역 외 네트워크 구성을 지원하고 있다. 이러한 연대는 언젠가 어려움에 부닥치게 될 때 도움이 될 것이다.
- 우리는 각 개인이 원하는 특별 교육에 대한 기본 지식을 가지고 있다. 이를 통해 누구나 언제든지 올바른 교육을 받을 수 있다.

- 사업장협의회에 남녀가 동등하게 참가하는 것이 중요하다. 그래서 우리는 관련 교육에 참여하는 것을 지원하며, 동시에 세미나 참석 시 아이를 돌봐 주는 것을 제도화하고 있다.
- 우리는 세미나 내용을 계속해서 개선하고 있다. 그래서 우리 세미나의 고품질을 보장할 수 있다. 이를 위해 다른 독립된 기관으로부터 평가를 받고 있다.
- 우리는 사업장협의회 업무와 전반적인 전문 지식에서부터 법적이나 노조의 이익 대변에 이르기까지 다양한 경험을 가진 우수한 교사가 교육을 진행하고 있다.
- 우리 교육센터는 경험과 지식을 바탕으로 우호적 분위기에서 세련된 형태의 세미나를 개설하고 있다.

2022년 독일 금속노조는 아래와 같은 주제를 중심으로 세미나 프로그램을 개설하고 있습니다.

- 기업과 사회 ● 사업장협의회, 중증장애인협회 간부교육 ● 사업장협의회 대표와 지도부 교육 ● 사무직, IT, 엔지니어 ● 청소년 교육프로그램

실무공동체 '노동과 삶'

실무공동체 '노동과 삶(Arbeit und Leben/AL)'은 DGB와 시민대학의 협력 아래 1945년에 설립됐습니다. 그 목표는 정치교육을 통해 사회 활동에 대한 참여를 후원하고, 노동과 삶의 전제로서 사회적 공정성, 기회의 평등과 연대성을 강화하는 것입니다. 노조와 시민대학은 1945년 이후 노동자가 민주적 의사결정에 참여하는 데 성공했듯이 "연대와 민주주의를 체험하고 배운다"가 하나의 표어가 될 수 있다고 봤습니다. 노동자가 민주적 의사결정

에 참여하는 데 성공했다는 것은 기업의 주요 결정에 노동자 대표가 참여하는 공동결정제 제도*가 도입된 것을 의미합니다.

노조와 시민대학은 바이마르공화국에서 노동자를 북돋는 교육 프로그램을 제공하거나, 민주적 이행 과정을 성찰하거나, 참여를 유도하는 교육이 노조에서도 시민대학에서도 충분히 성공적이지 않았다고 봤습니다. 나치즘과 전쟁 경험에서 DGB와 시민대학은 서로 협력해 실무공동체인 AL을 설립해야 한다는 것을 깨달았습니다.

이 기관의 설립 목적은 노동자, 수습생, 실업자 등에 대한 정치교육을 통해 사회적 책임과 공동결정제를 가르치고 사회적 정당성, 기회의 평등, 연대성을 발전시키는 것입니다. 또한 노동자와 시민계급 사이가 벌어지는 간극을 완화하고, 시민대학을 통해 통일노조의 건설을 추진할 뿐만 아니라 구체적으로는 노동자에게 정치교육을 시행해 진영 논리에 매몰되는 것을 극복하는 것입니다.

AL은 1948년 니더작센주를 시작으로 1961년 잘란트주에도 설립됐습니다. 이후 1990년 독일통일 이후에는 구동독 지역에도 세워졌습니다. 바덴-뷔르템베르크주를 제외한 모든 주에 AL 주 본부가 설립됐습니다. 여기에 더해 약 160개의 지역 AL 시설이 세워졌고, 그 위원회에는 협력 파트너인 DGB와 시민대학의 대표자들이 참여했습니다. 초기 5개의 AL 주 공동체(바이에른, 헤센, 니더작센, 라인란트-팔츠, 슐레스비히-홀슈타인)의 결합은 1950년대 연방 차원의 AL 공동체가 만들어지는 초석이 됐습니다. AL에서 다루는 주요 주제는 다음과 같습니다.

---

* 자세한 내용은 『독일 사회, 우리의 대안』(어문학사, 2019) 제6장 3절 참고.

- **노동과 교육**

  직업과 삶의 계획에 대한 성찰 및 교육, 직업교육, 고용시장 정책을 배

  경으로 한 전망
- **다문화 교육, 이민, 유럽**

  구조적 불평등, 차별, 외국인 배척, 다문화 문제
- **세계화, 사회적 공정성, 지속 가능한 발전**

  세계화의 정치, 경제, 문화적 측면과 청년의 노동조건이나 삶의 조건에

  대한 세계화의 영향력
- **민주주의 사회를 위한 시민사회와 자아실현**

  인격 수양, 소통 능력 강화, 사회 참여 독려

AL은 자신들의 교육 프로그램을 위해 참가자 회비를 포함해
연간 약 5천만 유로를 사용하고 있으며, 약 20만 명이 교육에 참
여하고 있습니다.

3. 일터에서 꼭 필요한 정치교육

경제 상황이 어려웠던 과거에
는 워낙 일자리가 귀해 공급자나 생산자, 쉽게 말해 기업의 힘이
컸습니다. 대다수 노동자는 사용자의 요구에 순응할 수밖에 없
는 구조여서 노조의 설립이나 활동도 쉽지 않았습니다. 현재 상
황은 그때와 비교하면 여러 측면에서 훨씬 더 나아졌지요. 한편
으로는, 많은 사람의 소득이 높아지고 부자가 늘어났습니다. 그
런데 다른 한편으로는, 여전히 저임금과 생활고에 힘들어하는
이들도 많습니다. 일하러 갔다가 심지어 죽는 경우도 있습니다.
이는 우리 사회의 부끄러운 단면이며, 일터에서 정치교육이 필

요한 이유이기도 합니다.

연간 2천 명의 노동자 사망과 중대재해처벌법

「중대재해처벌법」은 산업 현장에서 노동자가 사망하거나 중상을 당했을 때는 이를 중대한 재해로 보고 사업주나 경영 책임자를 처벌하도록 규정한 법입니다. 주요 내용은 중대재해가 발생하면 안전·보건 확보 의무를 소홀히 한 사업주를 1년 이상 징역 또는 10억 원 이하 벌금에 처하도록 한 것입니다. 여기서 쟁점은 용역이나 하도급 종사자의 사고에 대해서도 원청 업체에 책임을 물리는 것이지요. 사업주가 위험 관련 업무를 하청업체에 넘김으로써 사업장의 안전관리 책임을 회피하려는 것을 방지하려는 취지입니다.

이 법은 2000년대 들어서도 연간 2천 명이 넘는 노동자가 산업재해로 사망하고 있는 문제에 대해 정치권이 마련한 대책입니다. 2020년 충남 태안의 화력발전소에서 일하다가 숨진 비정규직 노동자 김용균 씨 사건이 법 제정의 직접적인 계기가 됐습니다. 이 법은 2021년 1월 국회에서 통과됐고, 2022년 1월 27일부터 시행됐습니다. 하지만 시행 초기부터 비정규직 노동자를 보호하는 데 결정적 하자가 있었습니다. 5인 미만 기업은 처벌 대상에서 아예 제외됐고, 또 50인 미만 기업은 2년간 법 적용을 유예했기 때문입니다. 다시 말해, 5인 미만 사업장을 제외하면 전체 기업의 80퍼센트가, 50인 미만 기업까지 유예하면 전체 기업의 99퍼센트가 법 적용 대상에서 빠지게 되는 것입니다. 사실상 법이 없는 셈입니다. 눈 가리고 아웅 하는 것이지요.

2024년 1월에 국민의힘은 개정안을 발의해 50인 미만 사업장에 대한 유예 기간을 2년 더 연장하자고 요구했으나, 더불어민주당의 반대로 무산됐습니다. 50인 미만의 기업은 사업을 수주할 때 안전관리 비용이 아직 들어 있지 않다는 고충을 이야기하며 유예 기간의 연장을 요청했습니다. 중소기업이 일자리 창출에 중요한 역할을 하고 있으니 그들을 어렵게 해서는 안 된다는 논리입니다. 그렇다면 마땅한 해결책은 유예의 연장이 아니라 중소기업에 사업을 의뢰하는 대기업이나 그와 관련된 모두가 추가로 안전 비용을 부담하는 것이어야 합니다.

만약 이렇게 하지 않고 법 적용을 또다시 유예한다면, 그들은 사업 현장의 안전관리에 온 힘을 쏟지 않고 소홀히 여길 것입니다. 그러면 중상을 입거나 사망하는 노동자는 줄어들지 않겠지요. 현재 상황을 그대로 방치한다면, 결국 우리 사회는 안전관리의 책임을 죽거나 다친 힘없는 노동자에게 전가하는 셈입니다.

이 법의 시행으로 보호를 받는 노동자는 대부분 비정규직입니다. 대다수 기업의 정규직은 자신의 일 가운데 어렵고 위험한 업무는 대부분 외주(하청)를 주고 있습니다. 앞에 언급한 김용균 씨 사건을 비롯해 전철역 안전문을 수리하다가 사망한 사건, 교량을 보수하다가 추락해 사망한 사건, 제철소에서 가스 누출로 사망한 사건, 장비 점검 중 오물 수조에 빠져 사망한 사건, 물류 창고 화재로 사망한 사건, 폐수처리장을 청소하다가 사망한 사건, 리튬 배터리 공장 화재로 23명이 질식사한 사건 등 우리 사회에서 일하다가 죽는 사람은 대부분 비정규직입니다.

정규직은 공공기관이나 민간 사업장을 막론하고 대체로 높은 임금과 고용 안정성이 보장되고, 상대적으로 안전하면서 힘들지 않은 일을 담당합니다. 이들은 심지어 노조를 통해 자식에게 고용 승계까지도 요구하고 있습니다. 반면 비정규직은 저임금에 매번 계약을 갱신해야 하며, 육체적으로 힘들고 위험한 일에 내몰리고 있습니다. 정규직과 비정규직을 구분하는 것은 입사

할 때 어떤 과정을 거쳤느냐, 즉 입사 시험을 통과했느냐의 차이 정도입니다. 하지만 그 이후의 보상은 지나치게 큰 격차를 보이고 있습니다. 이것이 과연 정당한 것인가, 공정한 것인가에 질문을 던져야 하지 않을까요?*

정규직 임금의 절반을 받는 비정규직

2023년 기준, 우리나라의 임금 노동자 수는 약 2,200만 명, 그중 정규직이 약 1,300만 명, 비정규직이 약 900만 명 정도입니다. 비정규직은 기간제 약 480만 명, 시간제 약 390만 명 등으로 구성되며 조금씩 증가하는 추세입니다.

비정규직은 모든 산업에 걸쳐 있습니다. 주로 보건업·사회복지 서비스업(151만 명), 숙박·음식점업(99만 명), 사업시설 관리지원 서비스업(90만 명), 건설업(90만 명), 도매·소매업(82만 명), 제조업(79만 명), 교육서비스업(71만 명), 공공행정·국방행정(38만 명), 금융보험업(32만 명), 운수업(30만 명) 등에 몰려 있습니다. 정규직의 월 평균 임금은 371만 원이고 비정규직은 200만 원으로 정규직의 54퍼센트에 불과합니다.

저임금은 중위소득(전체 노동자의 임금을 나열했을 때 한가운데에 있는 소득)의 3분의 2보다 적은 임금을 말합니다. 예를 들어 2023년 중위소득은 시간당 1만 4,613원인데, 누군가 시간당 9,742원(1만 4,613원×2/3)보다 적은 임금을 받을 때 저임금자에 해당합니다(2023년 시간당 최저임금은 9,620원입니다). 이를 월급으로 환산하면 중위소득(또는 중위임금)이 260만 원, 저임금은 173만 원입니다. 2023년

---

* 자세한 내용은 『누가 그들에게 그런 권리를 주었는가?』(교학도서, 2022) 제1장 참고.

약 2,200만 명의 노동자 가운데 약 308만 명(14퍼센트)이 저임금 노동자입니다. 전체 노동자 가운데 약 14퍼센트가 거의 최저임금 수준의 급여를 받고 있습니다. 이들 저임금 노동자의 수는 정규직 약 40만 명과 비정규직 268만 명을 합친 것으로 조사됐습니다.* 이와 별도로 누군가 중위소득의 절반에도 못 미치는 급여를 받는다면 그 사람은 빈곤층에 해당합니다. 빈곤층은 2023년 기준 월 130만 원 미만의 소득자입니다.

빈곤층이나 저임금 노동자가 양산되는 현상은 한국 사회가 경제 분야에서도 승자독식의 사회임을 보여 주는 대표적인 사례입니다. 이 문제를 방치하는 것은 우리 사회가 약육강식의 정글이라는 사실에 대한 인정일 뿐만 아니라 공동체 사회가 아니라는 반증입니다. 경쟁에서 이긴 승자의 노력을 무시하거나 그에 대한 인센티브를 없애자는 주장은 아닙니다. 그것을 존중하

임금 노동자 구성 및 업종별 비정규직 노동자 수(2023년)

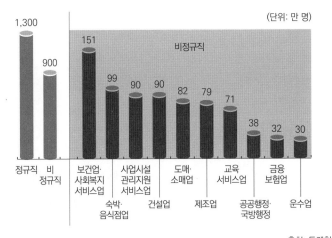

출처: 통계청

---

* 김유선, 『비정규직 규모와 실태』, 한국노동사회연구소 KLSI Issue Paper(2023-14호).

고 인정함과 동시에, 경쟁의 패배자에 대해서도 최소한의 인간다운 생활이 가능하도록 보장하자는 것입니다.

정규직과 비정규직을 구분하는 경쟁에도 문제가 있습니다. 대학입시나 입사시험 등의 경쟁이 모두가 동등한 조건으로 치러진다고 볼 수 없기 때문입니다. 많은 사람이 어릴 때 사교육부터 시작해 수많은 '부모 찬스'와 부의 대물림을 통해 사실상 출발선부터 앞서 있습니다. 공정한 경쟁이 아니지요. 따라서 정규직과 비정규직 사이의 현재 격차는 과도하다고 볼 수 있습니다. 이정우 경북대 교수는 우리나라의 정규직과 비정규직 차별 문제가 미국 남북전쟁 이전의 흑인과 백인의 차별 문제와 비슷하다며 아주 혹독하게 비판하고 있습니다. 그 정도로 심각하고, 전근대적이고 시대착오적인 차별이라는 것입니다.

그렇다면 어느 정도가 적당한 차이일까요? 그에 대한 사회적 논의가 필요합니다. 이를 위해서는 정치가 제 역할을 해야 하지요. 과도한 경쟁을 하지 않더라도 누구나 자신의 직업을 통해 인간다운 생활이 가능하도록 정치권이 나서서 우리의 경제·사회 시스템을 바꿔야 합니다. 더불어 모든 노동의 가치를 좀 더 존중하는 사회가 되었으면 하는 바람입니다.

4. 상생하는 비전형적 고용관계

독일에는 우리의 비정규직에 해당하는 말이 따로 없습니다. 대신 비전형적 고용관계라는 용어를 사용하는데, 이는 정상적인 고용관계와 구분된다는 의미입니다. 비전형적 고용관계에는 파견 노동·시간제 노동, 미니잡, 파트타임, 기간제 고용 등이 있습니다. 아래에서 좀 더 자세히 살펴보겠지만 독일의 비정규직은 우리와는 많은 차이가 있습니다.

기간제 고용

기간제 고용(Befristete Beschäftigung)은 이른바 비전형적 취업 형태에 해당합니다. 2020년 현재 독일에서 기간제 노동자의 비중은 약 8퍼센트를 넘고 있습니다. 2019년 약 400만 명의 신규 고용이 있었는데, 그중 기간제 고용은 약 128만 건으로 32퍼센트에 달했습니다. 특히 청년 노동자층에 기간제 고용이 확산하고 있으며, 기간제 고용관계는 해고통보 없이 종료됩니다.

기간제 고용은 독일에서 1985년에 처음 허용됐습니다. 기간은 원래 1회 18개월로 한정했다가, 1996년에는 그 기간을 24개월로 높였습니다. 최근 들어 기간제 고용의 비중이 높아지고 있는데, 「해고보호법」(노동자를 함부로 해고할 수 없게 보호하는 법)을 무력화할 뿐만 아니라 직업에 대한 불투명한 전망, 인생 설계의 어려움 등으로 고용시장에서 문제가 되고 있습니다.

2018년 설문조사에 따르면, 사용자가 기간제 고용을 원하는 동기는 노동자의 능력 검증(37퍼센트), 대리인 필요(18퍼센트), 시즌 노동자 필요(13퍼센트), 경제적 불확실성(12퍼센트), 제한된 인건비 예산(9퍼센트) 등입니다. 반면 노동자의 입장에서 기간제 고용은 정상적 고용관계와 비교해 매우 불안정한 형태입니다. 또 경영자가 기간제 고용을 연장하는 식으로 이용하기 때문에 다른 경영자도 정규 고용을 꺼리게 될 우려가 있습니다. 기간제 노동자는 정규 노동자보다 급여에서 손해를 볼 수 있고, 직무교육기회도 줄어들게 됩니다.

2018년 3월 기민당/기사당과 사민당은 기간제 고용의 남용에 대한 해결책을 담은 연정 합의서를 내놓았습니다. 합의서의 내용은 다음과 같습니다. 경영자는 75명 이상의 노동자가 일하는 경우에 한해 전체 노동자의 2.5퍼센트까지만 기간제 노동자를 쓸 수 있습니다. 예를 들어 종업원 75명의 기업은 1~2명의 기간제 노동자를 고용할 수 있고, 그다음부터는 정규직으로 고용해야 합니다. 이처럼 일정 쿼터를 넘어서는 기간제 노동자는 정규직 노동자로 전환하도록 했습니다. 기본적으로 친노동자 성향의 사민당은 객관적 근거 없는 기간제 고용은 무조건 폐기한다는 입장이었습니다.

기간제 고용과 관련한 독일의 법정 규정은 다음과 같습니다. 첫째, 노동법 관련 규정에 따라 객관적 이유 없는 기간제 고용은 최대 2년간 가능하고, 최대 세 번까지 고용을 연장할 수 있습니다. 그 이후에는 반드시 정규직으로 고용해야 합니다. 둘째, 객관적 이유가 있는 기간제 고용의 경우에는 기간 제한이 없고, 연장 횟수도 제한이 없습니다. 기간제 고용이 가능한 객관적 근거는 「파트타임과 기간제법」 제14조에 규정돼 있습니다. 제14조 내용은 노동 작업의 필요성이 일시적인 경우, 학업이나 직업교육을 위해 유리한 경우, 다른 직원을 대신하도록 고용된 경우, 업무 성과의 성격이 기간제 계약에 맞는 경우, 수습 기간, 노동자가 개인적 사유로 기간제를 원하는 경우, 임시 고용을 위해 고안된 예산 기금에서 보수를 받는 고용 등입니다.

기간제 고용의 비중과 관련한 EU 회원국 내 독일의 수준(약 8퍼센트)은 중간 정도입니다. 스페인은 기간제 고용의 비중이 23.6퍼센트로 높은 편이고, 폴란드는 21.2퍼센트입니다. 기간제 고용의 비중이 가장 낮은 국가는 루마니아로 0.9퍼센트에 불과합니다.

파견 노동

파견 노동(Leiharbeit)은 파견 업체와 파견 노동자, 그리고 파견을 받는 기업의 삼자 관계에서 발생합니다. 이러한 노동자 중개업은 1922년 「노동자입증법(Arbeitsnachweisgesetz)」을 통해 처음 법적으로 규정됐습니다. 1952년 노동중개연방청이 설립되면서 독일의 노동시장은 새로운 국면을 맞았습니다. 이후 변화를 거쳐 1967년 연방헌법재판소가 직업적 노동자 파견을 금지한 법을 무효라고 선언했습니다.

연방사회법원은 1970년의 한 사건에서 파견 노동자에 대해 최소한의 보호가 필요하다고 판결했습니다. 이 판결은 1972년 관련 법을 제정케 했고, 이 법에서 파견 기업은 경영자의 모든 의무를 진다고 규정했습니다. 이 규정은 오늘날까지 바뀌지 않고 그대로 유지되고 있습니다. 다만 최장 파견 기간, 기간 규정, 파견 업체와 파견 노동자 간 계약과 파견 업체와 파견을 받는 기업 간 계약의 일치 문제, 파견 노동자의 재고용 금지, 차별 금지 등의 세부 규정은 변화하고 있습니다.

파견 노동과 관련한 주요 개혁 사항은 다음과 같습니다. 최장 파견 기간을 1985년대 3개월에서 6개월로 연장했고, 1994년에는 9개월로, 1997년에는 12개월로 늘렸습니다. 이후 2002년부터는 24개월이 됐습니다. 2017년에는 최장 파견 기간을 기본적으로 최대 18개월로 조정했고, 또한 파견 노동자의 파견 기간이 9개월이 경과하면 기본적으로 정규직과 동일임금을 받도록 규정했습니다. 이는 동일노동 동일임금 원칙에 따른 것입니다.

독일에서 파견 노동자 수는 1985년 이후 꾸준히 증가해 2017년 100만 명을 넘어섰다가 이후 약간의 감소세를 보이고 있습니다. 2019년 파견 노동자는 약 84만 명으로 정규직의

2.3퍼센트를 차지하고 있으며, 파견 업체는 약 5만 개에 달하는 것으로 집계되고 있습니다. 2023년에는 약 80만 명을 기록하고 있습니다.

파견 노동자에는 젊은 층, 저학력자, 외국인 등이 다수를 차지하고 있습니다. 파견 노동이 이들에게 고용 기회를 제공하는 셈입니다. 그러나 이들은 다른 정규직 노동자와 비교해 실업에 처할 확률이 여섯 배 이상 높은 것으로 조사됐습니다. 전체 파견 노동자의 절반 정도가 3개월 이내에 고용관계가 끝나고, 9개월 이후에는 약 25퍼센트만 고용계약을 유지하고, 15개월 이후에는 약 17퍼센트만, 18개월 이후에는 약 12.5퍼센트만 고용관계를 지속하고 있는 것으로 나타났습니다.

파견 노동자가 많이 일하는 곳은 교통·배송 분야로 2019년 기준 약 24만 명이 근무하고 있고, 금속 분야에서 약 11만 명, 기계·자동차 분야 약 7만 5천 명 등 대부분의 산업 분야에서 일하고 있는 것으로 조사됐습니다.

미니잡

미니잡(Minijob)은 하나의 저소득 일자리입니다. 이는 수입이 월 450유로 이하이거나 고용 기간이 3개월 이내 또는 근무일 70일 이내일 경우를 말합니다. 이런 저소득 일자리는 슈뢰더 총리의 '아젠다 2010'에 따른 하르츠 개혁 이후 미니잡으로 명명됐습니다.

2003년 사민당-녹색당 연정의 슈뢰더 총리는 사회복지비 부담이 늘어나면서 독일 경제가 지속적으로 어려움을 겪자, 이를 타개하기 위해 실업보조금과 사회보조금을 통합한 실업급여II를 도입하는 등의 '아젠다 2010'이란 개혁 프로그램을 추진했습니다. 당시 이를 논의하던 여러 위원회 가운데 폭스바겐 인사 담당 임원이었던 하르츠(P. Hartz)가 위원장을 맡았던 Ⅳ번 위원회에서 이 개혁을 주도해 '실업급여Ⅱ'를 보통 '하르츠 Ⅳ'라고도 하고, 이와 관련한 개혁을 '하르츠 개혁'이라고도 합니다.

독일 유학 중에 아르바이트했던 경비 일자리가 바로 이런 미니잡에 해당했습니다. 박람회(Messe, 메세)가 열릴 때만 일을 해서 근무일이 많지 않았고 근무시간도 길지 않았습니다. 이러한 고용관계에서 노동자는 사회보험료와 세금이 면제되는 반면, 사용자는 최대 31.15퍼센트의 사회보험료 등을 부담합니다. 이는 정규 고용관계에서 부담하는 약 20퍼센트보다 높은 수준입니다. 이후 개혁 과정을 통해 사용자의 부담은 경감됐습니다.

미니잡 노동자는 법적으로 연간 24일의 휴가를 보장받습니다. 또 휴가수당이나 크리스마스 보너스 등 특별 수당에서도 정규직과 차이가 없습니다. 기본적으로 정규직 노동자와 비교해 차별을 금지하고 있습니다. 물론 실적이나 능력 등의 객관적 차이에서 오는 차별은 예외적으로 허용됩니다.

저소득 일자리는 1960년대 노동력이 갑작스럽게 부족해져 주부, 은퇴자, 학생, 부업 희망자 등을 단기간 고용하면서부터 등장했습니다. 1977년 입법이 이뤄졌고, 1999년에는 사민당-녹색당 정부(적녹연정)에 의해 사회보험이 가능하도록 조정됐습니다. 그러나 기업의 부담이 커지는 등 장기적으로 문제가 되자 2003년 다시 예전의 형태로 돌아갔습니다.

2018년 기준 미니잡 노동자는 약 665만 명에 달하고, 그중 약 300만 명은 부업으로 일하고 있습니다. 민간과 공공기업에서 일하는 미니잡 노동자의 약 58퍼센트가 여성이고, 순수 민간기업으로 눈을 돌리면 90퍼센트가 넘습니다. 65세 이상의 미니잡 노동자는 전체의 약 17퍼센트 정도입니다. 많은 은퇴자가 적은 연금 때문에 미니잡에서 일하고 있습니다. 또한 추가수입의 가능성이 미니잡 선택의 가장 큰 이유로 지적되고 있습니다. 2020년 현재 교역, 자동차 수리 분야에서 약 110만 명, 보건·사회복지 분야에서 약 72만 명, 건설 분야에서 약 29만 명이 일하고 있는 것으로 고시됐습니다.

미디잡

미디잡(Midijob, Midi는 Midium의 줄임말로 중간이라는 뜻)은 월수입이 미니잡보다 많은 450유로부터 1,300유로까지의 일자리를 말합니다. 이 일자리에서는 노동자의 사회보험료 부담분은 소득에 비례해 증가하나 사용자의 부담분은 일정합니다. 미디잡은 사회보험료의 기업 부담분을 절반만 지급하면 되므로 처음에 사용자에게 매력적이었습니다.

미디잡은 2003년 4월 하르츠 개혁의 일환으로 탄력 근무시간제 형태로 도입됐고 월수입의 상한은 800유로였습니다. 2013년 미니잡의 상한이 450유로로 인상되자 미디잡의 상한도 850유로로 올라갔고, 이후 2019년 7월 미디잡 개혁으로 1,300유로까지, 2020년에는 1,600유로까지 인상됐습니다. 2024년부터는 538~2천 유로로 확대됐습니다.

사회보험료를 내는 전체 노동자 가운데 미디잡 노동자의 비중은 2017년 기준 약 4퍼센트 정도입니다. 사회보험료를 부담하는 전체 여성 노동자 중 미디잡 여성 노동자의 비율은 5.9퍼센트로, 남성 2.2퍼센트보다 확실히 많았습니다. 미디잡 노동자 수는 2017년 약 130만 명에 달했습니다. 그중 미디잡이 가장 많은 산업 분야는 소매업으로 약 17만 명이 일하고 있고, 숙박업에는 약 14만 명, 건물관리와 조경 분야에 약 12만 명, 의료 분야에 9만 4천 명, 건설 분야에 4만 4천 명 등입니다.

연방정부의 예상대로 2024년에는 미디잡 노동자가 350만 명으로 늘어났습니다. 미디잡의 절반 정도는 전문인력으로 근무하고 있고, 약 40퍼센트가량은 단순 보조자가 일하고 있으며, 나머지 10퍼센트 정도에는 전문가가 참여하고 있습니다. 기민당, 사민당, 자민당 등은 미디잡에 대해 일자리 확대 측면에서 긍정적 입장을 표명하고 있는 반면, 독일연금보험공사, 사용자 단체, 독일대안당(AfD) 등은 경영자 부담 가중 등의 이유로 비판적 입장을 보이고 있습니다.

파트타임(시간제)

파트타임은 독일에서 전체 고용의 약 4분의 1을 차지하고 있습니다. 파트타임 노동의 특징은 성별, 나이, 능력, 기업 성격, 기업 크기 등에 따라 차이가 크다는 것입니다. 파트타임은 최근 들어 증가 추세에 있으며, 2019년 현재 통계조사에 따르면 전체 노동의 29.2퍼센트에 달했습니다. 그 가운데 여성의 비율이 약 80퍼센트, 남성은 20퍼센트입니다.

파트타임 일자리는 노동자에게 노동시간을 선택할 수 있는 기회를 줍니다. 특히 아이를 양육하는 여성에게 도움이 되지요. 실제 파트타임 노동자의 다수가 여성입니다. 그러나 파트타임 노동을 지속할 경우 저소득 문제뿐만 아니라 제대로 된 일자리를 얻을 기회의 부족, 낮은 연금, 빈곤 위험성의 증가 등에 노출될 위험이 있습니다.

파트타임 노동은 통계적으로 명확하게 규정되지 않습니다. 독일의 「파트타임과 기간제법」에는 "파트타임 노동자는 규칙적인 주당 노동시간이 정규직 노동자의 그것과 비교해 적은 노동자를 말한다"라고 파트타임 노동을 정의하고 있습니다. 비록 파트타임 노동자의 연간 노동시간이 정규직 노동자의 노동시간에 엇비슷하더라도 주당 노동시간을 규칙적으로 정할 수 없을 때는 파트타임 고용으로 봅니다.

OECD는 보통 주당 30시간까지를 파트타임의 기준으로 삼습니다. 즉 30시간 미만이면 파트타임이라고 보는데, 이것은 여전히 논란의 여지가 있습니다. 독일의 통계조사에서 질문할 때는 단순히 정규직 노동자인가 파트타임 노동자인가를 물을 뿐, 노동시간은 묻지 않기 때문입니다.

독일에서 파트타임 고용과 관련한 철도/교통노조(EVG), 금속노조와 서비스노조의 임금협약에서는 이른바 선택 모델 또는 선택 노동시간이 제시되고 있습니다. 이들은 두 가지 대안을 제시하고 있습니다. 하나는 특정 노동자 집단에 수입을 늘릴지, 아니면 자유시간을 늘릴지를 선택하게 하는 것입니다. 다른 하나는 근무시간을 줄이고 그에 맞춰 수입을 줄이는 것입니다. 그 밖에 사용자는 업무상의 이유가 있어야만 노동자의 근무시간 축소를 거부할 수 있습니다.

파트타임 노동을 선택하는 주요 이유는 여성의 경우, 육아(28퍼센트), 개인적 이유/가족 돌봄(18퍼센트), 정규직 일자리를 얻지 못해서(8퍼센트), 직업교육(7퍼센트), 질병/사고(3퍼센트) 등입니다. 반면 남성의 경우에는 직업교육(25퍼센트), 정규 일자리를 얻지 못해서(13퍼센트), 개인적 이유/가족 돌봄(7퍼센트), 질병/사고(7퍼센트), 육아(4퍼센트) 등이 주요 이유입니다.

이처럼 비전형적 고용관계는 양면성을 가지고 있습니다. 한편으로 수입의 부족은 노동자 자신이나 그 가족의 생계를 유지하기 어렵게 만들 수 있습니다. 이런 측면을 생각한다면 그와 같은 고용관계는 문제가 있습니다. 다른 한편으로는 노동자가 종종 가족 돌봄과 직업을 동시에 영위하기 위해 또는 자신의 자유시간을 더 확보하기 위해 의도적으로 특정한 고용 형태(예를 들어 파견 노동, 미니잡)를 선택할 수도 있습니다. 일부 노동자는 다양한 직업을 경험하기 위해 기간제 고용관계를 희망하기도 합니다.

하지만 비전형적 고용관계에서도 노동자는 차별당하지 않고 노동법의 보호를 받을 수 있다는 점이 중요합니다. 이러한 고용관계의 확산은 고용시장의 유연성 경향을 대변하는 것이기도 합니다. 유연한 고용관계는 노동자만 좋아하는 것이 아니라 시장의 요구에 바로바로 적응할 수 있다는 점에서 경영자들도 특히 선호하고 있습니다. 노동자의 권리를 보호하고자 한다면, 이러한 부분에 대한 정치교육이 필요합니다.

독일의 비전형적 고용관계는 1991년과 2010년 사이에 약 440만 명에서 790만 명으로 증가했습니다. 이는 전체 노동자(약 4천만 명)의 20퍼센트 정도로 우리의 절반 수준입니다. 이후 2019년에는 다소 감소하는 경향을 보이고 있습니다. 이와 같은 독일의 사례는 우리 사회에서 고민하는 일자리 창출이나 노동의 다양한 형태 등의 문제와 관련해 많은 시사점을 주고 있습니다.

5. 교사와 공무원의 정치 기본권

2022년 12월, 공무원·교원의 정치 기본권 보장을 위한 토론회가 국회에서 열렸습니다. 여기서 제기된 교사의 정치적 권리 침해 사례는 다음과 같습니다.

- 페이스북에 '좋아요'를 눌러 벌금 80만 원으로 겨우 교직을 유지한 교사가 있는 나라!

- 성인이 된 제자에게 자신이 좋아하는 정치인을 뽑아 달라고 문자를 보냈다고 공직선거법, 공무원법 위반이라고 해 자격정지 1년을 선고받고 교직에서 해임되는 나라!
- 몇몇 교사가 세월호 참사 당시 청와대 게시판에 진상 규명을 요구하는 글을 썼다는 이유로 공무원의 정치적 중립 위반을 선고하는 나라!

이 사례를 발표한 토론자는 평소 친하게 지내던 후배가 선거에 출마했는데, 페이스북에 '좋아요' 한번 누르지 못하는 현실을 지적했습니다. 덧붙여 많은 교사가 무슨 일을 하든지 매 순간 자기 검열을 하고 있다며, 현실을 한탄했습니다. 사회문제나 정치이슈에 대해 발언하는 것이 모두 정치적 중립 문제에 얽매이기 때문입니다. 그는 「국가보안법」, 「공직선거법」, 「국가공무원법」 등이 공무원과 교사를 아예 아무런 표현도 할 수 없는 정치적 무능력자로 만들고 있다고 비판했습니다.*

정치 기본권 침해와 제한

세상에 '너무나 당연한 것'을 새삼스럽게 당연하다고 주장하는 일은 매우 답답한 노릇입니다. 교사·공무원의 정치적 기본권을 제한하고 있는 것을 다시 원상회복해 달라고 요구하는 일이 그런 사례 중 하나입니다. 그들은 교사와 공무원이라는 직업인이기에 앞서 한 사람의 시민입니다. 헌법에 명시된 시민의 기본권이 특정 직업을 가졌다는 이유로 제한되는 것은 잘못된 일입

---

* 노시구(전국교직원노동조합 정책실장), "교원과 공무원의 정치 기본권이 민주사회의 시작이다", 공무원·교원의 노동·정치 기본권 보장을 위한 국회토론회 자료집(2022년 12월 2일).

니다. 정치적 기본권은 원래 시민 누구나 누릴 수 있는 헌법상의 권리이기 때문입니다. 그런데 이렇게 잘못된 일이 반세기 이상 버젓이 지속되고 있습니다.

현재 교원이나 공무원의 정치적 권리를 침해하고 있는 내용은 다음과 같습니다. 「정당법」에 따라 당원이나 발기인이 될 수 없습니다(제22조). 「정치자금법」에 따라 당원이 될 수 없는 사람(교사·공무원)은 자기가 좋아하는 정치인을 후원할 수 없고(제8조), 각급 선거관리위원회에 기탁금만 낼 수 있습니다(제22조). 「공직선거법」의 공무원 중립 의무에 따라 선거운동을 할 수 없습니다(제9조). 그 밖에 「국가공무원법」도 공무원의 정당 가입이나 정치운동을 금지하고 있습니다(제65조). 「지방공무원법」도 동일하게 규정하고 있습니다(제57조).

이처럼 교사와 공무원의 정치 기본권을 제한하는 법은 1987년에 개정된 헌법의 제7조 2항 "공무원의 신분과 정치적 중립성은 법률이 정하는 바에 의해 보장된다"에 따른 것으로 보입니다. 원래 헌법에 이 조항이 신설된 이유는 1960년 3.15 관권 선거에 동원돼 정권의 편에 서야만 했던 공무원의 정치적 기본권을 보호하기 위한 것이었습니다. 즉 공무원이 직무 수행에 있어서 중립을 유지할 수 있도록 하는 조항입니다. 이 조항이 교사와 공무원의 정치적 기본권을 제한한 것은 아닙니다. 그런데 이후 현실에서는 이를 거꾸로 해석해 공무원과 교원의 표현의 자유와 정치 기본권 행사(헌법 제11조와 제21조)를 원천적으로 봉쇄하는 수단이 되고 있습니다.

헌법 제11조 1항은 "모든 국민은 법 앞에 평등하다. 누구든지 성별·종교 또는 사회적 신분에 의해 정치적·경제적·사회적·문화적 생활의 모든 영역에 있어서 차별을 받지 아니한다"이고, 제21조 1항은 "모든 국민은 언론·출판의 자유와 집회·결사의 자유를 가진다"입니다.

기본권을 침해한다는 관점에서 볼 때 헌법재판소가 "교사와 공무원의 정치 참여 금지는 위헌이 아니다"라고 한 판단은 문제가 있습니다. 공무원이나 교원의 직무가 제아무리 특별하다고 하더라도 그들의 기본권보다 우선하는 것인가요? 만약 헌법재판소의 판단이 옳은 것이라면, 다른 국가에서도 금지 사례가 있어야 할 것입니다. 하지만 우리가 아는 어떤 선진국도 교사나 공무원의 정치 기본권을 제한하고 있지 않습니다.

왜 정치 기본권은 회복되지 않고 있는가?

공무원과 교사가 자신의 정치 기본권을 회복하지 못하고 있는 데에는 현실적으로 크게 두 가지 정도의 요인이 있습니다.*하나는 정치권의 무관심입니다. 국회의원이 손을 놓고 관련 법을 개정하지 않고 있기 때문입니다. 많은 의원이 이 문제에 공감하면서 고쳐야 한다고 말하지만, 실제로 입법을 그렇게 서두르는 것 같지는 않습니다. 여기에는 정치권에서 비교적 우수한 자질을 갖춘 교사나 공무원의 정치 참여를 반기지 않는 분위기, 권위주의 정치문화, 공무원이나 교사 출신 국회의원의 부재 등이 영향을 미치고 있습니다. 더불어 교사의 정치 참여로 학교가 소란스러워질까 봐 우려하는 일부 학부모의 소극적 태도도 영향을 미치겠지요.

다른 하나는 교사와 공무원의 정치 참여 금지를 일부 합헌이라고 판결한 헌법재판소 문제입니다. 만약 헌법재판소가 이 사

---

* 2022년 12월에 공무원노조와 교직원노조가 주최한 국회 토론회에서 필자가 발표했던 내용을 정리한 것임.

안을 위헌이라고 결정한다면 국회는 관련 법을 개정할 수밖에 없습니다. 그런데 국제연합(UN), 국제노동기구(ILO) 등 국제기구는 물론, 국가인권위원회 등의 권고에도 불구하고 헌법재판소는 여전히 일부 내용에 대해 합헌이라 판결하고 있습니다. 우리 사법부의 보수성을 보여 주는 사례입니다. 이는 헌법재판소의 재판관을 선출하는 문제와도 관련이 있지만, 좀 더 근본적으로는 승자독식의 정치제도 탓이기도 합니다. 현재 9명의 재판관은 대통령과 대법원장이 각각 3명씩 지명하고, 국회에서 3명을 선출하게 돼 있습니다. 현실적으로 재판관의 선출에 시민의 의사를 제대로 반영하기 어려운 구조입니다.

교사·공무원의 너무나 당연한 정치 활동

독일에서는 이미 바이마르공화국 때부터 공무원의 정치적 자유가 보장됐습니다. 당시 헌법은 모든 공무원의 정치적 신념과 정당한 권리를 보장했습니다. 그 이전 카이저가 다스리던 독일제국 시대에는 주로 보수 우파 성향을 지닌 공무원이 득세했습니다. 그러다가 바이마르 시대에 들어와 제1차 세계대전 끝 무렵 전 유럽에 남겨진 독일 병사들을 데려오기 위해 제대로 된 공무원 행정이 필요해지자 바뀌게 됐습니다.

이런 전통에 따라 독일에서 교사나 공무원의 정당 가입이나 정치 활동은 너무나 당연한 일이 됐습니다. 「연방공무원법」 제90조 2항에 따라 공무원은 유럽의회, 연방의회, 주 의회 등의 선거에 나갈 수 있습니다. 선거 준비를 위해 2개월간 휴가를 사용할 수 있습니다. 또한 3항에 따라 낙선하면 공무원으로 되돌아가고, 당선되면 사직할 수도 있습니다.* 그 밖에 4항에 따르면 기초자치단체의 기관이나 위원회에서 위원 등으로 활동할 경우에도 이에 필요한 공무원으로서 휴가와 급여를 받을 수 있습니다.

누구나 정치 기본권을 갖는 것이 당연시되는 독일과 그렇지 못한 우리의 차이를 만드는 것은 전혀 다른 정치제도와 정치문화입니다. 군소 정당의 의회 진입이 가능한 선거제도, 그에 따른 다당제 정당제도, 의회중심제와 같은 합의제 민주주의 문화, 권력과 권한을 수직적으로 분산하는 연방제 등이 그것입니다. 또한 연방하원(Bundestag, 연방의회)과 연방상원(Bundesrat)이 총 16명의 헌법재판관을 각각 절반씩 선출하는 것도 우리와 다른 점입니다. 동시에 연방하원과 연방상원을 구성하는 여러 정당에 실질적 선출권이 주어집니다. 자연스럽게 다양한 시민의 의사가 헌법재판관 선출에 반영될 수밖에 없는 구조입니다. 바로 이런 정치 시스템을 갖출 때 비로소 기본권을 보장받을 수 있는 환경이 조성된다고 볼 수 있습니다.

라인란트-팔츠주 총리실을 방문해 대외협력을 담당하는 고위직 공무원을 만나 총리실의 구조와 기능, 역할 등 주 정부에 대한 설명을 들은 적이 있습니다. 공무원이나 교사가 정당에 가입할 수 있는지, 또 정치 활동을 할 수 있는지는 물론이고, 정당 가입 여부도 궁금했는데, 그는 망설임 없이 자신이 사민당 당원임을 밝혔습니다. 그는 주 총리의 의회 연설문 작성 업무도 맡고 있었는데, 마침 주 총리가 사민당 출신이어서 문제가 없을 것이라는 생각이 들었습니다.

문득 주 총리와 정당이 다르면 어떻게 되는지 궁금했습니다. 그래서 "만약에 기민당 출신의 총리가 들어오면 당신은 그만둬야 하는가?"라고 물었지요. 그는 "그렇지 않다, 상관없다"라고

---

* 김선화, "공무원의 정치적 자유권과 선거중립의무", 국회입법조사처, 이슈와 논점 (2024년 3월 28일) 참조

대답했습니다. 덧붙여 주 총리실에서 일할 때는 공무원으로서 자신의 직무를 하는 것이고, 당원으로서의 활동은 일과 후에 하는 것이기 때문에 아무 문제가 없다고 설명했습니다. 과연 그것이 가능할지 의문이 들기도 했습니다. 공무원의 당원 가입 자체가 아예 불가능한 우리 상황에서는 선뜻 이해하기 어려운 이야기이기 때문입니다.

하지만 독일의 정치 시스템이나 그에 따른 정치문화를 되돌아보면 충분히 공감이 가는 이야기입니다. 예를 들어 연방정부뿐만 아니라 주 정부의 구성에도 3개의 정당이 참여하는 경우가 많습니다. 만약 정당이 다르다고 서로 배척한다면, 정치 활동 자체가 힘들어질 것입니다. 또한 연방과 16개 주는 각각 서로 다른 정당으로 연정 조합이 구성되기 때문에 반드시 특정 정당이 항상 우리 편이고, 특정 정당은 매번 적이라고 단정 지을 수도 없습니다.

반면 우리는 중앙이나 지방이나 언제 어디서나 거대 양당밖에 없기 때문에 독일의 정치인이나 공무원과 같이 유연하게 생각하고 행동하기 어렵습니다. 누구도 서로 대립하는 극단적 진영 논리에서 벗어나기 힘든 환경입니다. 이것은 정치문화의 문제라기보다 정치제도의 문제에 가깝습니다. 따라서 공무원과 교원의 정치 기본권 회복 문제도 우리의 정치제도와 밀접하게

라인란트-팔츠주 총리실의
시몬 스트라트만 박사(Dr. Simon Stratmann)

3부. 성인 정치교육 ● 207

연결돼 있다고 할 수 있습니다.

독일 사례가 주는 또 다른 시사점은 연방의원 가운데 교사나 공무원 출신 의원의 숫자가 우리와 비교할 수 없을 정도로 많다는 것입니다. 순수한 교사 출신(교수, 학자 제외) 의원은 보통 25~30명으로 전체 의원의 4~5퍼센트 정도를 차지하고 있습니다. 공무원도 엇비슷한 정도입니다. 다만 공무원의 경우에는 그 범위가 워낙 넓어서 판사나 검사, 고위직 공무원 등을 포함하면 그 숫자는 훨씬 더 많습니다.

한국의 경우를 살펴보면 극명하게 대비됩니다. 1987년 민주화 이후 민주당의 초선의원 502명을 분석해 보니 교사나 공무원 출신은 거의 없습니다. 대학교수나 연구원이 53명으로 약 10퍼센트를 차지하는 정도입니다. 정당 출신 정치인이 124명 (25퍼센트)으로 제일 많고, 법조인이 69명(14퍼센트)으로 뒤를 잇고 있습니다. 국회 전체로 봤을 때는 정당인이 17퍼센트, 교수, 의사 등 전문직이 17퍼센트, 법조인이 13퍼센트를 차지했습니다.

정치교육 교사의 육성

정치교육이 필요하고 시급한 만큼 이에 합당한 교사를 양성하는 일도 중요한 과제입니다. 먼저 정치교육을 설계하고 주관하는 기관들이 많아져야 합니다. 마치 동전의 양면처럼 서로 연계해 추진돼야 합니다. 하지만 우리 사회의 정치교육(시민교육) 기관은 많지 않습니다. 1996년 중앙선거관리위원회가 자체 선거연수원을 개원해 시민교육을 처음 시작했고, 일부 지자체에서 관련 교육을 부정기적으로 시행하는 정도입니다. 이런 상황이니 정치교육 교사를 양성할 형편이 되지 않을 것입니다. 향후 상황이 나아지리라 기대하며, 독일에서는 정치교육 교사를 어떻게 육성하는지 살펴보겠습니다.

독일에서 정치 과목(시민교육) 교사에 대한 교육은 다른 과목과 마찬가지로 기본적으로 2단계로 조직돼 있습니다. 첫 단계는 대학교육이고, 두 번째는 직업교육에 해당하는 예비교사의 수습단계입니다. 이 수습단계는 개별 주의 기준에 따릅니다. 16개 주의 교직에 대한 대학 과정은 조금씩 차이가 있습니다. 이는 독일이 연방제를 채택하고 있어 교육 행정을 각각의 주 정부가 알아서 결정하기 때문입니다.

물론 교육연방제 원칙에 따라 연방 차원에서 적용하는 교사 자격에 관한 표준적 규정과 내용상의 요구 사항이 존재합니다. 16개 주 교육부장관이 참여하는 2008년 교육부장관 컨퍼런스에서 「교직관련 전문인력에 대한 내용상의 공동요구사항」이란 협약을 체결했습니다. 여기에는 사회·정치·경제 과목 관련 교사의 자격에 관한 내용도 포함돼 있는데, 이들 과목에 대한 강조점은 주별 또는 대학별로 조금씩 차이가 있습니다. 그래서 교직 이수자는 정치학, 사회학, 경제학 등에 대한 기본적인 지식이 필요합니다. 이런 과정을 통해 교직 이수자는 정치교육에 필요한 역량을 갖추게 됩니다. 그 밖에 정치 과목 교사는 대학에서 기본지식과 방법론을 배우게 되는데, 그 구체적 내용은 다음 표와 같습니다.

1단계 교직 과정은 구속력 있는 공동의 내용상 요구에도 불구하고 주별로 상당한 차이를 보입니다. 바덴-뷔르템베르크주 등 많은 주에서 대학의 교직 학업은 1차 국가시험으로 마칠 수 있습니다. 노르트라인-베스트팔렌 등 다른 주에서는 석사 학위를 받아야 합니다. 또한 실습과 관련해서도 많은 차이를 보입니다. 바덴-뷔르템베르크주에서는 2주의 기초실습 이외에도 13주의 학교실습이 필요합니다. 하지만 다른 주에서는, 예를 들어 노르

기본 지식과 방법론, 전문 지식	교육 방법론
• 학설의 기본 지식과 사고방식에 대한 신뢰 • 개념, 이론, 방법론의 설명, 비교, 적용 및 평가 • 문제와 갈등 상황의 묘사 및 분석 • 판단 능력 • 방법론 능력 및 학제적 작업 능력	• 사회교육에 대한 교수법적 지식과 분석/성찰 능력 • 교훈적 과제의 산출 • 사례 중심적, 학생/문제지향적 강의 구성 • 선분 강의 설계 및 시행 • 실적의 분석 및 평가에 대한 기본 지식

트라인-베스트팔렌주에서는 한 학기 동안 실습을 해야 합니다. 반면 헤센주에서는 학업을 시작하기 전에 5주 실습을 해야 하는 등 주별로 차이를 보입니다.

2단계 예비교사 수습단계는 16~24개월 정도 걸립니다. 이 기간에 예비교사는 한 학교를 정해 그곳에서 자신이 공부했던 과목을 수업합니다. 이와 별도로 관련 세미나에 참석해 자기 능력을 보여야 합니다. 수습단계를 마치고 2차 국가시험을 통과하면 정치교육을 위한 직업교육을 마치게 됩니다.

교사와 공무원이 자신의 정치 기본권을 침해당하지 않고 회복하려면 먼저 우리의 정치제도를 바꾸는 것이 유리합니다. 구체적으로 선거제도를 변경해 사회적 약자를 위한 정당 등 다양한 시민의 대표자가 국회에 진출하도록 해야 합니다. 또한 승자독식의 대통령제가 아니라 의회중심제로 권력구조를 바꿔야 하고, 지방분권을 강화해야 합니다. 이에 발맞춰 사법부와 헌법재판소도 개혁이 필요합니다. 그렇게 되면 권위적이고 억압적인 정치문화가 민주적이고 분권적 정치문화로 바뀌게 될 것입니다.

또한 승자독식의 사회를 합의제 민주주의 사회로 바꾸기 위해 개헌이 필요합니다. 개헌을 하려면 국민의 정치의식이 고양

돼야 하며, 이를 위해서는 체계적 정치교육이 이뤄져야 합니다. 그렇게 될 때 비로소 정치권에 압박을 가할 수 있고, 그동안 방치되고 있었던 교사와 공무원의 기본권 제약의 문제도 해결할 수 있을 것입니다.

Chapter VII

주권

1. 정당과 정치재단의 정치교육

독일의 주요 정당은 오랜 역사
를 지니고 있으며, 체계적인 조직을 갖추고 있고 당원들의 활동
이 활발한 편입니다. 거대 양당인 기민당과 사민당은 창당 이후
대략 50만 명 정도의 당원을 유지해 왔습니다. 그러나 2017년
이후 양당 지지율 합계가 60퍼센트 아래로 감소하면서 당원 수
도 정당별 40만 명 이하로 줄어들고 있습니다.

정당의 조직과 활동

기민당과 사민당은 독일 전역에 조직과 사무실을 두고 있습
니다. 각각 16개 주별 조직(Landesverband)과 그 하부에 약 350개
정도의 중간 단위 조직(Kreisverband)이 있으며 다시 그 아래로 약
1만 개가 넘는 현장 조직(Ortsverband)을 가지고 있습니다.* 그래서
일반 시민의 접근이 쉬운 편입니다. 양당에는 이런 지역별 조직
이외에 다양한 주제별 분과 조직이 있습니다. 먼저 기민당의 분

과 조직을 살펴보면 당규에 근거한 7개의 협의체 또는 위원회 (Vereinigung)가 있습니다.

- 청년연합
- 여성연합
- 기독민주노동자협회
- 기민당과 기사당의 기초자치위원회

- 중소기업과 경제위원회
- 노인연합
- 구동독 지역위원회

기민당에는 위의 7개 위원회 외에도 서로 다른 지위를 가진 특별 조직이나 그룹이 있습니다.

- CDU 경제협의회
- 독일 학생연합회(SU)
- 중도연합(Union der Mitte)
- 아인슈타인 커넥션(Einstein Connection)
- 좌파세력 저지운동본부(Aktion Linkstrend stoppen)
- 기독교-민주주의 법조인 연방실무그룹(BACDJ)

- 기독교-민주주의 교사실무그룹(ACDL)
- 기독교-보수주의 독일포럼(CKDF)
- 기후연합(Klimaunion)

사민당에도 약 1만 2,500개의 현장 조직 이외에 분과 조직으로 아래와 같은 실무협의체 또는 전문위원회(Arbeitsgemeinschaft: AG)가 있습니다.

- 젊은 사회주의자
- 여성위원회(ASF)

- 노동위원회(AfA)
- 시니어위원회(SPD 60 플러스)

---

* 자세한 내용은 『독일 정치, 우리의 대안』(지식의날개, 2018) 제2장을 참고.

- 보건분야 사민주의자위원회(ASG)   • 교육위원회(AfB)

- 사민주의 법조인위원회(ASJ)   • 자영업자위원회(AGS)

- 수용과 동등 위원회(동성애자위원회 SPDqueer)

- 이민과 다양성 위원회

　독일의 정당은 지역 조직과 분과 조직을 통해 당원들을 체계
적으로 관리하고 있습니다. 시기와 상황에 맞춰 적절한 교육을
시행할 뿐만 아니라 필요한 당원 활동을 전개합니다. 사민당이
새로운 당원을 모집해 시행하는 당원교육의 주요 내용과 세미
나 시간, 인원 등을 살펴보면, 형식적 모임이 아니라 매우 진지
한 교육임을 알 수 있습니다. 신입 당원은 체계적 교육을 통해
지역 조직뿐만 아니라 자신에게 맞는 분과 조직에도 참여할 수
있습니다.

　2022년 여름, 독일 마인츠 시내에서 우연히 기민당의 당원 활
동을 목격한 적이 있습니다. 당시는 선거 기간도 아니었고 그저
평범한 토요일의 오후였습니다. 천막에 들어가 선거철도 아닌
데 무슨 일로 이런 행사를 하는지 물었습니다. 한 당원이 코로나
와 우크라이나 전쟁으로 물가가 많이 오르고 있어서 기민당의
경제정책을 소개하고 시민의 의견을 듣기 위해 나왔다고 대답

사민당의 당원교육

시간	10:00~17:00 (7시간)
주제	사민당의 역사, 구조, 운영 방식
주요 내용	• 사민당의 강령과 정책은 무엇인가? • 사민당은 어떻게 작동하는가? • 당원은 사민당에서, 또 사민당을 위해 어떻게 참여·활동할 수 있는가?
기타	신입 당원 20명 이내로 제한

했습니다. 원래 자신은 보건위원회 소속이지만 시간이 허락돼 이곳의 현장 조직과 경제위원회가 주관한 행사에 같이 참석했다고 알려 줬습니다.

정당이 당원이나 활동가에 대한 정치교육을 시행하면 교육을 받은 당원들은 이처럼 자발적으로 행사를 기획하고 활동에 나서고 있습니다. 우리 정당의 활동 모습과는 많이 다르지 않은가요?

정치재단의 종류와 역할

정당과 달리 정치재단(Politische Stiftung)은 조직이나 내용 면에서 열려 있어서 재단의 행사에는 관심 있는 시민 누구나 참여할 수 있습니다. 독일에는 다수의 정치재단이 있으며, 이들은 시민의 정치교육에 중요한 역할을 하고 있습니다. 또한 재단 재정의 많은 부분은 공적으로 지원을 받고 있습니다. 일부 유명한 재단은 특정 정당과 가까운 관계에 놓여 있지만, 재정과 조직 차원에서는 서로 분리된 기관입니다.

재단이 특정 정당과 가깝다는 것은 각각의 재단이 관련 정당의 정치적 가치를 공유해 지향한다는 의미입니다. 하지만 재단은 기본적으로 자유로운 주체이며, 경제적·조직적·인적 측면에서는 각각의 정당으로부터 독립된 기관입니다. 각 재단은 공적 기관이나 국가기관이 아니라 민간기관입니다. 모든 정치재단은 독립적이고 스스로 책임지는 민법상의 조직이며, 공공의 이익에 관심을 갖습니다. 정치재단의 활동은 기본법 제5조(의사 표현의 자유), 제9조 1항(단체설립의 자유), 제12조 1항(직업선택의 자유) 등의 헌법 조항에 근거해 이뤄집니다. 서구의 다른 선진국에는 이와 유사한 기관이 없습니다.

제2차 세계대전 후에 설립되기 시작한 정치재단은 과거 바이마르공화국의 실패 경험에 대한 반작용이라고 할 수 있습니다. 바이마르 시대의 정당은 다수의 시민에게 민주주의와 민주주의의 가치를 설득하는 데 실패했고, 민주적 정치문화를 만들어 내지도 못했습니다. 정치재단의 설립은 신설 독일연방공화국(서독)의 민주주의를 안정화하는 데 이바지할 것이라는 희망에서 시작됐습니다. 오늘날 연방 차원의 정치재단은 7개로 늘어났습니다. 이들은 모두 연방의회에 원내교섭단체를 가지고 있는 정당에 기초하고 있습니다.

정치재단은 공적 재원으로부터 예산의 대부분을 받습니다. 그 비율은 약 90퍼센트에 달합니다. 국내에서 이뤄지는 사회정책이나 민주주의 교육에 대해서는 연방내무부 예산을 받습니다. 그 밖에 대학생 장학금이나 제3세계 후원과 같은 특정 과제에 대해서는 연방내무부, 외교부, 연방연구부, 연방경제협력개발부와 연방의회의 지원을 받습니다. 지원액의 상한선은 연방 예산의 협상 국면에서 결정되고 연방의회의 예산법에 따라 의결됩니다. 예산의 확보는 대단히 중요한 의미를 갖습니다. 그러한 예산 없이는 어떤 일도 계획하기 어렵기 때문입니다. 재단의 예산은 반드시 프로젝트 수행, 인건비 책정, 행정 비용, 투자 목적 지출 등과 같은 목적에만 사용돼야 합니다. 다른 정치교육 공공기관은 사용 목적에 맞을 경우 정치재단의 재정적 지원을 받을 수 있습니다.

1992년 '정당 재정 지원 관련 전문가 위원회'는 정치재단이 독일 정치문화의 중요한 부분이며 공공의 목적을 위해 이바지하고 있다는 의견을 냈습니다. 당시 리하르트 폰 바이체커(Richard von Weizsäcker) 연방대통령이 이를 수용했습니다. 위원회는 또한 재정 지원의 부족한 법적 근거, 지출 투명성의 결여, 불충분한 감사 등의 문제점을 지적했습니다. 동시에 위원회는 그런 문제점을 개선하도록 연방법의 제정을 주문했습니다. 하지만 연방법의 제정을 위해 헌법 개정이 필요한지에 대해 여전히 논란의 여지가 있어서 지금까지도 입법은 이루어지지 않고 있습니다.

1999년 정치재단들은 공동성명에서 교육 사업은 자유주의-민주주의적 기본 질서 원칙을 구축하고, 연대성의 원칙, 보충성의 원칙, 상호 포용의 원칙을 준수한다는 자신들의 정체성과 입장을 구체적으로 밝혔습니다.

- 정치교육을 통해 정치적 과제에 대한 시민의 참여를 독려하고 시민의 정치적 참여를 후원하고 심화한다.
- 학문에 대한 후원을 통해 정치 연구와 정치 행위에 대한 상담을 독려하고, 또한 학계, 정계, 국가와 재계 사이의 대화와 의견 교환을 심화한다.
- 정당의 역사적 발전 과정과 정치·사회운동에 대해 연구한다.
- 학문적 후속 세대에 대해 장학금 및 관련 사업으로 후원한다.
- 행사, 장학금, 요양, 문화 공간 확보를 통해 예술과 문화를 후원한다.
- 정보와 국제 교류를 통해 유럽 통합을 지원하고 시민의 이해 증진에 기여한다.
- 프로그램과 프로젝트를 지원하고 인권과 시민권을 보장하는 민주주의적·자유주의적·법치주의적 구조 건설에 기여한다.

정치재단은 주요 사업인 정치교육 이외에 장학금 지원이나 연구 지원 사업을 하고 있습니다. 1960년대 초 정치재단은 주로 외교부 외교정책의 한 수단으로 인식됐습니다. 이후 재단의 국제 업무가 중요한 위상을 차지했습니다. 그에 맞춰 조직과 인력이 충원됐고 다수 국가에 현지사무소도 설치됐습니다. 우리나라에도 여러 정치재단이 들어와 활동하고 있습니다. 국제 사업은 연방경제협력개발부와 외교부의 지원으로 진행되고 있습니다. 그 규모는 2011년 기준 약 2억 3,300만 유로로 달했습니다. 국제 사업의 목표는 해당 국가에 민주주의와 시민사회를 건설하는 것입니다. 구체적으로 의회, 정당, 독립된 사법부, 시민사회의 정치적 참여, 좋은 행정부 등을 통해 민주주의 제도를 강화하는 것이지요.

일부 주에서만 활동하는 정치재단도 있습니다. 예를 들어 바이에른주에는 자민당과 가까운 토마스-델러-재단(Thomas-Dehler-Stiftung), 녹색당과 가까운 페트라-켈리-재단(Petra-Kelly-Stiftung), 사민당과 가까운 게오르크-폰-폴마-아카데미(Georg-von-Vollmar-Akademie)가 있습니다. 노르트라인-베스트팔렌주에는 기민당과 가까운 칼-아놀드-재단(Karl-Arnold-Stiftung) 등이 존재합니다. 그 밖에도 EU 차원에서 재정 지원을 받는 유럽연구센터(Centre for European Studies), 유럽녹색재단(Green European Foundation) 등이 있습니다. 정치재단은 이념적으로 매우 유사할 수 있지만 실제에서는 서로 다른 강조점을 갖기도 합니다. 다음은 연방 차원의 주요 정치재단입니다.

1) 프리드리히-에버트-재단(Friedrich-Ebert-Stiftung)

에버트 재단은 1925년에 설립됐습니다. 이 재단은 사민당과 가까우며, 사회민주주의의 정치적 혁신, 정치적 참여와 사회적 연대를 강화하고 경제적·사회적 질서를 공정하게 전개하고, 노조와 정치권의 대화를 심화하며, 세계화를 공정하게 진행한다는 목표를 갖고 있습니다. 재단의 이름은 바이마르공화국의 초대 대통령이었던 사민당 출신의 '프리드리히 에버트'에서 따왔습니다. 2024년 기준 약 1,600명이 국내 18개 지역과 해외 104개 지역에서 근무하고 있습니다. 한국에는 서울 종로구에 지부를 두고 있지요. 에버트 재단의 홈페이지에는 재단에서 관

주제	세부 주제	주제별 과제
교육/학문/노동 디지털화	교육과 학문	• 육아와 가족 • 위기 속의 교육 • 교사 육성의 새로운 방안
	노동	• 노동과 참여 • 일반 인력과 전문인력의 경쟁성 • 노동세계의 민주주의 – 공동결정제
	디지털화	• 디지털과 인권 • 미디어의 다양성을 위한 20개 지침
민주주의 참여 법치국가 지역 정책	민주주의	• 민주주의 시대의 종료? • 2024년 독일의 유럽의회 선거 분석 • 민주주의의 적을 어떻게 대적할 것인가?
	참여	• NGO를 위한 전략적 로비 작업 • 정치적 캠페인 – 전략, 동원, 효과
	법치국가	• 조직범죄 억제 방안 • 부패 처벌 컨퍼런스 • 현대 경찰의 저평가된 측면 • '연방투명법안' 제정의 길
	지역 정책	• 제22차 지역정치 여름아카데미 • 지역 정책을 위한 이민역사 • 지역의 기후 정책을 어떻게 실현할 것인가?
난민 이민 통합	이민 정책	• 예측 불가의 투쟁 • 전문인력의 부족 • 나이지리아 쿠데타 이후
	통합 정책	• 이민 사회 독일의 이상과 현실 • 부족한 전문인력과 노동시장 통합 • 독일 공공기관에 다양성이 필요한 시점
	난민 정책	• 유럽의 난민 수용과 연대 • 우크라이나 난민을 어떻게 수용할 것인가? • EU가 아프리카에서 배울 수 있는 것
젠더 청소년	성평등	• 공정한 성평등을 위해 무엇을 할 것인가? • 성평등 정책의 전략과 수단 • 차별 반대, 다양성, 공존 • 여성 혐오증, 반페미니즘, 가부장제에 연대 투쟁
	청소년	• 민주주의에는 젊은 민주주의자가 필요하다! • 가짜뉴스와 진짜뉴스 워크숍 • EU가 청년 삶에 미치는 영향 • 돈, 정치와 공정성에 관한 청년 워크숍
역사 문화 미디어와 인터넷 정책	역사	• '제국시민' 현상 • 1984년 베를린 맥주거부 노동운동 • 우크라이나 공화국(1917~1921년)의 유산
	문화	• 동독의 극장노동 조명 • 재단 지원 예술가의 작품 전시 • 북 콘서트
	미디어와 인터넷 정책	• 공영방송국의 미래 • AI와 방송 스튜디오 등

심을 가지고 다루는 주요 주제를 소개하고 있습니다.

에버트 재단은 노조와 좋은 노동, 유럽 정책, 공정한 세계, 경제/재정/생태/복지 등 다양한 주제에 관심을 가지고 연구와 교육 활동을 하고 있습니다.

2) 콘라트-아데나워-재단(Konrad-Adenauer-Stiftung)

기민당과 가까운 아데나워 재단은 1955년에 설립됐으며, 국내외적으로 정치교육을 통해 평화, 자유, 공정성을 추구하고 있습니다. 그들은 자유민주주의, 사회적 시장경제 등을 후원하고 발전시키고 있지요. 재단의 이름은 서독의 초대 연방총리였던 '콘라트 아데나워'에서 따왔습니다. 2024년 기준 약 1,600명의 근무자가 있는데, 그중 약 650명은 독일에서, 나머지 인원은 100개가 넘는 해외 사무실에서 근무하고 있습니다. 이 재단도 서울 종로구에 지부를 두고 있습니다. 아데나워 재단이 추구하는 핵심 주제는 아래와 같습니다.

- 자유는 안보가 필요하다.
- 지속 가능성은 혁신이 필요하다.
- 민주주의는 협력이 필요하다.

이 외에도 아데나워 재단은 교육과 문화, 민주주의와 법, 유럽과 국제 관계, 역사와 종교, 자원과 환경, 경제와 혁신 등의 주제에 관해 연구와 교육을 병행하고 있습니다. 2023년 재단은 약 400곳에서 정치교육과 관련해 약 1,700건의 행사를 개최했습니다. 여기에는 약 12만 명이 참석한 것으로 집계됐습니다. 또한 2022년에는 133개 나라에서 약 4,700개의 행사를 개최해 약 54만 명이 참석했습니다.

3) 한스-자이델-재단(Hans-Seidel-Stiftung)

자이델 재단은 기사당과 가까우며 개성의 실현과 자기 책임성, 사회적 책임과 연대를 추구하는 인간상의 바탕 위에 1966년에 설립됐습니다. 이 재단은 기독교적 바탕에서 독일 민족의 민주주의와 정치교육을 후원한다는 목표를 갖고 있습니다. 재단의 이름은 기사당 대표와 바이에른주 총리였던 '한스 자이델'에서 따왔습니다. 2019년 기준 277명이 근무하고 있으며, 해외 75개국에 사무실을 두고 있습니다. 한국에는 서울 용산구에 지부를 두고 있습니다.

4) 프리드리히-나우만-재단(Friedrich-Naumann-Stiftung)

나우만 재단은 자유주의의 바탕에서 1958년에 설립됐으며 자민당과 친밀한 관계입니다. 이 재단은 모든 관심 있는 이들에게 자유주의 지식을 제공하고 개인의 중요성을 환기하며 정책의 도덕적 기반을 제공한다는 목표를 갖고 있습니다. 재단의 이름은 독일제국 시대 개신교 목사이자 자유주의 정치가였던 '프리드리히 나우만'에서 따왔습니다. 2020년 현재 약 500명이 국내외 237개 사무실에서 근무하고 있습니다. 한국에는 한양대학교에 지부를 두고 있습니다.

5) 하인리히-뵐-재단(Heinrich-Böll-Stiftung)

뵐 재단은 1996년에 설립됐으며 녹색당의 정치적 지향을 추구하고 있습니다. 이 재단은 생태, 지속 가능성, 민주주의와 인권, 자율과 정당성 등의 기본 가치에 근거하고 있습니다. 특히 사회적 해방과 남녀 평등, 문화적·인종적 소수자에 대한 차별 금지, 이민자의 사회적·정치적 참여 등을 강조하고 있지요. 재단의 이름은 전후 독일의 유명한 저항작가이자 노벨문학상 수

상자였던 '하인리히 뵐'에서 따왔습니다. 2019년 기준 276명의 근무자가 있으며, 2023년 현재 34개의 해외 사무소가 있습니다. 2024년 한국에도 용산에 지부를 개설했습니다.

6) 루자-룩셈부르크-재단(Rosa-Luxemburg-Stiftung)

좌파당과 가까운 룩셈부르크 재단은 1990년 설립됐으며 민주적 사회주의 정신을 확산하는 데 주력하고 있습니다. 그 정신은 세계화되고 공정하지 않으며 평화롭지 못한 세상에서 사회적 연대를 유지하는 것입니다. 재단은 자신들을 오늘날의 자본주의를 비판적으로 분석하는 주체라고 자부하며, 좌파 사회주의 세력들 간의 대화를 위한 본거지가 되고 있습니다. 재단의 이름은 1900년대 초반 유럽 노동운동, 마르크스주의 운동 등에서 영향력 있는 대표자이자 정치가였던 '로자 룩셈부르크'에서 따왔습니다. 이 재단에는 2024년 약 275명이 근무하고 있으며, 13개 국내 사무실과 약 20개의 해외 사무실을 운영하고 있습니다.

2. 일상 속 정치교육의 효용성

정치에 대한 관심 정도에 따라 크게 2개의 시민 그룹으로 나눌 수 있습니다. 하나는 아예 정치에 관심이 없는 무관심한 그룹이고, 또 다른 하나는 정치에 관심이 대단히 많은 열성적 고관여 그룹입니다. 전혀 다른 성격의 그룹이지만 모두 각각의 문제점을 가지고 있습니다.

정치와 정치교육의 역할 ― 사회적 합의 도출

먼저 무관심층은 정치가 우리의 삶을 바꿀 수 있다는 사실을 잘 알지 못합니다. 그들은 정치 뉴스에 무관심하거나 권력구조나 정치 과정 등을 굳이 알려고 하지 않습니다. 정당의 당원이 되거나 정당 활동에도 관심이 없습니다. 정치를 자신과는 다른 세상의 일로 치부합니다. 당연히 시민교육이나 정치교육에도 관심이 없습니다.

이와 달리 고관여 그룹은 특정 정치인을 지지하는 팬덤(열성팬)을 구성하거나 정당에 가입해 당원으로서 목소리를 내고 SNS 활동도 열심히 합니다. 이들은 원칙이나 주관보다도 극단적 맹목성에 의지하는 문제점을 보이고 있습니다. 실제로 이들은 진영 논리에 따라 양대 진영으로 나뉘어 있고, 서로 상대방을 적대시하고 있지요. 또한 자기 생각이나 세계관에 일치하는 특정 유튜브만을 구독하며 확증편향을 강화해 적대감을 키우고 있습니다.

일반 시민의 정치 성향이 이렇게 나뉜 데에는 일차적으로 정치권의 책임이 큽니다. 정치가 제대로 역할을 못 하고 있어서 무관심하게 되거나 어느 한쪽의 극단적 열성팬이 됐을 것이기 때문입니다. 이차적으로는 학생 때나 성인이 된 후에도 정치교육이 제대로 이뤄지지 않았기 때문입니다. 모든 사람이 저절로 민주시민이 되지는 않습니다. 정치의 역할이 무엇인지, 양당제의 문제점이 무엇인지, 그에 대한 대안은 무엇인지 등에 대한 적절한 교육이 필요합니다.

우리 정치의 문제점을 제대로 이해하기 위해 먼저 정치의 역할이 무엇인지 생각해 보겠습니다. 한 사회에서 "폭행이나 살인을 해서는 안 된다, 교통 법규를 지켜야 한다" 등과 같이 옳고 그름이 분명한 사항은 이미 법이나 규정으로 정해져 있습니다. 물론 이런 법이나 규정도 그것을 위반해서는 안 된다는 사회적 합의에 기초한 것이라고 할 수 있습니다. 그러나 "가난한 사람을 몇 명이나 도와야 하는가, 또 얼마만큼 지원하는 것이 적당한가?" 또는 "복지를 얼마나 더 늘릴 것인가, 이를 위해 세금을 얼마나 더 부담할 것인가?"와 같은 문제는 명확한 원칙이나 정답이 없습니다. 각각의 사회나 국가는 자신의 형편에 따라 서로 다른 기준을 제시할 수 있을 것입니다. 이 기준은 대부분 법으로 정해지고, 그 법은 결국 각각의 사회적 합의를 토대로 결정된 것입니다.

예를 들어 한국 사회에서는 경제적으로 어려운 사람은 기초생활보장법에 따라 생계, 의료, 주거, 교육급여 등을 받을 수 있는 기초생활수급자가 될 수 있습니다. 읍·면·동의 주민센터에 가서 신청하면 심사를 통해 자격을 얻습니다. 다만 수급자가 되기 위해서는 몇 가지 조건을 충족해야 합니다. 자신의 재산과 소득을 합한 소득 인정액이 일정 비율 안에 들어야 합니다. 소득 인정액은 소득 평가액(실제 소득에서 근로소득을 공제한 액수)과 재산소득 환산액(다양한 형태의 재산을 소득으로 환산한 금액)을 더한 것입니다.

누군가 소득 인정액이 기준 중위소득(국민 전체 소득의 중앙값)의 32퍼센트보다 적으면, 정부지원을 받을 수 있습니다. 2024년 기준 중위소득은 1인 가구의 경우 월 2,228,445원, 2인 가구는 3,682,609원, 3인 가구는 4,714,657원, 4인 가구는 5,729,913원입니다. 만약 어떤 개인의 월 소득 인정액이 71만 3,102원이 안 되면, 소득 인정액에 모자라는 부분만큼 생계급여를 받을 수 있습니다. 누군가의 소득 인정액이 0원이라면, 약 71만 원의 생계급여를 받습니다. 이에 더해 각각의 지급 조건에 해당하면 의료급여(중위소득의 40퍼센트 미만), 주거급여(중위소득의 48퍼센트 미만), 교육

급여(중위소득의 50퍼센트 미만) 등의 혜택이 추가로 제공됩니다.

　반면 독일에서는 2018년 기준 한 달에 약 966유로(약 130만 원)를 지급했습니다. 이는 생계비(416유로, 약 58만 원), 주거비 등이 포함된 금액입니다. 2024년 생계비는 563유로(약 78만 원)로 인상됐습니다. 1인당 GDP의 차이를 감안하더라도 한국보다 훨씬 더 많은 금액입니다. 사회적 약자라면 아무래도 독일에 사는 것을 선호할 것입니다. 물론 독일의 복지체계는 우리보다 더 촘촘하고 복잡해 한눈에 파악하기 어려운 점이 있습니다.

　가난한 사람을 국가가 지원해야 한다는 법칙이나 규정이 있는 것은 아닙니다. 모든 구성원이 그렇게 하자는 사회적 합의의 결과입니다. 물론 생계급여를 얼마로 할 것인지는 법이나 시행령 등으로 결정됩니다. 시민단체의 주장, 여론, 정부의 예산 및 관련 상임위원회의 의견, 국회의원의 입법 등이 모두 종합적으로 반영된 결과겠지만, 결국은 사회구성원의 의사를 적용한 것이라고 할 수 있습니다. 우리가 150만 원을 주자고 합의하면 그렇게 할 수 있는 것이고, 전혀 도와주지 말자고 합의하면 지원을 중단할 수도 있습니다. 이런 사회적 합의의 결과는 그것을 도출하는 과정에서 그 사회의 경제적 형편이나 시민의 생각, 의견 등이 모두 종합된 것입니다. 그렇다면 이러한 사회적 합의는 구체적으로 어떤 과정을 거쳐 도출되는 것일까요?

　사회적 합의는 많은 부분 그 사회 내 여러 정당의 정치 활동을 통해 이뤄집니다. 각 정당은 자신의 이념이나 강령에 따른 평소의 정책이나, 총선 또는 대선 등을 앞두고 선거 공약을 제시해 주요 사안에 대한 입장을 발표합니다. 유권자는 여러 제안이나 입장을 살펴보고 자신이 생각하기에 가장 합리적인 공약을 제시한 정당에 투표해 의견을 표현할 수 있습니다. 이와 같은 과정을 통해 각각의 현안에 대한 사회적 합의가 이루어지게 됩니다.

예를 들어 2013년 제18대 독일총선 당시, 최저임금에 대한 각 정당의 공약을 통해 독일 사회의 의견을 확인할 수 있었습니다. 사민당과 녹색당은 시간당 8.50유로를, 좌파당은 10유로를, 기민당/기사당은 지역별, 산업별로 최저임금을 도입하는 방안을, 자민당은 도입에 반대하는 입장을 제시했습니다. 선거 결과를 보면 기민당/기사당에 대한 지지율이 가장 높았습니다. 이를 참작한다면 최저임금에 대한 사회적 의견은 기민당/기사당의 입장에 가장 가깝다고 할 수 있습니다.

　한 가지 더 예를 든다면, 세금 문제와 관련해 사민당은 연간 소득 10만 유로 이상에 대한 최상위층의 소득세율을 42퍼센트에서 49퍼센트로 인상할 것을 주장했습니다. 반면 기민당/기사당은 재정 건전화의 압박에도 불구하고 세금 인상에는 반대한다는 자세를 취했습니다. 결과적으로 기민당/기사당이 압도적으로 승리했는데, 이는 그러한 인상에 반대하는 것으로 사회적 합의가 이뤄졌다고 할 수 있습니다.

　그렇다면 "제1당이 아닌 다른 정당을 지지한 유권자의 의견은 무시되는가?" 그렇지 않습니다. 독일은 다당제인 데다 의회중심제(의원내각제)를 실시하고 있어서 한 정당이 의회에서 과반 의석을 확보하지 못하면 다른 정당과 협상을 통해 연립정부를 구성해야 합니다. 이를 위해서는 제1당이 연정 상대가 되는 다른 정당의 공약을 일정 부분 수용해야 합니다. 이런 과정을 통해 유권자의 다양한 의견, 즉 군소 정당의 정책이나 주장까지도 연립정부의 정책에 반영됩니다. 실제로 제18대 총선 후 기민당은 사민당과의 연정을 위해 사민당의 일부 공약을 수용했습니다. 최저임금제의 도입이 그 사례입니다.

양당제의 문제점

반면 한국에서는 정치적으로 사회적 합의를 끌어내기가 쉽지 않습니다. 사회적으로 쟁점이 되는 사안에 대해 여러 가지 의견이 제시하기 위해서는 다양한 정당이 필요한데, 시민의 의견을 대변할 수 있는 정당이 2개뿐이기 때문입니다. 서로 대립하는 거대 양당의 의견만 존재할 뿐, 다른 의견은 아예 제시조차 할 수 없기 때문에 타협안을 도출하기가 어렵습니다. 특히 우리의 정치 시스템에서는 독일과 달리 군소 정당의 의견이나 정책을 실현할 제도적 장치가 거의 없다고 볼 수 있습니다.

더구나 거대 양당은 특정 분야에서 서로 다른 입장과 정책을 고수하고 있습니다. 우리 사회를 돌아보면 커다란 2개의 진영으로 나뉘어 대립하고 있는 형국입니다. 어느 편에서 정권을 잡느냐에 따라 갈등 분야의 모든 것이 달라집니다. 정권이 바뀌기라도 하면 이전 정부의 정책을 문제삼거나 폐기하고 있지요. 북한과의 관계 설정, 원전의 중단이나 지속, 노조와의 관계, 복지의 확대나 축소 등이 대표적인 분야입니다. 이처럼 서로가 상대를 부정하고 반대해야만 비로소 자신의 입지가 생기는 정치 환경 속에서는 양당 간 타협을 통해 합의점을 찾아내기가 어렵습니다.

게다가 거대 양당은 점점 더 자기 당의 적극 지지층에만 호소하는 극단적 모습을 보이고 있습니다. 소위 말하는 포퓰리즘이나 팬덤 정치가 활개를 치고 있지요. 많은 시민이 거대 양당의 입장이 아닌 다른 견해를 갖기는 어려울뿐더러 제3당이나 제4당을 원하는 유권자는 정치적으로 설 자리조차 없습니다. 평소 여론조사의 무당층에 해당하는 20~40퍼센트의 유권자는 자신의 정치적 대표자를 가질 수 없습니다. 모두가 승자독식의 선거제도 때문입니다. 이런 상황에서 서로 의견이 다른 문제에 대해 사회적 합의를 도출하기는 거의 불가능한 일입니다.

또한 정치적 상대가 있어야 비로소 사회적 합의가 지켜질 수 있습니다. 앞에서 살펴본 독일의 최저임금 도입 공약이 좋은 사례입니다. 기민당과 사민당은 약속을 지키지 않으면 연정 자체가 무너지므로 연립정부를 수립하는 과정에서 서로 합의한 공약을 포기할 수가 없습니다. 반면 우리 거대 양당의 공약은 제대로 지켜지지 않는 경우가 많습니다. 2017년 대통령 선거에서 모든 후보가 최저임금 1만 원 공약을 내놓았지만, 연정 등을 통해 그것을 강제할 정당이 없기에 그 공약은 5년 동안 끝내 지켜지지 않았습니다. 정치 시스템상의 공백인 것입니다.

최저임금 문제는 중요합니다. 최저임금의 인상이 저임금 노동자의 소득을 높이는 거의 유일한 수단이기 때문입니다. 경제 논리만이 남아 있는 상황에서는 임금을 인상할 이유가 없습니다. 더구나 2022년 러시아의 우크라이나 침공 이후 세계적으로 인플레이션이 문제가 되고 있습니다. 우리도 월급 빼고는 모든 것이 다 올랐다고 합니다. 이런 상황에서 가장 힘든 이들은 주로 저소득층입니다. 이들에 대한 지원 대책이 절실한 상황입니다. 하지만 2023년 최저임금은 9,620원, 2024년에는 9,860원으로 여전히 1만 원이 되지 않습니다. 반면 독일 연방정부는 이전까지 시간당 9.60유로였던 최저임금을 2022년 10월부터 12유로로 대폭 인상했습니다. 그런 덕분에 식당이나 농업 등의 분야에서 일하는 약 580만 명의 저임금 노동자가 혜택을 보게 되었다고 합니다. 우리에게도 이런 조치가 필요한데, 지금의 양당제 하에서는 쉽지 않습니다.

이처럼 양당제하에서는 그 사회 다수의 의견이 중요하고 정치적으로도 결정적 역할을 하게 됩니다. 거대 양당은 서로 약간의 지지율 차이로 정권을 얻거나 잃게 되기 때문에 결국 다수를 차지하는 계층을 위한 정책을 추구할 수밖에 없습니다. 이에 따라 그와 같은 다수에 들지 못하는 장애인, 성 소수자, 사회적 약자 등 소수 계층은 소외될 수밖에 없습니다. 물론 다수와 소수가 획일적으로 구분되지는 않습니다. 다만 양당제에서 소수자의 의견이나 이해관계는 상대적으로 덜 중시되거나 다수의 의견에 밀릴 수밖에 없습니다. 위의 최저임금이 좋은 사례입니다. 일반 노동자와 비교하면 최저임금을 받는 노동자는 상대적으로 소수이기 때문에 그들의 요구나 주장을 관철시키기 어렵습니다. 장애인의 이동권 보장 요구나 성 소수자의 권리 보장 요청도 마찬가지로 잘 받아들여지지 않습니다. 이와 같은 소수자의 권익은 다당제하에서 훨씬 더 잘 보호받을 수 있습니다.

우리의 정당 시스템은 독과점이 아주 심한 편입니다. 다양한 시민의 의견을 반영할 창구가 절대적으로 부족한 구조입니다. 특히 비정규직 등을 포함한 사회적 약자를 대변할 정당이 없는 것은 심각한 문제입니다. 이렇게 2개 정당만 존재하는 시스템에서는 다양한 유권자의 의사를 제대로 반영하기 힘듭니다. 대신 거대 양당의 정책은 좀 더 많은 표를 얻기 위해 항상 다수의 유권자를 지향하게 됩니다. 이 과정에서 자연스럽게 우리 사회의 소수자나 약자의 이익은 배제되거나 소외될 수밖에 없습니다. 대표적으로 생계급여를 현실화하거나 최저임금을 인상하는 문제처럼 사회적 약자를 위한 복지정책을 강화하기 어렵습니다.

미국이나 영국도 거대 양당만 존재합니다. 하지만 미국이나 영국이 우리의 모델이 되기는 곤란합니다. 미국의 대통령 선거를 둘러싼 극단적 대립의 모습이나 영국의 EU 탈퇴 결정 등에서 보듯이 이들이 오늘날 이상적인 민주주의를 실시하는 국가라고 보기 어렵기 때문입니다. 또한 미국이나 영국이 다당제 국가인

독일이나 프랑스, 이탈리아, 스칸디나비아 국가보다 복지제도
가 상대적으로 취약한 것은 바로 양당제 국가라는 사실에 기인
합니다.

다당제와 내각제의 필요싱

우리가 선거제도를 바꿔 다수의 정당이 국회에 진입하게 되
면, 거대 양당이 무조건 반대만 하는 행태가 달라질 것입니다. 제
3, 제4의 정당이 목소리를 낼 수 있다면, 무조건 반대는 더 이상
허용되지 않을 것입니다. 상대의 실수에서 반사이익을 얻는 정
치가 아니라 자신이 잘해야 하는 정치로 변할 것이기 때문입니
다. 이런 식으로 정당정치가 활성화되면 정치에 대한 시민의 관
심도 되살아날 것입니다.

다당제가 실현된다면, 정부형태를 바꾸는 내용의 개헌을 모
색해야 합니다. 승자독식의 대통령제를 다당제에 걸맞은 의회
중심제(의원내각제)로 변경하는 것입니다. 여론조사를 보면 아직
많은 사람이 의원내각제보다 대통령제를 선호하고 있습니다.
하지만 대다수 정치학자는 대통령제보다 의원내각제가 훨씬 더
민주적인 제도라고 평가합니다. 실제로 대다수 선진국에서는
모두 의원내각제를 채택하고 있습니다. 선진국 가운데 미국, 프
랑스(준대통령제) 정도만 대통령제를 하고 있을 뿐입니다.

한국에서는 1987년 민주화 이후 40년 가까이 5년 단임의 대
통령제를 시행하고 있습니다. 2012년, 2017년 그리고 2022년
대선에서는 선거 이후에도 여야가 격렬하게 대립하고 있습니
다. 특히 2022년 이후 여소야대 국면에서 여야는 심각하게 맞서
고 있습니다. 2022년부터 2024년 10월까지 대통령은 국회가 통
과시킨 법안들 가운데 24개의 법안에 대해 거부권을 행사했습

니다. 과거에도 대통령의 거부권이 간혹 사용되었지만, 이처럼 입법부와 행정부가 건건이 대립한 적은 없었습니다. 국민의 대표가 만든 법률을 역시 국민이 선출한 대통령이 부정하고 있는 것입니다. 이처럼 대통령과 국회의 대치 국면은 타협할 줄 모르는 우리의 정치문화 탓이기도 합니다. 그러나 보다 근본적인 원인은 대통령제라는 제도상의 문제입니다.

제도상의 문제란 대통령제가 안고 있는 약점입니다. 구체적으로 국민이 선출한 정치권력이 대통령과 국회로 나뉘어 있어서 양측의 권력이 서로 맞설 경우, 정치 과정에서 양측의 대립을 제도적으로 해결할 방법이 없습니다. 대통령과 국회가 국가정보원 등 국가기관의 대선 개입 의혹, 북방한계선(NLL) 문제, 철도공사의 민영화 문제, 양곡관리법, 간호사법, 노란봉투법, 채상병 특검법 등에 대해 완전히 서로 다른 입장을 보이며 맞섰을 때, 이를 해결할 방법이 없다는 이야기입니다. 설령 대통령과 국회가 이보다 간단한 사안을 가지고 대립하더라도 서로가 끝내 양보할 생각이 없다면 마찬가지로 정치 시스템상에서는 해결할 방법이 없습니다.

우리와 비슷한 상황이 2013년 하반기 미국에서도 똑같이 발생했습니다. 의회에서 여야가 차기 연도의 예산안 의결에 실패함으로써 결국 연방정부가 일정 기간 폐쇄(shut down)되는 사건이 일어났습니다. 이는 건강보험 개혁(소위 오바마 케어)을 추진하려는 의회 내 소수파인 민주당 행정부와 이를 반대하는 다수파 야당인 공화당 입법부가 서로 양보 없이 대립했기 때문입니다. 즉 대통령과 의회가 맞설 때 이를 해결할 제도적 장치가 없다는 말입니다. 여기서 누가 옳았고, 누가 틀렸냐를 지적하려는 것은 아닙니다. 이와 같은 교착 상황을 해소할 제도적 방법이 없다는 점에 주목해야 합니다. 의회중심제에서는 최소한 이런 교착 상태는 발생하지 않습니다. 정치권력이 의회에 있어서 행정부와 입법부가 끝내 합의하지 못하고 대립한다면 제도적 절차에 따라 의회를 해산하고 다시 선거를 해 의회를 구성하면 되기 때문입니다. 제도적으로 대립 상태를 해결할 수 있는 것입니다.

물론 언론이나 시민단체 등 여러 주체가 나름의 역할과 기능을 하고 있기는 하지만, 한 나라에서 사회적 합의를 이루는 데 가장 중요한 역할을 하는 것은 바로 정당입니다. 그런데 우리의 경우에는 그 정당이 정상적으로 작동하고 있지 않아서 사회적 합의를 끌어내는 대신에 오히려 사회적 갈등을 양산하고 있습니다. 앞에서도 지적했듯이 사정이 이렇게 된 가장 큰 원인은 거대 양당의 독과점 때문입니다.

이러한 정치 독점에 대한 국민의 불만은 두 가지 모습으로 표출되고 있습니다. 한편으로는 선거에서 낮은 투표율처럼 정치에 대한 불신과 무관심으로, 다른 한편으로는 광화문이나 서초동 집회 등에서 보듯이 팬덤 정치나 새 정치에 대한 열망으로 나타났습니다. 그럼에도 불구하고 정치권의 독과점 현상은 오히려 점점 더 심화되고 있습니다. 독과점이 지속되는 이유는 새로운 정당이나 정치 세력의 국회 진출을 막고 있는 우리의 승자독식 선거제도(소선거구 단순다수제) 때문입니다. 이러한 선거제도가 바뀌지 않는 책임은 지역주의에 편승해 생긴 기득권 때문에 끝내 이를 고치려고 하지 않는 기존의 거대 양당에 있습니다.

독일에서는 정당 득표에 따라 의석수가 결정되고 정당의 설립 요건이 간단해 다수의 정당이 존재합니다. 실제로 2021년 총선에 참여한 정당 수는 40개가 넘었습니다. 하지만 대다수 정당은 봉쇄조항인 최소 득표율 5퍼센트의 관문을 통과하지 못했습니다. 그 결과 연방 차원에서는 6개의 주요 정당이 활동하고 있습니다.* 하지만 주 차원에서는 좀 더 다양한 정당이 주 의회에 참여하고 있습니다. 2023년 5월 브레멘주 총선에서는 당원 수가 115명에 불과한 '분노한 시민들(Bürger in Wut)'이라는 지역정당이 9.5퍼센트의 지지를 받아 주 의회에 입성했습니다. 각 정당은 에너지 문제에서 사회적 약자에 이르기까지 여러 가지 주제에 대해 나름대로 서로 다른 사회구성원의 의견을 대변하고 있습니다. 정당의 숫자가 많아질수록 좀 더 다양한 유권자를 대변할 수 있을 것입니다.

반면 우리는 정당을 만드는 과정이 독일보다 훨씬 더 복잡하며 요건도 까다롭습니다. 그런데도 독일에 뒤지지 않고 선거 때마다 수십 개의 정당이 만들어질 정도로 시민의 정치적 열망은 높은 편입니다. 하지만 독일과 다른 선거제도 때문에 거대 양당 외에는 거의 당선자를 내지 못하고 있습니다. 국회나 지방의회에서 거대 양당 이외의 목소리는 거의 들리지 않습니다. 독일처럼 정당의 설립 요건을 대폭 완화하고 선거제도를 연동형 비례대표제로 바꿔 군소정당과 일반 시민의 정치 참여를 가능케 해야 합니다. 선거제도와 관련해 더 자세한 내용은 뒤에서 다시 다루겠습니다.

3. 제도의 문제점을 자각할 수 있는 교육

우리 사회의 중요한 과제인 불평등과 불공정, 그리고 승자독식 등의 문제가 해결되지 않고 있습니다. 정치의 무능과 사회정의의 실종으로 인해 수많은 문제

---

* 독일의 주요 정당에 대해서는 『독일 정치, 우리의 대안』(지식의날개, 2018) 제2장 참고.

가 방치되고 있는 상황입니다. 불평등과 승자독식의 문제를 해결하기 위해서는 직업 간 소득 격차를 줄여야 하고, 그에 기반한 교육개혁, 노동과 노동자를 중시하는 사회 분위기 조성, 비정규직 문제를 해결하기 위한 동일노동 동일임금 원칙의 실현, 사회적 약자를 위한 복지 시스템의 강화, 부동산 문제 해결과 지방분권의 강화 등의 대안이 필요합니다.

하지만 정치가 제 역할을 못 하고 있다 보니 마땅한 대안을 만들지 못하고 있습니다. 기존의 정치가 제대로 작동하지 않는 것은 거대 양당이 모든 것을 독점하면서 대립하고 있기 때문입니다. 제3당이나 사회적 약자와 소수자를 위한 정당은 거의 존재감이 없습니다. 현실이 이러한데도 우리의 정치와 정당은 변하지 않고 있습니다. 정당에 당원 수는 많으나 제대로 된 정당 활동은 없고, 청년은 정당에 들어오지 않습니다. 무엇보다 선출직 정치인 숫자가 상대적으로 너무 적어 정치권에 일자리가 부족하고, 정당이 공직후보를 주로 외부에서 충원해 당원이 되더라도 할 수 있는 일이 거의 없기 때문입니다.

기존의 소선거구 단순다수제, 대통령제, 중앙집권제 등은 모두 철저하게 승자독식의 제도이며, 이는 우리 정치를 끊임없는 대립과 갈등의 장으로 만들고 있습니다. 이렇게 비전 없고 무기력한 한국 정치를 바꿀 수 있는 근본적인 대안은 선거제도와 정치제도를 바꾸는 것입니다. 구체적으로는 비례대표제, 의회중심제(내각제), 연방제를 도입하는 것이지요.

비례대표제

선거제도는 선거 결과와 정당체제에 결정적인 영향을 미칩니다. 한 사회가 어떤 선거제도를 채택하는지는 흔히 우리가 생각하는 것보다 훨씬 더 중요한 문제입니다. 한국은 2020년에 선거제도를 준연동형제로 바꿨지만, 외양만 변경됐을 뿐 원래 문제점은 그대로 남아 있습니다. 지역구에서 한 표라도 많은 후보가 당선되는 방식으로 선출된 의원이 전체 의석의 85퍼센트를 차지하는 전형적인 승자독식의 제도입니다. 이는 수많은 사표를 발생시키는 제도로서 유권자의 의사를 심각하게 왜곡하고 있습니다. 대부분의 선진국에서는 이 제도를 시행하지 않습니다. 따라서 선거제도를 바꾸는 것은 우리 정치개혁의 최우선 과제입니다.

독일이 채택한 선거제도인 연동형 비례대표제에서는 민심에 따라 의석수가 결정됩니다. 즉 유권자의 의사가 그대로 의석수에 반영되도록 설계된 제도이지요. 이 제도의 비례대표는 현행 우리 제도의 비례대표와는 그 의미와 역할이 전혀 다릅니다. 독일에서는 우리와 달리 지역구와 비례대표에 중복 출마가 가능합니다. 또 권역별 비례대표제를 시행하고 있습니다. 한국의 공직후보 선출에는 당 대표와 지도부의 영향력이 크게 작용하지만, 독일에서는 당원의 비밀투표로 후보가 선출됩니다.

독일식 선거제도를 도입한다면 정당을 활성화하고 정치를 선순환시킬 수 있습니다. 정치 활동이 유명 인물 중심에서 정당 중심으로 바뀌게 되고, 거대 양당이 의석을 독식하던 상황에서 다양한 군소 정당이 원내에 진입할 수 있기 때문입니다. 또 그러한 과정에서 각 정당의 활동이 정상화되고, 양당 중심의 갈등과 대립의 정치에서 여러 정당이 참여하는 대화와 타협의 정치가 가능해지기 때문입니다. 다만 한국에서는 연동형 비례대표제에 대한 이해가 부족해 도입하지 못하고 있을 뿐입니다. 정치교육이 시급한 상황이라 할 수 있습니다.

의회중심제

사회적 과제를 해결하려면 사회·경제 시스템을 변경하거나 입법을 해야 합니다. 하지만 대통령제에서는 대통령에게 입법권이 없습니다. 그래서 누가 정권을 잡든지 간에 문제를 해결하기가 쉽지 않습니다. 또 국민 다수의 뜻을 우선하기 때문에 다양한 유권자의 의사를 반영하기도 어렵습니다. 특히 사회적 약자의 목소리는 무시당하기 쉽습니다. 심지어 대통령 선거에서는 정책 경쟁보다 주로 흠집 내기(네거티브)가 난무합니다. 대통령제가 철저하게 승자독식의 제도이기에 벌어지는 현상입니다. 이와 같은 네거티브 위주의 권력투쟁은 정치인의 권위를 훼손하여 유권자가 정치를 혐오하고 외면하도록 만듭니다. 그 밖에도 퇴직 후에 감옥에 가는 전직 대통령들의 비극에서 보듯이 한국의 대통령제는 이제 한계점에 도달했다고 볼 수 있습니다. 새로운 정부형태가 필요한 시점입니다.

독일의 의회중심제(내각제)에서는 정당 간 합의를 통해 주요 과제의 상당 부분을 해결할 수 있습니다. 정권이 의회의 과반에 기반하고 있어 언제든지 입법을 통해 사회·경제적 제도를 신설하거나 변경할 수 있기 때문입니다. 또한 권한이 분산돼 있어 승자독식에 따른 문제점이 발생하지 않습니다. 그 밖에도 독일의 정치에서는 정권의 획득과 지속이 항상 의회의 과반 확보에 달려 있어 네거티브를 찾아보기 힘듭니다. 연정을 이루기 위해서는 다른 정당과의 협력이 매우 중요합니다. 따라서 다른 정치인이나 정당을 비방하는 것은 자충수가 되기 쉽습니다.

한국에서 내각제에 대한 인기가 없는 것은 과거의 실패 경험 때문입니다. 또한 현재와 같은 양당제하에서 내각제를 도입하는 것은 바람직하지 않습니다. 내각제를 도입하려면 먼저 다당제가 정착돼야 합니다. 안정적 다당제를 보장하기 위해서는 먼저 선거제도를 바꿔야 합니다.

연방제

과도한 중앙집권과 부실한 지방자치로 인해 수도권은 지나치게 과밀화되고 지방은 소멸하고 있습니다. 이 문제를 해결하기 위해서는 무엇보다 국가권력의 분산이 시급합니다. 권력 분산은 왜 중요할까요? 지방이 자치권을 가지면 스스로 지역의 발전을 모색할 수 있고, 또 정치적 일자리를 늘려 청년의 정치 참여가 늘어나는 등 정치의 활성화에도 기여하기 때문입니다.

지방자치의 가장 강력한 형태는 연방제입니다. 독일의 연방제는 광역 단위와 기초 단위로 나뉘어 있습니다. 헌법의 여러 조항에 근거하고 있을 뿐만 아니라 연방제를 시행하기 위한 입법권, 사법 체제, 조세제도, 재정 조정 등 다양한 제도적 장치를 갖추고 있습니다. 주 정부(지방정부)는 자체적으로 입법부, 행정부, 사법부를 가진 하나의 주권국가 형태를 띱니다. 지방정부 아래에 있는 크라이스(군)나 게마인데(읍/면) 및 자치시(自治市, 크라이스에 속하지 않는 도시)도 그 자체로 주권을 가진 기초자치단체에 속합니다. 이들은 주 정부의 하위 기관이 아니라 스스로 자치권을 갖는 독립된 자율체입니다.

우리가 연방제를 도입하고자 한다면 몇 가지 선행조건이 필요합니다. 광역시/도를 축소하는 것과 지방의 선거제도를 개정하는 일입니다. 현행 17개 광역을 그대로 둔 채 연방제를 도입하게 되면 강력한 자치권을 갖는 지방정부가 과도하게 많이 생기게 됩니다. 그로 인해 많은 문제가 발생할 수 있습니다. 우선 너무 작게 나뉜 강력한 지방정부는 규모의 경제에 어긋나게 돼 불필요한 비용과 비효율성을 초래하게 될 것입니다. 또한 지방의 선거제도에도 비례대표제를 도입해야 다양한 정당이 지방의회에 진출할 수 있습니다. 그렇게 해야 지역의 터줏대감 노릇을 하거나 거대 양당과 지역주의에 편승하고 있는 지방의 토호 세력을 견제할 수 있습니다.

정치개혁을 하고자 한다면 정치인을 바꾸는 것보다 정치제도를 바꿔야 합니다. 구체적으로 권역별 연동형 비례대표제를 도입하는 선거제도 개혁, 대통령제를 의원내각제로 바꾸는 권력구조의 변경, 지방분권을 강화하기 위한 연방제의 도입 등입니다. 선거제도 변경을 제외한 나머지 정치제도의 변화를 위해서는 헌법을 개정해야 합니다.*

선거제도가 중요한 이유

어떤 선거제도를 채택하느냐에 따라 그 사회의 정당제도가 바뀌는 만큼 선거제도를 선택하는 것은 매우 중요한 일입니다. 우리나라의 기존 선거제도 아래에서는 유권자의 의사가 제대로 반영되지 않습니다. 유권자는 자유로이 후보를 선택할 수 있지만, 실제로는 거대 양당의 후보 중 1명을 고를 수밖에 없습니다. 그러지 않으면 자신의 표는 사표가 되고 맙니다. 왜 이런 현상이 나타나는 것일까요? 바로 우리 선거제도가 소선거구 단순다수제 중심이기 때문입니다.

소선거구 단순다수제 선거제도는 하나의 선거구에서 한 표라도 더 얻은 후보(단순다수제) 1명만 당선(소선거구)되는 제도입니

---

* 자세한 내용은 『누가 그들에게 그런 권리를 주었는가?』(교학도서, 2022) 참고.

다. 현재 254개의 지역구에 적용되는 방식입니다. 준연동형제라는 이름으로 각 정당의 정당 득표에 따라 적용되는 의석은 46석(15퍼센트)에 불과합니다. 특히 지역구 선거에 적용되는 소선거구 단수다수제의 치명적 단점은 다음 두 가지로 요약할 수 있습니다.

첫째, 거대 양당은 매번 자기가 받은 득표보다 훨씬 많은 의석을 가져갑니다. 이는 민심을 왜곡하는 일입니다. 거대 양당에 대한 지지율은 평소 50~60퍼센트, 선거 때는 60~70퍼센트에 불과합니다. 하지만 이들이 실제 선거에서 차지하는 의석 비율은 매번 90퍼센트를 훌쩍 넘습니다. 국민의 지지와 의석 사이의 괴리만큼 의원의 대표성이 부족하게 됩니다. 유권자의 지지가 정당의 의석수에 제대로 반영되지 않고 있으니 비례성 또한 떨어집니다. 구체적으로 2020년 총선에서 거대 양당이 서울 지역에서 얻은 득표율은 73.5퍼센트였습니다. 하지만 그들이 실제 얻은 의석 비율은 94.9퍼센트로 21.4퍼센트만큼의 커다란 차이가 있었습니다. 이러한 왜곡 현상은 결국 군소 정당의 피해로 나타납니다.

둘째, 거대 양당의 후보만 당선이 가능합니다. 이것은 새로운 정당이나 정치 세력이 등장하기 어렵다는 의미입니다. 즉 선거제도가 우리의 정치개혁을 막고 있는 것입니다. 구체적으로 유권자는 자기가 원하는 후보를 당선시킬 수 없고, 군소 정당은 당선자를 내기 어렵습니다. 어떻게 그런 일이 일어날까요? 이 제도에서는 당선 가능성이 있는 상위 2명의 정당 후보에게만 표가 몰리게 됩니다. 선거에서 유권자는 사표 심리 때문에, 또 당선 가능성이 없기 때문에 제3 또는 제4의 후보에게 투표하기 어렵습니다. 말로는 자유선거라고 하지만, 실제로는 전혀 자유롭지 않습니다. 거대 양당의 후보 가운데 1명을 찍을 수밖에 없으니 유권자로서는 선택의 폭이 사실상 제한되고 있는 것입니다. 우리나라의 정당제도가 양당제인 까닭은 바로 이 선거제도 때문입니다.

이처럼 거대 양당의 독식이라는 문제를 안고 있는 소선거구제에 대한 대안 중 하나로 중대선거구제가 자주 언급됩니다. 중대선거구제는 하나의 선거구에서 2~4명을 당선자로 뽑는 선거제도입니다. 하나의 선거구에서 여러 명을 선출하게 되면 거대 양당의 후보뿐만 아니라 제3 또는 제4당의 후보도 당선될 테니 양당제의 문제점을 극복할 것처럼 보입니다. 그러나 중대선거구제를 도입하더라도 소선거구제와 별로 달라지는 점은 없을 것입니다. 예를 들어 하나의 지역구에서 2명을 뽑는 제도를 도입한다면 기존에 존재하는 1개의 지역구에서 2명을 뽑는 것이 아니라 기존 2개의 지역구를 하나로 통합한 하나의 지역구에서 2명을 뽑게 될 것이기 때문입니다. 그렇게 되면 거대 양당의 후보가 먼저 당선될 가능성이 크기 때문에 현재와 다를 바가 거의 없습니다. 오히려 지역구가 커져서 선거비용이 증가하고 지명도 높은 다선의원에 유리해져 신인의 당선이 더 어려워질 것입니다. 1등과 2등의 득표 격차가 심할 때는 당선자의 대표성이 훼손되는 등의 문제점도 있습니다. 만약 3명이나 4명의 당선자를 내도록 제도를 설계한다면 지역구는 3~4배 커지게 돼 선거비용은 더 늘어나고 정당별 복수 후보의 출마를 허용할 가능성도 큽니다.

결론적으로 중대선거구제는 기존의 양당제를 강화할 가능성이 큽니다. 따라서 소선거구제를 중대선거구제로 바꾸는 것은 절대로 대안이 될 수 없습니다. 실제로 정치 선진국에서는 이와 같은 다수대표제 성격의 중대선거구제를 시행하지 않습니다. 이는 유권자의 지지나 민심에 따라 의석수를 보장하는 제도가 아닙니다. 정치개혁이 아니라 반대로 정치개혁을 후퇴시키는 일입니다.

현재 우리 정치권의 가장 큰 문제는 거대 양당이 모든 것을 독점해 대립과 갈등으로 정치 혐오를 불러오고 사회문제를 해결하지 못하는 데 있습니다. 이들의 진영 논리가 정치권을 지배하면서 우리의 정치를 왜곡하고 있는 것입니다. 사회적 현안에 대해 새로운 대안이 나오기보다는 거대 양당이 서로의 대안을 반박하는 다툼만 반복하고 있습니다. 그런 과정에서 사회적 약자의 이익은 무시되고 있으며 다양한 유권자의 이해관계를 제대로 대변할 수 없습니다. 또한 특정 지역에서 특정 정당이 독식하는 문제점을 고착시키고 있습니다. 다른 분야에 비해 후진적이라는 평가를 받는 정치권이 개혁되지 못하고 있는 이유가 바로 여기에 있습니다. 따라서 한국 정치를 바꾸고자 한다면 양당제를 존속시키고 있는 기존의 선거제도를 먼저 바꿔야 합니다.

대안은 모든 정당이 유권자의 지지만큼 의석을 받을 수 있도록 선거제도를 바꾸는 것입니다. 즉 정당 득표가 그대로 의석수에 반영되는 선거제도의 도입이 핵심입니다. 하나의 지역구에서는 군소 정당의 후보가 당선자가 되기 힘들지만, 전체 유권자 가운데에서는 항상 일정 정도의 지지(예를 들어 10퍼센트)가 있습니다. 그렇다면 전체 의석에서 그 일정 정도만큼 의석(10퍼센트)을 주는 것이 공정하지 않을까요? 어떤 선거제도를 채택하면 그렇게 할 수 있을까요? 바로 독일식 선거제도입니다. 대다수 정치학자가 수많은 선거제도 가운데 가장 이상적인 제도로 꼽고 있는 제도입니다.

독일식 선거제도는 한국에서 흔히 권역별 정당명부식 비례대표제, 의인화된 비례대표제, 혼합형 비례대표제 등 다양한 이름으로 불리고 있습니다. 이는 원래 독일어 '개인화된 비례대표제

(Personalisiertes Verhältniswahlrecht)'를 번역한 것입니다. 영어로는 보통 '혼합 구성원 비례대표제(mixed-member proportional representation; MMP)' 라고 합니다. 명칭을 하나로 통일한다면 제도의 성격을 고려할 때 '(권역별) 연동형 비례대표제' 정도가 적당하다고 생각합니다.

다수내표세는 지역구에서 많은 표를 읻는 후보가 덩신뇌는 제도입니다. 비례대표제는 개별 후보자가 아니라 정당이 얻은 득표에 따라 의석을 부여하는 제도입니다. 연동형 비례대표제 는 다수대표제와 비례대표제를 혼합한 제도입니다. 유권자는 투표에서 2표를 행사합니다. 한 표는 지역구 후보(다수대표제 적용) 에, 또 다른 한 표는 정당(비례대표제 적용)에 투표합니다. 각 정당의 당선자 수는 지역구 의석과 비례대표 의석을 서로 연계해(연동형) 산출합니다. 또 그러한 연계를 권역별로 한다는 의미입니다.* 이 에 대한 좀 더 자세한 내용은 다음 장에서 살펴보겠습니다.

4. 연동형 비례대표제와 주권 회복

새로운 선거제도를 위한 대안 은 유권자의 지지만큼 정당에 의석을 나눠 주는 '(권역별) 연동형 비례대표제'를 도입하는 것입니다. 정치권이나 언론 등에서도 연동형 비례대표제에 관한 이야기가 많습니다. 그런데 도대체 이 제도가 무엇이고, 어떻게 작동하는 것인지를 정확하게 아는 사람은 많지 않습니다. 이 제도의 주요 내용과 장점, 그리고 이

---

* 자세한 내용은 『독일 정치, 우리의 대안』(지식의날개, 2018)과 『연동형 비례대표제란 무엇인가』(지식의날개, 2020) 참고.

제도를 도입하는 데 필요한 선결 과제에 대해 알아보겠습니다.

연동형 비례대표제의 주요 내용

독일이 채택하고 있는 연동형 비례대표제는 한마디로 민심에 따라 의석수가 결정되는 선거제도입니다. 선거에 참여한 모든 유권자의 한 표, 한 표가 그대로 각 정당의 의석수에 반영되기 때문입니다. 사표는 거의 발생하지 않습니다. 또 거대 정당만 의석을 얻는 것이 아니라, 다수의 정당이 유권자의 지지에 비례해 의석수를 얻습니다. 각 정당이 의회에서 차지하는 의석수는 해당 정당이 얻은 정당 득표수에 비례한다는 의미입니다. 유권자는 정당에 한 표, 지역구 후보에 한 표를 행사합니다. 이런 투표 방식은 우리와 같습니다.

어떤 정당(A)이 정당 투표에서 전체 투표수의 10퍼센트를 득표했다면, 총의석의 10퍼센트만큼 의석을 얻습니다. 총의석이 300석이라면 30석을 얻는 것입니다. 이 제도에서 지역구는 어떤 역할을 할까요? 예를 들어 A 정당이 지역구에서 5명의 후보가 당선됐다면 나머지 25석은 정당 명부에 의한 비례대표로 당선자를 내게 됩니다. 만약 지역구에서 10석이 당선됐다면 비례대표 당선자는 20명이 됩니다. 이처럼 지역구와 비례대표가 서로 연계돼 있어서 연동형 비례대표제라고 부릅니다.

여기에 더해 권역별 비례대표제는 한 정당이 정당 득표수에 비례해 결정된 의석수를 여러 개로 나뉜 권역별로 재분배한다는 의미입니다. 여기서 권역을 몇 개로 할지는 합의해 정하면 됩니다. 독일은 16개 주(우리의 광역 단위)별로 권역이 설정돼 있습니다. 이 제도에서는 일반적으로 B 권역의 지역구 후보들은 동시에 B 권역의 비례대표 후보가 됩니다. 이렇게 지역구 후보가 다시 비례대표 후보가 되는 것은 우리에게 생소한 일입니다. 흔히 두 번의 기회를 주는 것이라고 오해하기 쉽지만 그것은 제도가 다른 데서 오는 오해입니다.

독일식 선거제도의 비례대표는 우리 선거제도(2020년 준연동형 이 전)의 비례대표와 그 의미와 성격이 전혀 다릅니다. 먼저 우리의 비례대표는 여성, 노동자, 농업, 장애인, 의료인, 중소 상공인 등 소수자 그룹이나 특정 이익집단을 대표하여 국회에 진출하는 것을 의미합니다. 지역구와 별개로(지역구 후보와 비례대표 후보를 따로 선출) 당선자를 결정하고, 나중에 지역구 당선자와 더해 각 정당의 전체 의석을 결정합니다. 지역구와 비례대표가 서로 따로 병렬적으로 계산된다는 의미로 혼합형 선거제도의 병립형이라 구분합니다.

독일식 선거제도에서 비례대표의 의미는 다음과 같습니다. 예를 들어 40개(지역구 20석+비례대표 20석)의 의석이 있는 특정 권역에서 C정당이 40퍼센트의 정당 득표를 했다면 16석의 의석을 얻습니다. 만약 C 정당이 20개의 지역구 가운데 12개의 지역구에서 당선자를 냈다면 원래 얻어야 하는 16개 의석 중 4개의 의석이 부족하게 됩니다. 이때 4개의 의석을 비례대표에서 충당하게 됩니다. 이 비례대표는 보통 20개 지역구에 출마했던 후보들로 구성됩니다. 지역구에서 낙선한 후보들 가운데 순번에 따라 당선자가 되는 것입니다. 만약 지역구 당선자가 10석이었다면 비례대표 당선자는 6명이 됩니다. 해당 권역에서 C당이 받은 지지만큼 의석수를 배정하는 것입니다. 그 과정에 비례대표가 적용되는 것입니다.

선거제도 개혁과 관련해 공직선거의 후보 선출, 즉 공천을 어떻게 해야 하는가 하는 문제도 중요합니다. 한국에서는 공천관리위원회를 구성하기는 하지만, 실제로는 정당의 대표나 지도부가 지역구와 비례대표의 공천을 주도합니다. 반면 독일에서는 지역구의 당원이 비밀투표를 통해 지역구 후보를 선출하고, 해당 권역의 당원이 비밀투표를 통해 해당 권역의 비례대표를 결정합니다. 이렇게 독일처럼 당원에게 공천권을 주어야 지역의 정당이 발전할 수 있고 정치 신인이 지역에서 활동할 수 있습니다. 한국에서는 모든 정치 활동이 과도하게 중앙에 집중돼 있습니다. 공천권을 당원에게 실질적으로 돌려줘야 흔히 말하는 풀뿌리 민주주의, 상향식 민주주의가 가능해질 것입니다.*

연동형 비례대표제의 장점

기존의 선거제도를 권역별 연동형 비례대표제로 바꾸게 되면, 다음과 같은 장점이 있습니다. 먼저 개별 정당의 역할이 커지고 중요해집니다. 또한 각 정당의 연속성이 중요해집니다. 역사가 오래되고 알려진 정당이 아무래도 정당 득표에 유리하기 때문입니다. 그 밖에 군소 정당의 의회 진출이 상대적으로 쉬워져서 새로운 정치 세력의 등장이 가능해집니다. 이에 따라 정치 신인이 거대 양당만을 찾지 않고 소신에 따라 군소 정당에 참가할 가능성도 커집니다. 그 외에도 연동형 비례대표제와 함께 권역별 비례대표제를 도입하면, 중앙 정치의 독점에서 벗어나 지역 정치가 활성화되고 지방분권이 강화될 수 있습니다. 이런 과정을 통해 정당과 정치 활동의 선순환이 일어납니다. 이를 좀 더 구체적으로 살펴보면 아래와 같습니다.

첫째, 각 정당의 정당 득표에 따라 의석수가 결정되기 때문에

---

* 자세한 내용은 『누가 그들에게 그런 권리를 주었는가?』(교학도서, 2022) 제2장 참고.

필연적으로 모든 정당이 활성화됩니다. 병립형에서는 지역구 선거가 중요하므로 주로 지명도가 높은 후보를 내세웁니다. 반면 연동형에서는 정당 득표를 위해 인물보다 정당의 이념이나 강령, 정책이 훨씬 더 중요해집니다. 독일의 사례에서 보듯이 정치적 경쟁이 인물 중심에서 정당 중심으로 변화하게 됩니다. 즉 유명인이 정치인이 되는 것이 아니라 정치인이 정당에서 활동해 당내 지위가 올라가거나 선거에서 당선돼 선출직이 되면 유명인이 되는 것입니다.

둘째, 정당의 안정성과 정당의 연속성이 중시됩니다. 독일의 기민당, 사민당, 자민당 등 주요 정당이 제2차 세계대전 후 건국과 함께 창당돼 현재까지도 그대로 유지되고 있는 것이 그 증거입니다. 한국에서처럼 잦은 창당이나 합당, 해산, 당명 변경 등의 이합집산은 유권자의 외면을 받을 가능성이 큽니다. 선명한 비전이나 색깔을 가지고 꾸준히 활동해 오랜 역사를 지닌 정당이 빛을 발하게 될 것입니다.

셋째, 군소 정당의 의회 진출과 원내교섭단체 구성을 가능케 해 능력 있는 정치 신인이 거대 정당으로만 몰리는 현상을 완화할 수 있습니다. 독일은 현재 6~7개의 정당이 연방의회에 진출하고 있습니다. 군소 정당이 더 많이 의회에 진입할수록 거대 양당의 혁신을 자극할 것입니다. 또한 이런 군소 정당의 약진은 안정적인 다당제를 가능케 합니다. 이런 다당제에서는 사회적 약자 등을 포함한 다양한 계층의 이해관계를 훨씬 더 수월하게 대변할 수 있습니다.

넷째, 지역구 후보는 본인의 지역구에서 낙선하더라도 해당 권역에서 유권자의 지지에 해당하는 만큼 비례대표로 당선될 기회를 얻습니다. 이 비례대표에서 상위 순번을 받으려면 해당 권역에서 당내 활동과 경력을 잘 관리해야 합니다. 즉 정당별로 권역에서 당원의 지지를 얻기 위해 정치인의 당내 경쟁이 치열해질 것입니다. 이런 경쟁이 지역의 정당을 활기차게 만듭니다. 또 비례대표의 명단을 권역별로 작성하게 되면(권역별 비례대표제를 도입하면) 정치의 과도한 중앙집중화 문제가 해소되고 지역 정치와 지방분권이 강화될 것입니다.

다섯째, 연동형 비례대표제 선거제도는 각 정당의 지역구 후보 간 과열 경쟁을 막을 수 있습니다. 기존 병립형에서는 단 한 표라도 더 얻은 후보만 당선되므로 모든 후보가 필사적일 수밖에 없습니다. 하지만 연동형에서는 언제든지 (해당 권역의) 유권자 지지만큼 의석수를 확보할 수 있으므로 굳이 불법과 탈법을 넘나드는 무리한 선거운동을 펼칠 이유가 없습니다. 또한 사표 발생을 최소화할 수 있다는 장점이 있어 유권자의 투표율을 높일 수 있습니다.

권역별 연동형 비례대표제 도입을 위한 선결 과제

우리가 제대로 된 연동형 비례대표제를 도입하지 못하고 있는 가장 중요한 원인은 거대 양당의 욕심 때문입니다. 매번 정치 개혁을 하겠다는 선언과 달리 선거제도를 바꿨을 때 자신들의 의석수가 줄어들 것이란 우려와 걱정이 크기 때문이겠지요. 그만큼 현실에서의 기득권을 포기하기란 쉽지 않습니다. 그 밖에 정치권의 비례대표에 대한 오해도 이 제도의 도입을 꺼리는 이유입니다. 실제로 연동형을 제대로 이해한다면 이 제도를 거부할 이유가 없습니다. 기존 의원들에게 유리하기 때문입니다.

대다수 정치학자, 시민단체, 전문가, 군소 정당 등은 이 제도의 도입을 적극적으로 지지하고 있습니다. 오로지 정치권의 기득권 세력인 거대 양당만이 서로의 탓을 하며 도입을 주저하고 있지요. 고양이에게 생선을 맡긴 꼴입니다. 선거제도 개혁을 위해서는 무언가 새로운 대안이 필요한 시점입니다. 어쨌든 거대양당의 반대나 준연동형제 등의 여러 난관을 극복하고 제대로 된 권역별 연동형 비례대표제를 도입하게 된다면, 그 시행을 위해 먼저 다음 사항들을 논의해 결정해야 합니다.

첫째, 국회의원 정수를 400명으로 늘리고, 지역구와 비례대표의 의석 비율을 비슷하게 맞춰야 합니다(의원 정수를 늘리지 않고 지역구 200석+비례대표 100석으로 하는 방안은 차선책입니다. 또 지역구 150석+비례대표 150석으로 하는 방안도 가능하지만, 지역구 의석을 과도하게 줄이면 기존 의원들의 극심한 반발이 우려됩니다). 물론 의석수를 늘리는 것은 부정적 여론 때문에 쉽지 않은 일입니다. 하지만 연동형 비례대표제를 도입하면서 의석을 조정한다면 유권자도 지지하게 될 것입니다. 유권자가 반대하는 것은 극단적 대립만 일삼는 현행 거대 양당 체제에서 의석수를 늘리는 일이기 때문입니다.

둘째, 광역 단위의 권역별 비례대표제를 도입하는 것이 좋습니다. 그러기 위해서는 표와 같이 현행 17개 광역 단위를 10개로 축소하는 것이 바람직합니다(17개 권역으로 나누면 지나치게 세분돼 제도의 작동에 어려움이 있습니다). 지역구 의석을 200석으로 줄이면 각 권역의 지역구 의석은 일부 줄어들게 됩니다. 하지만 각 권역의 전체 의석수는 오히려 늘어나 모든 권역은 의석이 줄어드는 손해가 없습니다. 이는 지방분권의 강화와도 연결됩니다.

셋째, 기존의 봉쇄조항을 정당 득표율 5퍼센트 또는 지역구 3석으로 변경하는 것이 바람직합니다. 봉쇄조항의 의미는 정당 득표율이 5퍼센트를 넘기거나 지역구에서 3석 이상 의석을 얻은 정당에만 정당 득표에 따른 의석을 배분한다는 것입니다. 「공직선거법」에 따른 기존의 봉쇄조항은 정당 득표율 3퍼센트 또는 지역구 5석으로 돼 있습니다. 하지만 3퍼센트라는 기준이

인구 비례에 따른 권역별 의석수 제안(지역구 200석+비례대표 200석 기준)

	권역	인구 (만 명)	인구 비례 지역구 의석수	지역구 의석 (a)	비례대표 의석 (b)	총의석 (a+b)
1	서울	937	36.54	36	36	72
2	인천	301	11.74	12	12	24
3	경기	1,366	53.28	53	53	106
4	충청 (대전+세종+ 충북+충남)	556	21.68	22	22	44
5	전라 (광주+전북+전남)	496	19.34	19	19	38
6	대구·경북	491	19.15	19	19	38
7	부산	328	12.79	13	13	26
8	경남·울산	434	16.93	17	17	34
9	강원	152	5.93	6	6	12
10	제주	67	2.61	3	3	6
	계	5,128	200	200	200	400

인구수: 2024년 5월 기준

조금 낮아 지나치게 많은 정당이 국회에 들어올 우려가 있어 이를 조정해야 한다는 주장이 있습니다.

넷째, 지역구 관련 문제입니다. 현재는 지역구를 확정하는 과정에서 행정구역을 우선시해 지역구별 인구수 차이가 심한 편입니다. 개정안에서는 인구수를 중시해 행정구역이 다르더라도 주변 지역을 포함할 수 있어야 합니다. 지역구를 200석으로 하면 전국의 지역구당 인구수는 약 25만 명이 됩니다. 이렇게 되면 그 편차가 줄어들게 될 것입니다.

5. 이상하게 변형된 준연동형 비례대표제

2024년 4월에 치러진 제22대 총선 결과는 과거의 총선 결과와 별반 다르지 않습니다. 거대 양당이 싹쓸이하고 군소 정당은 거의 존재감이 없습니다. 지난 20년간의 역대 총선 결과를 살펴보면 매번 그래 왔던 것을 알 수 있습니다. 거대 양당이 얻은 의석 비율은 평균 90퍼센트를 상회합니다. 4년마다 정치 변화를 꿈꾸며 선거를 치르지만 결과는 항상 비슷합니다. 누가 제1당이 되는지가 달라지기는 하지만 거대 양당의 독식 현상은 언제나 그대로입니다.

거대 양당이 매번 독식하는 이유는 그들이 정치를 잘해서가 아니라 한 표라도 많으면 당선되는 단순다수제 선거제도 때문입니다. 2020년부터 준연동형이라는 이상한 제도를 만들어 혼란스럽게 하고 있지만, 거대 양당에 유리한 기본 논리는 바뀌지 않고 있습니다.

거듭 강조하지만 이 제도에서는 유권자가 사표 심리 때문에 당선 가능성이 높은 제1당이나 제2당이 아닌 다른 군소 정당의 후보에게 투표하기 어렵습니다. 바로 이런 점이 국민의 의사를 왜곡하고 있는 것입니다.

평소 여론조사에 나타난 거대 양당에 대한 지지율은 60~70퍼센트 정도입니다. 선거 때가 되면 조금 오르긴 하지만 지지율이 70~80퍼센트를 넘지는 않죠. 그렇다면 이들이 가져가야 할 의석수도 이에 상응해 210~240석이어야 타당하지요. 그런데 거대 양당의 의석수는 270석 이상으로 평균 90퍼센트가 넘습니다. 유권자의 지지보다 훨씬 더 많은 의석을 가져갑니다. 이는 결과적으로 군소 정당의 피해로 나타나죠. 유권자의 20~30퍼센트에 해당하는 60~90석은 거대 양당이 아닌 다른 정당에 돌

역대 총선 결과(2004~2024년)

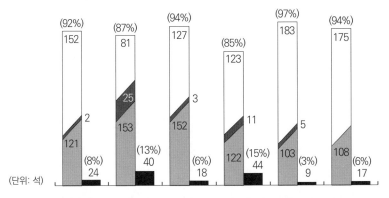

	2004 (제17대)	2008 (제18대)	2012 (제19대)	2016 (제20대)	2020 (제21대)	2024 (제22대)
민주당	152	81	127	123	183	175
국민의힘	121	153	152	122	103	108
무소속	2	25	3	11	5	0
거대 양당	275 (92%)	259 (87%)	282 (94%)	256 (85%)	291 (97%)	283 (94%)
기타 정당	24 (8%)	40 (13%)	18 (6%)	44 (15%)	9 (3%)	17 (6%)

무소속 당선자는 선거 후에 대부분 거대 양당에 입당
출처: 중앙선거관리위원회

아가야 하는데, 우리 선거제도가 그것을 막고 있기 때문입니다.

거대 양당의 독점

매번 총선을 치르고 나면 거대 양당 중 누가 제1당이 되는지
만 달라집니다. 선거에서 패배한 거대 양당의 이름도 조금씩 달
라지지요. 이들이 서로 제1당이 되기 위해 다투는 것이 우리 총

선의 모습입니다. 두 정당은 선거를 앞두고 공천 과정부터 신경 전을 벌이며 사사건건 대립합니다. 거대 양당은 한쪽은 영남에, 다른 한쪽은 호남에 근거하고 있는데 그 지역에서는 거의 일당 독재가 이뤄지고 있습니다. 영호남을 제외한 지역에서는 매번 아슬아슬하게 당락이 갈리기 때문에 양당은 선거운동에 사력을 다하고 한 치의 양보도 없습니다.

선거를 통한 경쟁이 두 정당만의 잔치라는 점이 문제입니다. 거대 양당 중 누가 이기든지 크게 달라지는 것이 없기 때문입니다. 혹시 그렇지 않다고 생각한다면 역대 총선 결과를 다시 한번 살펴봐 주시기 바랍니다. 지난 20년간(물론 그 이전에도) 거대 양당 은 서로 번갈아 가며 제1당이 됐지만, 양당을 중심으로 한 진영 대립에서 바뀐 것은 별로 없습니다. 둘 중 누가 승리했든지 간에 우리 사회의 불평등이나 승자독식의 문제는 여전히 그대로이거 나 오히려 더 심화되고 있습니다.

거대 양당은 언제나 국민의 다수를 지향하기 때문에 정작 정 치적 지원이 필요한 사회적 약자나 소수자를 소외시키거나 배 제하기 쉽습니다. 다변화된 현대사회에서 다양한 계층을 대변 하는 데 한계가 있는 것입니다. 양당제의 구조적 문제 때문입니 다. 반면 여러 정당이 의미 있는 의석을 가지고(소수 의석을 지닌 정 당이 아닌) 국회에 들어가는 다당제에서는 한 정당이 홀로 과반이 되기 어렵습니다. 입법을 위해 국회에서 과반을 확보하는 과정 에서 서로 협력을 해야 하기 때문에 특정 계층을 대변하는 군소 정당의 주장이나 의제도 실현될 수 있습니다. 우리가 다당제를 채택하면 그렇게 달라질 수 있습니다.

그러면 어떻게 해야 거대 양당이 독점하는 우리 국회의 모습 을 바꿀 수 있을까요? 앞서 살펴본 대로 각 정당이 유권자의 지 지만큼 의석수를 확보할 수 있도록 선거제도를 바꿔야 합니다.

거대 양당은 70~80퍼센트의 의석을 갖고, 나머지 20~30퍼센트의 의석은 군소 정당에 돌아갈 수 있도록 선거제도를 변경하는 것입니다. 그런 선거제도가 바로 연동형 비례대표제라는 것을 이제 모두 잘 알 것입니다. 그렇다면 어떻게 그런 제도를 도입할 수 있을까요?

정당 지지만큼 의석을 확보하는 안전장치의 필요

2000년대 초반부터 군소 정당, 정치학자, 시민단체 등 많은 사람이 정치발전을 위해 승자독식의 선거제도를 바꾸자고 주장해 왔습니다.「공직선거법」개정을 위해서는 거대 양당의 국회의원이 나서야 하는데, 그들은 별로 적극적이지 않습니다. 심지어 요지부동입니다. 그들이 기존 제도의 가장 큰 수혜자이기 때문입니다. 그들에겐 굳이 나서서 제도를 바꿔야 할 이유가 없습니다. 그렇다면 어디에서 선거제도를 바꿀 동력을 확보해야 할까요?

선거제도를 변경함으로써 가장 큰 이익을 보게 될 사람을 찾아야 합니다. 그들은 바로 국민의힘의 수도권 121개 당협위원장(국회의원 지역구의 위원장)과 호남 28개 당협위원장입니다. 또한 더불어민주당의 대구·경북 25개 지역위원장과 부산·울산·경남 40개 지역위원장, 그리고 수도권 121개 지역위원장입니다. 선거 바람이 어느 쪽으로 부느냐에 따라 수도권의 거대 양당 후보들 가운데 나머지 한쪽은 미세한 차이로 크게 손해를 볼 수 있습니다. 하지만 선거제도를 연동형 비례대표제로 바꾸면, 유권자가 정당을 지지한 만큼 의석을 확보하는 안전장치가 생깁니다. 선거 바람의 영향을 덜 받게 됩니다.

이들 당협위원장과 지역위원장은 각각의 정당에서 현역 국회의원과 비슷한 위상을 가지고 있습니다. 하지만 지역주의와 기존의 승자독식 제도 때문에 선거 때마다 당선 가능성이 거의 없거나 현저하게 떨어집니다. 만약 연동형 비례대표제로 선거제도가 바뀐다면 이들은 해당 권역의 정당 지지율에 상응하는 만큼 당선자를 낼 수 있습니다. 예를 들어 더불어민주당이 대구·경북 지역에서 30퍼센트의 정당 득표를 한다면, 현재는 0석이지만 8석(25석×30%) 이상 의석을 확보할 수 있습니다. 국민의힘이 호남에서 20퍼센트의 정당 득표를 한다면, 현재는 0석이지만 약 6석(28석×20%) 이상을 얻을 수 있습니다. 수도권 등 다른 지역에서도 마찬가지입니다. 그래서 이들이 목소리를 내는 것이 선거제도를 바꾸는 데 결정적이라고 봅니다. 이를 구체적으로 살펴보겠습니다.

비례대표제를 도입하면 달라지는 의석수

표에서 보듯이 국민의힘은 2020년 제21대 총선에서 수도권의 121개 지역구 가운데 17석(14퍼센트)을, 2024년 제22대에는 수도권 122석 가운데 19석(16퍼센트)을 얻었습니다. 이는 평소 국민의힘 지지율에 훨씬 못 미치는 결과입니다. 만약 선거제도를 권역별 연동형 비례대표제로 바꿨다면, 수도권에서 제21대에는 기존 17석에 더해 추가로 36석을, 제22대에는 기존 19석에 더해 추가로 40석을 더 얻을 수 있었습니다. 어떻게 그런 결과가 가능한 것인지 제21대와 제22대 총선의 수도권 지역구의 선거 결과를 통해 알아보겠습니다.

여기서 두 가지 문제점을 지적할 수 있습니다. 하나는 거대 양당이 철저하게 독식하고 있고, 군소 정당은 거의 의석이 없다는 점입니다. 다른 하나는 더불어민주당과 국민의힘 당선자 수가 103명 대 17명, 또 102명 대 19명으로 거대 양당 간에도 압도적

제21대(2020년)와 제22대(2024년) 총선의 수도권 지역구 당선자 수

	서울시		경기도		인천시		수도권 합계	
	제21대	제22대	제21대	제22대	제21대	제22대	제21대	제22대
더불어민주당	41	37	51	53	11	12	103	102
국민의힘	8	11	7	6	2	2	17	19
정의당	-	-	1	-	-	-	1	-
개혁신당	-	-	-	1	-	-	-	1
계	49	48	59	60	13	14	121	122

출처: 중앙선거관리위원회

권역별 연동형 비례대표제 도입 시 수도권의 의석수

지역	제21대(2020년)				제22대(2024년)			
	인구 (만 명)	배정 의석	지역구 의석	비례대표 의석	인구 (만 명)	배정 의석	지역구 의석	비례대표 의석
서울	967	56	49	7	937	54	48	6
경기	1,343	78	59	19	1,366	80	60	20
인천	294	17	13	4	301	18	14	4
총인구수	5,184	-	-	-	5,128	-	-	-
계	-	151	121	30	-	152	122	30

격차를 보인다는 점입니다. 그렇다면 양당에 대한 유권자의 지지도 의석수만큼 차이가 있는 것일까요? 그렇지 않습니다. 다음에 이어지는 표에서 보듯이 양당은 약간의 차이는 있지만 대체로 30~40퍼센트대의 지지를 받고 있습니다. 하지만 의석수는 과도하게 차이가 납니다. 군소 정당뿐만 아니라 거대 양당 간에도 유권자의 지지와 의석수 사이에 괴리가 큰 것입니다.

〈권역별 연동형 비례대표제 도입 시 수도권의 의석수〉는 권역별 연동형 비례대표제를 도입할 경우, 수도권에서 각 권역의 의석을 설정한 것입니다. 이를 보통 배정의석이라고 하며, 인구수를 반영해 의석수를 산출합니다. 배정의석에서 지역구 의석을 뺀 숫자가 비례대표 의석입니다. 예를 들어 제21대 서울

제21대 권역별 연동형 비례대표제 도입 시 서울시 당선자 수

	정당 득표수		배정의석	서울시 당선자		
				지역구	비례대표	계
더불어시민당	1,846,902	37%	21	41	0	41
미래한국당	1,841,544	37%	20	8	12	21
정의당	541,583	11%	6	–	6	6
국민의당	459,479	9%	5	–	5	5
열린민주당	327,109	7%	4	–	4	4
계	5,016,617	100%	56	49	27	76

제22대 권역별 연동형 비례대표제 도입 시 서울시 당선자 수

	정당 득표수		배정의석	서울시 당선자		
				지역구	비례대표	계
국민의미래	2,034,767	41%	22	11	11	22
더불어민주연합	1,445,891	29%	16	37	0	37
조국혁신당	1,260,683	25%	14	–	14	14
개혁신당	243,327	5%	2	–	2	2
계	4,984,668	100%	54	48	28	75

시의 배정의석은 967만 명/5,184만 명×300석=56석이고, 당시 지역구 의석은 49석, 비례대표 의석은 7석(56석 – 49석)입니다.

〈제21대 권역별 연동형 비례대표제 도입 시 서울시 당선자 수〉에서는 2020년 서울시에서 각 당이 얻은 정당 득표에 따라 의석수가 산출되어 있습니다. 서울시에 할당된 56석의 배정의석을 각 당이 얻은 득표수에 따라 각 당의 의석수를 배정한 것입니다. 서울시에서 미래한국당(국민의힘 전신인 자유한국당 위성정당)의 정당 득표에 따른 당선자 수는 20명입니다. 그런데 지역구 당선자가 8명이라서 나머지 12명은 비례대표를 통해 당선자를 내게 됩니다.

연동형 비례대표제에서는 병립형과 달리 일반적으로 지역구 후보들이 해당 권역의 비례대표가 됩니다. 그래서 49개 지역구 후보가 그대로 서울 권역의 비례대표 후보가 됩니다. 일반적으로 비례대표 순번은 서울시당위원장이 제시하고, 서울시 당원의 비밀투표로 최종 결정됩니다. 이렇게 선거제도를 바꾸게 되면 국민의힘 서울시 당협위원장 가운데 최소 12명은 자신의 지역구에서 떨어졌더라도 정당 지지만큼 비례대표를 통해 당선될 수 있습니다. 만약 위성정당을 만들게 되면, 국민의힘은 서울에서만 12석을 손해 보게 됩니다.

〈제22대 권역별 연동형 비례대표제 도입 시 서울시 당선자 수〉는 2024년 서울시에서 각 당이 얻은 정당 득표에 따라 의석수를 산출한 것입니다. 서울시에 할당된 54석의 배정의석을 각 당이 얻은 득표수에 따라 각 당의 의석수를 배정한 것이지요. 서울시의 인구수가 4년 전보다 줄어들어 배정의석이 2석 감소했습니다. 서울시에서 국민의미래(국민의힘 위성정당)의 정당 득표로 얻은 당선자 수는 22명입니다. 그런데 지역구 당선자가 11명이라서 나머지 11명은 비례대표를 통해 당선자를 내게 됩니다.

〈제21대 권역별 연동형 비례대표제 도입 시 경기도 당선자 수〉는 2020년 경기도에서 각 당이 얻은 정당 득표에 따라 의석수를 산출한 것입니다. 경기도에 할당된 78석의 배정의석을 각 당이 얻은 득표수에 따라 각 당의 의석수를 배정한 것입니다. 경기도에서 미래한국당의 정당 득표에 따른 당선자 수는 27명입니다. 그런데 지역구 당선자가 7명이라서 나머지 20명은 비례대표를 통해 당선자를 내게 됩니다.

마찬가지로 연동형 비례대표제에서는 지역구 후보가 해당 권역의 비례대표가 됩니다. 그래서 경기도 59개 지역구 후보가 그대로 경기도 권역의 비례대표 후보가 됩니다. 역시 비례대표

제21대 권역별 연동형 비례대표제 도입 시 경기도 당선자 수

	정당 득표수		배정의석	경기도 당선자		
				지역구	비례대표	계
더불어시민당	2,398,041	39%	30	51	0	51
미래한국당	2,168,605	35%	27	7	20	27
정의당	720,174	12%	0	1	8	0
국민의당	502,491	8%	7	0	7	7
열린민주당	408,476	7%	5	0	5	5
계	6,197,787	100%	78	59	40	99

제22대 권역별 연동형 비례대표제 도입 시 경기도 당선자 수

	정당 득표수		배정의석	경기도 당선자		
				지역구	비례대표	계
국민의미래	2,513,892	37%	30	6	24	30
더불어민주연합	2,152,445	32%	25	53	0	51
조국혁신당	1,802,505	27%	21	–	21	21
개혁신당	302,018	4%	4	1	3	4
계	6,197,787	100%	80	60	48	106

순번은 경기도당위원장이 제시하고, 경기도 당원의 비밀투표
로 최종 결정됩니다. 권역별 연동형 비례대표제로 바꾸면, 국민
의힘 경기도 당협위원장 59명 가운데 최소 20명은 비록 지역구
에서 근소한 차로 떨어지더라도 비례대표를 통해 당선될 수 있
습니다.

〈제22대 권역별 연동형 비례대표제 도입 시 경기도 당선자
수〉는 2024년 경기도에서 각 당이 얻은 정당 득표에 따라 의석
수를 산출한 것입니다. 경기도에 할당된 80석의 배정의석을 각

당이 얻은 득표수에 따라 각 당의 의석수를 배정한 것입니다. 경기도의 인구수가 4년 전보다 증가해 배정의석이 2석 늘었습니다. 경기도에서 국민의미래의 정당 득표에 따른 당선자 수는 30명입니다. 그런데 지역구 당선자가 6명이라서 나머지 24명은 비례대표를 통해 당선자를 내게 됩니다. 국민의힘 경기도 당협위원장 60명 가운데 최소 24명은 비록 지역구에 근소한 차로 떨어지더라도 비례대표를 통해 당선될 수 있습니다. 만약 위성정당을 만들게 되면, 국민의힘은 경기도에서만 24석을 손해 보게 됩니다.

〈제21대 권역별 연동형 비례대표제 도입 시 인천시 당선자 수〉는 2020년 인천시에서 각 당이 얻은 정당 득표에 따라 의석 수를 산출한 것입니다. 인천시에 할당된 17석의 배정의석을 각 당이 얻은 득표수에 따라 각 당의 의석수를 배정한 것입니다. 인천시에서 미래한국당의 정당 득표에 따른 당선자 수는 6명입니다. 그런데 지역구 당선자가 2명이라서 나머지 4명은 비례대표를 통해 당선자를 내게 됩니다.

연동형 비례대표제에서는 병립형과 달리 일반적으로 지역구 후보들이 해당 권역의 비례대표가 됩니다. 그래서 13개 지역구 후보가 그대로 인천 권역의 비례대표 후보가 됩니다. 일반적으로 비례대표 순번은 인천시당위원장이 제시하고, 인천시 당원의 비밀투표로 최종 결정됩니다. 이렇게 선거제도를 바꾸게 되면 국민의힘 인천시 당협위원장 가운데 최소 4명은 지역구에서 떨어졌더라도 정당 지지만큼 비례대표를 통해 당선될 수 있습니다. 만약 위성정당을 만들게 되면 국민의힘은 인천시에서만 4석을 손해 보게 됩니다.

〈제22대 권역별 연동형 비례대표제 도입 시 인천시 당선자 수〉는 2024년 인천시에서 각 당이 얻은 정당 득표에 따라 의석

제21대 권역별 연동형 비례대표제 도입 시 인천시 당선자 수

	정당 득표수		배정의석	인천시 당선자		
				지역구	비례대표	계
더불어시민당	522,420	39%	7	11	0	11
미래한국당	473,343	35%	6	2	4	6
정의당	178,601	13%	2	0	2	2
국민의당	101,062	7%	1	0	1	1
열린민주당	78,805	6%	1	0	1	1
계	1,354,231	100%	17	13	8	21

제22대 권역별 연동형 비례대표제 도입 시 인천시 당선자 수

	정당 득표수		배정의석	인천시 당선자		
				지역구	비례대표	계
국민의미래	560,462	38%	7	2	5	7
더불어민주연합	481,970	33%	6	12	–	12
조국혁신당	365,393	25%	4	–	4	4
개혁신당	52,922	4%	1	–	1	1
계	1,460,747	100%	18	14	10	24

수를 산출한 것입니다. 인천시에 할당된 18석의 배정의석을 각
당이 얻은 득표수에 따라 각 당의 의석수를 배정한 것입니다.
인천시의 인구수가 4년 전보다 증가해 배정의석이 1석 늘었습
니다. 인천시에서 국민의미래의 정당 득표에 따른 당선자 수는
7명입니다. 그런데 지역구 당선자가 2명이라서 나머지 5명은
비례대표를 통해 당선자를 내게 됩니다. 국민의힘 인천시 당협
위원장 14명 가운데 최소 5명은 비록 지역구에서 근소한 차로

떨어지더라도 비례대표를 통해 당선될 수 있습니다.

거대 양당에 고함

앞의 표에서 거대 양당의 득표수 비교는 각각의 위성정당이 얻은 정당 득표를 빌린 것입니다. 거대 양당이 정당 투표에서는 위성정당을 내세우고 아예 안 나왔기 때문이지요. 그래서 2024년 제22대 총선의 거대 양당의 수도권 지역구 후보가 실제로 얻은 득표수를 비교해 보면 우리 선거제도의 문제점이 좀 더 분명하게 드러날 것입니다. 조금 번거롭지만 양당 후보의 지역구 득표수를 전부 더해서 비교했더니 다음 표와 같습니다.

〈제22대 총선에서 거대 양당의 수도권 '지역구 득표수 합계'〉에서 '득표비례 의석'은 양당이 얻은 득표수에 비례해 의석을 가져가게 했을 때의 의석을 말합니다. 서울시에서 더불어민주당이 얻은 약 296만 표(53퍼센트)에 상응하는 의석수는 전체 48석 중 25석입니다. 그런데 실제로는 37석을 얻어 유권자의 지지보다 12석을 많이 얻은 것입니다. 이에 반해 국민의힘은 약 263만 표(47퍼센트)를 득표해 23석을 가져가는 것이 타당합니다. 그런데 실제로 얻은 의석은 11석에 불과해 유권자의 지지보다 12석을 손해 본 것입니다.

경기도에서 더불어민주당은 민심보다 19석을 더 얻은 셈이고, 국민의힘은 19석을 손해 본 셈입니다. 인천에서도 더불어민주당은 4석을 더 얻었고, 국민의힘은 4석을 덜 얻은 것입니다. 이를 모두 더하면 122석이 있는 수도권에서만 더불어민주당은 유권자의 지지표보다 35석을 더 얻었고, 국민의힘은 자신의 득표보다 35석을 손해 봤음을 알 수 있습니다.

권역별 연동형 비례대표제로 선거제도를 바꾸면, 모든 정당

제22대 총선에서 거대 양당의 수도권 '지역구 득표수 합계'

권역 (의석수)	더불어민주당				
	지역구 득표수 합계		실제 의석 (a)	득표 비례 의석 (b)	차이 (a-b)
서울 (48석)	2,964,812	53%	37	25	+12
경기 (60석)	4,173,900	56%	53	34	+19
인천 (14석)	891,343	54%	12	8	+4
수도권 합계 (122석)	8,030,055	55%	102	67	+35

권역 (의석수)	국민의힘				
	지역구 득표수 합계		실제 의석 (a)	득표 비례 의석 (b)	차이 (a-b)
서울 (48석)	2,627,846	47%	11	23	-12
경기 (60석)	3,269,685	44%	7*	26	-19
인천 (14석)	747,240	46%	2	6	-4
수도권 합계 (122석)	6,644,771	45%	20	55	-35

＊ 국민의힘의 경기도 실제 의석 7석은 개혁신당 1석을 포함한 수치임
출처: 중앙선거관리위원회

은 유권자의 지지만큼 의석수를 얻게 됩니다. 물론 일정 비율 이
상의 봉쇄조항을 넘어야 의석을 받을 수 있습니다. 그런데 너무
도 당연한 이런 기본 원칙이 기존의 승자독식 선거제도에서는
전혀 지켜지지 않고 있습니다. 그렇다면 국민의힘은 자신에 대
한 유권자의 지지보다 훨씬 부족한 의석을 얻고도 왜 이런 문제
점을 고치려 하지 않은 채 방치해 왔고, 또 여전히 방치하고 있
을까요? 그것은 다음 총선에서 바람이 반대로 불면 더불어민주

당이 얻었던 횡재를 국민의힘이 대신 차지하게 될 것이라고 믿기 때문입니다. 더불어민주당도 똑같습니다.

그동안 거대 양당은 매번 자신이 승자독식의 행운을 차지하게 될 것이라고 믿으며 기존의 불공정하고 왜곡된 선거제도를 방치해 왔습니다. 그에 따라 군소 정당은 선거 때마다 부당한 대우를 받으며 의석을 얻을 수가 없었습니다. 바로 이런 점이 우리 정치의 발목을 잡아 온 것입니다. 수도권과 호남 지역의 국민의힘 당협위원장들에게는 선거제도를 바꾸는 것이 결정적으로 중요합니다. 선거제도를 기존대로 방치한다면 안타깝지만 총선 때마다 수도권에서는 고전을 면하기 어렵고, 호남 지역에서는 아예 기회가 없을 것입니다. 미세한 차이로 지역구에서 패배하면 그대로 끝이기 때문입니다. 이런 고충을 영남 지역 의원들은 절대 알 수 없겠지요.

준연동형이 아니라 제대로 된 권역별 연동형 비례대표제를 도입하도록 「공직선거법」을 개정한다면, 위의 표에서 보듯이 불리한 상황에서도 국민의힘은 수도권에서만 최소한 36~40명의 추가 당선자를 낼 수 있을 것입니다. 또한 호남 지역에서도 10~20퍼센트의 의석을 확보할 수 있을 것입니다. 이와 마찬가지로 대구·경북과 부산·울산·경남 지역의 더불어민주당 지역위원장들에게도 선거제도 개혁은 결정적으로 중요한 일입니다. 기존의 선거제도에서는 당선자를 낼 수 없거나 극히 일부 지역구에서만 당선자를 낼 수 있습니다. 이런 고충을 호남 지역 의원들은 절대 알 수 없습니다. 선거제도를 바꾸면, 더불어민주당도 영남 지역에서 최소 20~30퍼센트 정도의 의석을 가져갈 수 있습니다.

따라서 권역별 연동형 비례대표제를 도입하도록 거대 양당의 당협위원장과 지역위원장은 각자의 지도부를 압박하고 나서야 합니다. 만약 그렇게 된다면 그동안 험지에서 당선 가능성 없이 고생만 한 데서 벗어날 수 있습니다. 또 해당 지역의 유권자 지지만큼 당선자를 낼 수 있고, 일당 독재라는 오명에서도 벗어날 수 있습니다. 양당의 위원장들이 적극적으로 나서게 된다면 정치개혁의 큰 명분을 얻을 수 있을 뿐만 아니라 현실적으로도 막대한 이득을 얻게 될 것입니다.

6. 반드시 알아야 할 국회의원 선거의 쟁점

한 나라의 선거와 그 과정을 살펴보면 그 나라의 민주주의가 어느 정도 성숙했는지 알 수 있습니다. 우리 사회는 지난 반세기에 걸쳐 눈부신 성장을 거듭해 선진국 대열에 진입했습니다. 경제, 문화 등 많은 분야에서 국위를 선양하고 있지만, 정치 분야에서는 과거의 권위주의 체제에서 크게 벗어나지 못하고 여전히 후진적 양상을 보이고 있습니다. 특히 선거제도와 정당제도가 그 대표적 사례입니다. 시민의 주권을 제대로 지키고 행사하기 위해 선거와 정당 관련 문제점을 살펴보고, 그것이 왜 우리 민주주의 발전의 발목을 잡고 있는지 알아보겠습니다.

비례대표에 대한 오해

선거제도에는 지역구별로 당선자를 뽑는 다수대표제와 정당 득표에 따라 의석을 배분하는 비례대표제, 그리고 이를 혼용하는 혼합형 선거제도(다수대표제+비례대표제)가 있습니다. 혼합형 선거제도는 다시 병립형과 연동형의 두 가지로 구분됩니다. 연동형에서의 비례대표는 병립형의 비례대표와 완전히 다릅니다. 연동형에서는 지역구 후보가 동시에 비례대표의 후보가 됩니다. 즉 중복 출마(동시 출마)가 가능합니다. 과거 우리가 경험했던 병립형에서는 지역구 후보와 비례대표가 따로 존재했기 때문에 중복 출마를 생각하기 어렵습니다. 그래서 연동형 선거제도를 논의하면서도 지역구 후보와 비례대표 후보는 별도로 존재하는 것으로 알고 있습니다. 이 부분에서 오해하고 있는 것입니다.

2020년 준연동형 제도를 도입하기 전까지 한국의 선거제도는 혼합형 선거제도의 병립형이었습니다. 하지만 준연동형 제도를 도입한 다음에도 위성정당을 만드는 바람에 병립형에서와 거의 같은 결과를 내게 됐습니다. 제도가 변했지만 실제로 달라진 것은 거의 없습니다. 반면 이상적 선거제도로 꼽히며 우리가 도입하려는 독일식 선거제도는 혼합형 선거제도의 연동형입니다. 이를 염두에 두면서 병립형과 연동형의 차이, 전국별과 권역별의 차이점을 살펴보겠습니다.

■ 병립형과 연동형

병립형에서는 지역구 선거 결과와 비례대표 선거 결과를 따로 산출하고, 그 둘을 합해 한 정당의 총의석수를 결정합니다. 즉 지역구 후보와 비례대표 후보가 별개로 따로 존재합니다. 일반적으로 지역구 의석은 거대 양당이 독식합니다. 또 정당 득표에 의한 비례대표 선거에서도 보통 거대 양당이 비례 의석의 70~80퍼센트를 가져갑니다. 이런 선거에서는 군소 정당이 설자리가 거의 없습니다.

2024년에 치러진 제22대 총선의 전체 의석 300석은 지역구 254석과 비례대표 46석으로 구성됐습니다. 거대 양당이 지역구 254석 중 251석(99퍼센트)을 차지했고, 비례대표 46석 중 32석

한국의 병립형*과 독일의 연동형 비교

	병립형	연동형
총의석수 결정	• 지역구와 비례대표를 구분해 당선자를 결정한 후 • 2개를 합산해 총의석수 결정	• 정당 득표(율)에 비례해 총의석수 결정 • 지역구와 비례대표를 서로 연동해 산정
지역구와 비례내표 비중	보통 80:20	보통 50:50
중복 출마 여부	지역구와 비례대표: 별도 후보	지역구와 비례대표에 동시 출마 가능
정당 득표 적용 방식	전국 단위	권역별

* 2020년 준연동형제 도입 이전의 선거제도를 가리킴

(70퍼센트)을 얻어 전체 300석 가운데 283석(94퍼센트)을 가져갔습니다. 군소 정당에는 불과 17석만 돌아갔습니다. 군소 정당에 대한 지지율은 보통 20~30퍼센트 정도인데 실제 의석 비율은 6퍼센트에 불과한 점을 고치자는 것이 선거제도 개혁의 핵심입니다.

반면 연동형에서는 먼저 정당 득표에 따라 의석이 배분됩니다. 군소 정당도 자기가 얻은 정당 득표만큼 의석을 받을 수 있습니다. 정당 득표에서 10~20퍼센트를 받았다면 전체 300석에서 30~60석을 얻게 됩니다. 연동형에서는 병립형과 달리 지역구 후보와 비례대표 후보가 따로 나서지 않고 지역구 후보가 대부분 그대로 비례대표 후보가 됩니다.

그런데 유권자는 물론이고, 다수의 의원이 연동형을 이야기하면서 병립형처럼 지역구와 비례대표 후보가 따로 있는 것으로 알고 있습니다. 그래서 비례대표 의석을 늘리는 데 반대하고 있습니다. 그러나 비례대표 수가 늘어난다고 해서 흔히 알고 있는 것처럼 절대로 지역구 후보에게 불리하지 않습니다. 연동형 제도에서 비례대표를 늘리자는 것은 어떤 정당의 지역구 후보가

선거에서 떨어지더라도 해당 권역에서 그 정당에 대한 유권자 지지만큼 비례대표를 통해 당선될 의석을 늘린다는 의미이기 때문입니다.

예를 들어 D 정당이 40퍼센트를 득표했다면 전체 300석에서 120석을 얻게 되는데, D 정당이 지역구에서 100석을 얻었다면 비례대표로 20석을 얻게 됩니다. E 정당이 10퍼센트를 득표했다면 전체 300석에서 30석을 얻는데, 지역구에서 1석을 얻었다면 나머지 29석은 비례대표로 당선자를 내게 됩니다. 봉쇄조항(최저 득표율)을 넘는 모든 정당은 자기가 받은 득표수에 비례해 의석수를 얻을 수 있습니다. 사표가 사라지고 모든 유권자의 한 표, 한 표가 특정 정당의 의석수에 영향을 미치게 됩니다. 합리적이지 않은가요?

■ 전국별 비례대표와 권역별 비례대표

전국별 비례대표제와 권역별 비례대표제는 정당 득표에 따른 총의석수를 배분하는 방식의 차이입니다. 전국을 하나로 보고 배분하는 것을 전국별이라 하고, 여러 개의 권역에 따라 배분하는 것을 권역별이라고 합니다. 병립형이면서 전국별 배분 방식이 과거 우리의 선거제도였습니다. 연동형이면서 권역별 배분 방식은 독일식입니다. 그래서 독일식 선거제도를 흔히 권역별 연동형 비례대표제라고 부릅니다.

전국별 병립형 제도에 대해서는 기존의 경험으로 모두가 잘 알고 있습니다. 대안으로 권역별 '병립형' 제도의 도입을 말하기도 합니다. 그러나 이 제도는 운용상 몇 가지 문제를 안고 있습니다. 비례대표 의석수가 너무 적어 배분할 의석이 부족할 수도 있기 때문입니다.

권역별 연동형 제도는 기존의 선거제도와 매우 달라서 모두에게 생소한 편입니다. 이를 제대로 이해하고 있는 의원도 많지 않은 것 같습니다. 예를 들어 F 정당이 30퍼센트의 정당 득표를 했다면 F 정당은 전체 300석에서 90석을 얻게 됩니다. 만약 10개의 권역으로 구분돼 있다면, F 정당의 정당 득표를 계산해 10개 권역별 득표수만큼 10개 권역별 의석수를 산출할 수 있습니다.

전제 300석 가운데 지역구 의석을 254석에서 200석으로 줄이고 비례대표 100석으로 조정하면 서울 권역의 의석수는 지역구 36석에 비례대표 18석 등 총 54석이 됩니다. 여기서 F 정당이 서울에서 30퍼센트를 득표했다면 서울 권역에서 16석(=54석×30퍼센트)을 얻게 됩니다. 그런데 F 정당이 이미 서울 내 36개 지역구에서 11석의 당선자를 배출했다면 나머지 5석은 비례대표를 통해 얻게 되는 것입니다.

이때 비례대표는 별도의 후보가 따로 있는 것이 아니라 대부분 36개 지역구 후보가 그대로 비례대표 후보가 됩니다. 그 비례대표 순번의 상위에 있던 5명이 당선자가 됩니다. 비례대표 순번은 서울 권역 당원의 비밀투표로 결정됩니다. 병립형과 다른 것을 알 수 있습니다.

위성정당 문제

2020년과 2024년 선거(준연동형 방식)에서 위성정당이 출현하는 것은 지역구 의석이 과도하게 많고 비례대표 의석이 적기 때문입니다. 즉 거대 양당이 자신의 정당 득표로 받을 의석수를 모두 지역구 의석에서 이미 충당해 버리기 때문이지요. 이 문제를 해결하기 위해서는 지역구를 줄이거나 비례대표를 늘려야 합니다. 또 권역별 방식을 채택하면 거대 양당이 위성정당을 만들 동기가 사라지게 됩니다. 바로 이런 점들이 독일에서 위성정당이 나오지 않는 이유이기도 합니다. 조금 어려울 수 있으나 천천히 생각해 보면 이해할 수 있습니다.

다음의 표들은 권역별 연동형 비례대표제를 도입하기 위해 적합한 권역 수와 그에 따른 권역의 의석수를 살펴본 것입니다. 구체적으로 보면 의석을 늘리지 못할 경우와 100석을 늘릴 경우를 가정한 것입니다.

먼저 전국을 10개 권역으로 나누는 것이 합리적입니다. 앞으로 개헌 등을 통해 지방분권을 강화할 때 아래 표와 같이 권역을 설정하는 것이 바람직합니다. 중앙선거관리위원회가 제시했던 6개 권역 안은 서로 다른 지역이 합쳐져 의미를 찾기 어렵고 기존의 17개 권역은 지나치게 세분돼 과도하게 많기 때문입니다.

〈인구 비례에 따른 권역별 의석수 제안 1〉의 표를 보면, 총 300석에서 지역구 의석을 254석에서 200석으로 줄이고, 비례대표 100석으로 했을 때의 10개 권역의 의석수입니다. 〈인구 비례에 따른 권역별 의석수 제안 2〉는 의석수를 100석 늘려 총 400석으로 하고 지역구를 약간 축소해 200석, 비례대표 200석으로 했을 때의 권역별 의석수입니다.

표에서 보듯이 권역별 비례대표제를 시행하면 어떤 경우에도 지방 권역의 의석수는 기존보다 줄어들지 않음을 알 수 있습니다. 이를 통해 도농복합 선거구제나 선거구 획정에 면적을 포함하는 방식보다 권역별 연동형 비례대표제를 시행하는 것이 지역에도 유리함을 알 수 있습니다.

권역별 연동형 제도에서는 거대 양당이 위성정당을 만들기가 어렵습니다. 예를 들어 서울 권역에서 국민의힘이 35퍼센트의 정당 득표를 했을 때, 국민의힘 의석은 〈인구 비례에 따른 권역별 의석수 제안 1〉에서는 54석의 35퍼센트인 19석, 〈인구 비례

인구 비례에 따른 권역별 의석수 제안 1

(총 300석=지역구 200석+비례대표 100석)

권역	인구 (만 명)	기존 지역구 의석	개정안		
			지역구 의석 (a)	비례대표 의석(b)	총의석 (a+b)
서울	937	48	36	18	54
인천	301	14	12	6	18
경기	1,366	60	53	27	80
충청(대전+세종 +충북+충남)	556	28	22	11	33
전라(광주+전북 +전남)	496	28	19	10	29
대구·경북	491	25	19	10	29
부산	328	18	13	6	19
경남·울산	434	22	17	8	25
강원	152	8	6	3	9
제주	67	3	3	1	4
계	5,128	254	200	100	300

인구 비례에 따른 권역별 의석수 제안 2

(총 400석=지역구 200석+비례대표 200석)

권역	인구 (만 명)	기존 지역구 의석	개정안		
			지역구 의석 (a)	비례대표 의석(b)	총의석 (a+b)
서울	937	48	36	36	72
인천	301	14	12	12	24
경기	1,366	60	53	53	106
충청(대전+세종 +충북+충남)	556	28	22	22	44
전라(광주+전북 +전남)	496	28	19	19	38
대구·경북	491	25	19	19	38
부산	328	18	13	13	26
경남·울산	434	22	17	17	34
강원	152	8	6	6	12
제주	67	3	3	3	6
계	5,128	254	200	200	400

인구수: 2024년 5월 기준

에 따른 권역별 의석수 제안 2〉에서는 72석의 35퍼센트인 25석
입니다. 그런데 선거 바람이 상대편(더불어민주당)으로 불어 지역구
에서의 성적이 좋지 않을 경우, 국민의힘이 받아야 할 의석을 지
역구 당선자로만 채우기 어려울 수도 있습니다. 예를 들어 국민
의힘이 서울 권역의 지역구 36석 가운데 10석만 당선됐다면, 나
머지 9석이나 15석은 비례대표를 통해 당선자를 내야 합니다.
그런데 만약 위성정당을 허용한다면 비례대표 의석을 받을 수
없어서 그만큼 손해를 보게 될 것입니다.

또한 영호남 지역에서는 지역구 당선이 어려운 정당은 정당
득표에 따라 받아야 할 의석 대부분을 비례대표로 받아야 합니
다. 예를 들어 국민의힘이 전라 권역에서 20퍼센트를 득표했
다면 국민의힘 의석수는 300석일 경우에는 6석(=29석×20퍼센트),
400석일 때는 8석(=38석×20퍼센트)이 되는데, 이때 비례대표를 통
해 의석을 확보할 수 있습니다. 또 민주당이 대구·경북 지역에
서 20퍼센트를 득표했다면 민주당의 의석수는 300석일 때 6석
(=29석×20퍼센트), 400석일 때는 8석(=38석×20퍼센트)을 마찬가지로
비례대표를 통해 당선자를 낼 수 있습니다.

그런데 위성정당을 허용했다면 거대 양당의 의석들은 모두
날아갑니다. 따라서 지역주의 극복에 이보다 좋은 선거제도는
없을 것입니다. 이 제도는 석패율제*보다 훨씬 더 낫다는 것을
알 수 있습니다. 연동형 제도를 도입하면 석패율제는 자연스럽
게 불필요하게 됩니다.

2023년 1월 보수-진보 시민사회단체는 선거제도 개혁을 위한

---

* 석패율제는 혼합형 선거제도의 병립형에서 지역구와 비례대표에 동시에 후보로 출
마하는 것을 허용하고, 그들 중 지역구에서 가장 높은 득표율로 낙선한 후보를 비례
대표로 당선시키는 제도. 일본에서는 1996년부터 시행되고 있음.

다음 세 가지 원칙을 주장했습니다. 첫 번째는 표의 등가성 보장*, 두 번째는 특정 정당의 지역 일당 지배 체제 종식, 세 번째는 공천 문제점 개선과 유권자 참여권 확대입니다. 권역별 연동형 비례대표제야말로 사표를 없애서 표의 등가성을 보장하고 영호남의 특정 정당 지배를 막으며 유권자의 선거 참여를 유도할 수 있어 선거제도 개혁을 위한 원칙에 부합하는 제도입니다.

공천 독점

공천이란 여러 사람이 합의해 추천한다는 뜻으로 정당에서 선거에 출마할 후보를 결정하는 일입니다. 공천은 본 선거에 못지않게 후보나 정당에 중요한 일입니다. 특정 지역에서는 공천 자체가 당선을 의미하기 때문에 그렇습니다. 또한 한 표라도 많으면 당선되는 우리의 단순다수제 선거에서는 대부분 거대 양당의 후보만 당선되기 때문에, 양당 중 한 곳의 후보가 됐다면 이미 절반의 당선을 이룬 셈입니다. 그렇다면 이처럼 중요한 후보 공천은 어떤 방식으로 이뤄지는 것이 바람직할까요?

거대 양당을 포함해 대다수 정당은 선거를 앞두고 소위 공천관리위원회(줄여서 공관위 또는 공천심사위원회)를 구성해 후보를 공천하고 있습니다. 공관위를 구성하면서 공정성을 기한다는 명분 아래 공관위원장이나 공관위원 등의 자리에 외부 인사들을 데려옵니다. 공관위는 기존 의원을 평가해 일부는 재공천하고 일부는 탈락시키고 그 자리에 새로운 후보를 공천합니다. 이를 위해

---

* 표의 등가성을 보장한다는 것은 의석당 득표수를 같게 한다는 의미임. 다수대표제에서는 의석당 득표수의 차이가 심한 편인 반면, 정당 득표에 따라 의석수를 나누는 비례대표제에서는 의석당 득표수가 비슷해짐.

공관위에서는 여론조사, 다면 평가, 법안 발의 건수, 국회 출석률 등의 지표를 근거로 평가합니다. 하지만 국회의원에 대한 이런 식의 정량적 평가가 의미 있는 것인지 의문이 듭니다. 유권자가 선출한 국민의 대표를 특정 소수가 평가하는 것이 바람직한 일인지 궁금합니다. 지역구 의원에 대한 평가는 해당 지역구 당원과 유권자의 몫이 아닐까요?

거대 양당의 공관위는 254개 지역구를 살펴서 일부 지역에서는 현역 의원이나 지역위원장을 그대로 단수 공천하고, 또 다른 지역에서는 2~3명을 선정해 경선을 시행하고, 일부 특정 지역구에서는 전략 공천이라는 이름으로 특정인을 공천하고 있습니다. 어떤 지역구에서 한 사람을 단수로 공천하거나 특정인을 전략적으로 공천하면 그 지역에서 출마를 준비하던 다수의 예비후보는 아무것도 해보지 못하고 기회를 잃게 됩니다. 또한 경선 지역구에 대해서도 공관위의 입김은 막강합니다. 많은 예비후보 가운데 2~3명만 남기고 다른 후보는 탈락(소위 컷오프)시키기 때문입니다. 게다가 3명이 경선할 때 어떤 경우에는 3명 가운데 다수 득점자를 후보로 결정하지만, 또 다른 경우에는 과반이 안 되면 결선투표를 시행하겠다고 합니다. 공관위는 이런 방식으로 특정 후보에게 유리하게 하거나, 또는 다른 특정 후보를 배제함으로써 후보 선정에 영향력을 행사합니다.

물론 공관위는 이 모든 것은 공정한 기준에 따라 집행한다고 합니다. 하지만 자의적인 측면이 있다는 것을 부정할 수는 없습니다. 소위 친박학살, 친문학살, 비명횡사 친명횡재 등의 용어에서 알 수 있듯이 공천 논란이 끊이지 않기 때문입니다. 공천에 특정 권력자의 의지가 반영된다는 것을 모르는 사람은 많지 않을 것입니다. 이를 증명하듯이 공천 과정에서 탈락한 일부 후보는 당사를 찾아 불만을 토로하며 반발합니다. 심지어 선거를 앞두고 탈락한 후보가 당적을 옮기거나, 또는 자해나 분신 소동을 일으키는 것을 심심찮게 볼 수 있습니다.

따라서 공관위의 구성은 처음부터 잘못된 것입니다. 쉽게 말해 공관위의 역할은 눈 가리고 아웅의 전형입니다. 공관위원장이든 공관위원이든 자신을 임명한 당 대표나 지도부로부터 결코 자유로울 수 없기 때문입니다. 각 당은 자신의 공천이 공관위를 통해 공정하게 이뤄졌다고 주장합니다. 하지만 공관위는 당 대표나 일부 권력자의 공천권 행사를 정당화해 주는 수단일 뿐입니다. 권력자에 의한 공천은 공정한 당내 경쟁을 저해할 뿐만 아니라 정당의 발전을 지속적으로 가로막을 뿐입니다.

백번을 양보해서 공관위가 독자적이고 자율적으로 공천권을 행사했다고 가정하더라도 여전히 심각한 문제점이 남습니다. 공직후보의 선출은 각 정당이 가진 가장 중요한 의사결정 중 하나인데, 공관위에 외부 인사를 영입하는 것은 정당과 무관한 사람에게 넘겨 주는 것이기 때문입니다. 이는 정당 활동을 심각하게 훼손하는 행위이고 당원의 의욕을 꺾는 일입니다. 나아가 정당의 지도부가 자신의 기득권 유지를 위해 당원의 권리를 침해하고 있는 것입니다. 우리 정당의 이러한 잘못된 공천 관행은 결과적으로 일반 국민의 정당 참여를 가로막고 있는 셈입니다.

독일에서 모든 공직후보의 공천은 당원의 비밀투표를 통해 이뤄집니다. 후보를 선출하는 과정은 모두 기록되고 하자가 발견될 때는 그에 합당한 조치가 이뤄집니다.* 우리도 각 지역구의 후보를 각 지역의 당원이 결정하도록 중앙에서는 간섭하지 말아야 합니다. 그렇게 해야 공정성과 당내 민주주의가 살아나게

* 자세한 내용은 『독일 정치, 우리의 대안』(지식의날개, 2018) 204~211쪽 참고.

됩니다. 지역구의 후보 선출 과정에 문제가 있다면 그때 개입하면 됩니다.

일부 강연회나 토론회에서 독일식 공천 방식을 제안하면, 많은 사람이 우리의 지역구 상황에서는 곤란하다고 합니다. 지역구에 많지 않은 당원을 기존 국회의원이나 지역위원장이 관리하고 있어서 새로운 인물이 들어갈 수 없기 때문이라고 이유를 들지요. 맞는 말입니다. 하지만 지역구에 당원이 많지 않은 이유는 당원에게 공천권을 주지 않고 중앙에서 결정하기 때문입니다. 지역의 당원에게 제대로 공천권을 준다면, 정치에 관심 있는 다수가 적극적으로 당원으로서 참여하게 될 것입니다. 지역구의 당원 수가 몇백 명만 넘어가더라도 의원이나 위원장이 관리할 수 없습니다. 이렇게 해야 공천을 받기 위해 당 대표나 권력자에 대한 줄서기가 사라지고 풀뿌리 민주주의와 상향식 정치개혁이 가능해질 것입니다.

선거운동에 대한 과도한 규제

우리나라는 과거 부정선거의 역사적 경험에서 오는 우려 때문인지 선거운동에 대한 규제가 매우 많은 편입니다. 선거에 참여한 후보조차도 규정이 지나치게 까다로워 제대로 알지 못합니다. 「공직선거법」은 그 복잡성 때문에 선거관리위원회 직원만 알 수 있는 규정이라고 할 정도입니다. 예를 들어 전철역 앞에서 명함을 나눠 주는 것은 괜찮은데, 전철역 안에서 나눠 주는 것은 불법이라고 합니다. 어쩌면 이 기억이 뒤바뀐 것인지도 모르겠습니다. 그래서 후보 캠프는 선거운동에 나설 때마다 자신의 행동이 문제가 있거나 불법이 아닌지 선관위에 일일이 확인해야 할 지경입니다. 이런 식의 선거법 규정이 과연 바람직한 것일까요? 도대체 무엇을 위해 그런 규정이 필요한 것일까요? 결국 이처럼 까다로운 규정은 모두 정치 신인에게 진입 장벽으로 작용합니다. 이미 의원에 당선된 이들에게 유리한 규정입니다.

독일에서는 선거운동을 규제하는 내용이 특별히 없습니다. 거리 홍보도 자유롭고 유권자 집을 방문하는 것도 가능합니다. 선거운동 기간에도 특별한 제한이 없습니다. 만약 그런 행위가 문제가 된다면, 고성방가나 주거침입 등을 규제하는 법을 적용하면 됩니다. 과도하게 선거운동을 규제한다면 결국 정치적 자유를 제한하는 셈입니다. 이를 반영하듯이 독일의 「연방선거법 (Bundeswahlgesetz)」은 총 9개 장, 55조에 불과합니다. 이에 비해 우리의 「공직선거법」은 총 17개 장, 279조로 구성돼 있습니다. 여기에는 제7장 선거운동(58조~118조), 제8장 선거비용(119조~136조), 제9장 선거와 관련 있는 정당 활동의 규제(137조~145조) 등의 내용이 포함돼 있습니다. 이렇게 복잡한 규정은 모두 없애는 것이 낫습니다. 예를 들어 선거운동 관련 규정을 네거티브 규정으로 바꿔야 합니다. 특별히 해서는 안 되는 규정만 남기고, 나머지는 모두 허용하는 식으로 바꾸는 것이지요. 이렇게 자유롭게 해서 안 될 이유가 무엇일까요? 만약 이유가 있다면, 그것은 기득권 보호의 목적일 뿐입니다. 언제든지 선거운동을 할 수 있도록 허용해야 정치가 활성화될 수 있습니다.

반복되는 신당 창당

4년마다 치러지는 총선을 앞두고 반복되는 정치권 현상 중의 하나는 바로 새로운 정당이 만들어진다는 것입니다. 신당 창당 현상은 거의 매번 되풀이되고 있습니다. 총선이 끝난 후에는 대부분 흔적 없이 사라지고 맙니다. 혹시나 일부 의석을 얻은 정당은 거대 양당에 흡수되고 맙니다. 거대 양당의 공천 과정에서 배제되거나 탈락한 이들을 중심으로 창당이 이뤄지고, 선거 후에 당선자는 합당 등의 형식을 빌려 거대 양당에 다시 들어가는 식입니다. 게다가 이것을 문제 삼는 사람도 많지 않습니다. 하지만 분명 잘못된 행태입니다.

이런 현상은 기본적으로 우리 정당이나 정치인의 문제이기도 하지만, 그보다는 양당제라는 정당제도와 거대 양당의 후보만 당선되는 우리 선거제도에 그 원인이 있습니다. 유권자는 제3당이나 제4당의 후보가 마음에 들고 지지하고 싶더라도 사표 심리 때문에 투표장에서는 제1당이나 제2당의 후보를 찍을 수밖에 없습니다. 또한 군소 정당이 소수의 당선자를 내더라도 존재감이 부족해 스스로 정당을 유지하기가 쉽지 않습니다. 결국 거대 양당 중 하나로 수렴되고 맙니다.

따라서 매번 총선을 앞두고 창당되는 현상을 막기 위해서는, 또 군소 정당이 지속되도록 하기 위해서는 우리의 선거제도를 바꿔야 합니다. 즉 각각의 정당이 유권자의 지지만큼 의석수를 가질 수 있도록 선거제도를 바꾸는 것입니다. 그러면 선거를 앞두고 창당하는 현상은 사라지고, 다양한 계층을 대변하는 정당이 선거 이전에 만들어져서 유권자의 선택을 기다리게 될 것입니다. 그렇게 되면 승자가 독식하는 현상이 줄어들고 불평등과 양극화 현상이 감소하게 될 것입니다.

국회의원 정수의 축소? 확대?

툭하면 불거져 나오는 의원 수를 줄여야 한다는 주장은 정치개혁과는 무관한 포퓰리즘의 하나입니다. 이들이 정수 축소를 주장하며 내세우는 구실은 의원의 특권을 폐기해야 한다는 것입니다. 하지만 이는 정치의 기능이나 역할에 대한 진지한 고민 없이 단순히 정치를 혐오하는 유권자의 기호에 편승하려는 얄팍한 대중 영합에 지나지 않습니다. 국회의원의 행태가 마음에 들지 않는다고 해서 그 숫자를 줄이면 마음에 들거나 특권이 사라지게 될까요? 빈대 잡는다고 초가삼간 태우는 격입니다. 오히려 의원 수를 늘리는 것이 과도한 기득권이나 특권을 줄이고 정치를 활성화하는 길입니다. 또 괜찮은 인물이 의원이 될 수 있도록 선거제도를 바꾸는 것이 제대로 된 개혁안이라고 할 수 있습니다. 이는 지방의원도 마찬가지입니다.

그래프에서 보듯이 한국의 국회의원 수가 인구수 대비 가장 적은 것을 알 수 있습니다. 인구 10만 명당 의원 수를 따져보면 0.58명에 불과하고, 의원 1인당 인구수는 17만 2천 명으로 가장 많습니다. 대다수 국가는 우리보다 의원 수가 많을 뿐만 아니라 독일, 영국, 프랑스, 이탈리아, 스페인, 네덜란드에는 상원이 있고, 그에 따라 상원의원이 다수입니다. 또한 인구수가 상대적으로 작은 스웨덴, 덴마크, 핀란드는 인구 10만 명당 의원 수가 3명이 넘습니다. 그래프는 우리가 국회의원 정수를 늘려야 하고, 동시에 상원이 필요하다는 점을 알려 줍니다.

정치권이나 전문가 그룹에서는 다수가 의원 수를 늘리는 것이 옳다고 보고 있습니다. 중이 제 머리를 깎을 수 없듯이 정치인은 그 얘기를 꺼내지 못하고 있을 뿐입니다. 그러지 않아도 정치가 제대로 역할을 하지 못하고 있어서 국민의 시선이 따가운데 스스로 자기 밥그릇을 키우자고 할 형편이 아니기 때문입니다. 또한 다수의 정치학자가 상원을 신설해 양원제를 도입하자고 주장하고 있지만 그에 대한 시민의 호응이 부족합니다.

독일 사례와 비교해 의원 정수를 왜 늘려야 하는지, 또 어느 정도로 확대하는 것이 바람직한지 등을 살펴보겠습니다. 위에

국회의원과 인구수

OECD 국가의 국회의원 1인당 인구수

🇫🇮 핀란드	░░░░░	2만 8,000명
🇸🇪 스웨덴	░░░░░░	3만 100명
🇩🇰 덴마크	░░░░░░	3만 4,000명
🏴 영국	░░░░░░░░░░░░░░░░░░	10만 5,000명
🇫🇷 프랑스	░░░░░░░░░░░░░░░░░░░░	11만 3,000명
🇳🇱 네덜란드	░░░░░░░░░░░░░░░░░░░░░	11만 7,000명
🇩🇪 독일	░░░░░░░░░░░░░░░░░░░░░░░	13만 2,000명
🇪🇸 스페인	░░░░░░░░░░░░░░░░░░░░░░░	13만 4,000명
🇮🇹 이탈리아	░░░░░░░░░░░░░░░░░░░░░░░░░	14만 8,000명
🇰🇷 한국	░░░░░░░░░░░░░░░░░░░░░░░░░░░░	17만 2,000명

일부 OECD 국가의 국회의원 수

	인구 (만 명)	국회의원 (명)	인구 10만 명당 의원 수 (명)	상원의원 (명)
독일	8,300	630	0.76	69
영국	6,800	650	0.96	792
프랑스	6,500	577	0.89	348
이태리	5,900	400	0.68	200
한국	5,150	300	0.58	–
스페인	4,700	350	0.74	265
네덜란드	1,760	150	0.85	75
스웨덴	1,050	349	3.32	–
덴마크	600	179	2.98	–
핀란드	550	200	3.64	–

인구: 2023년 기준

출처: OECD

서 지적했듯이 국회의원의 특권이 지나치게 많고 크기 때문에 그 숫자를 줄여야 한다는 주장이 있기도 합니다. 이런 요구에 일부 공감 가는 측면이 없지 않습니다만, 우리 정치 상황에서 바람직한 주장은 아닙니다. 국회의원 개인으로서의 특권은 크다고 할 수 있으나, 국회가 입법부로서 행정부를 견제하는 데에는 의원 수가 오히려 많이 부족한 상황이기 때문에 그렇습니다.

예를 들면 2024년 정부예산은 657조 원에 달하는데, 이를 감시할 국회의 1년 예산은 1조 원도 되지 않습니다. 거대한 행정부 조직을 견제하기에 국회는 질적으로나 수적으로 충분한 상태가 아닙니다. 제21대 국회(2020~2024년)는 18개의 상임위원회가 만들어졌는데, 위원 수를 고려하면 상임위당 평균 16~17명에 불과한 셈입니다. 반면에 독일 제19대 연방의회(2017~2021년)는 30개 상임위원회로 구성됐으며, 상임위당 15~46명의 의원이 배정됐습니다. 독일의 상임위가 훨씬 더 많고 상임위의 위원 수도 몇 배 많음을 알 수 있습니다. 현실이 이렇다 보니 국회 상임위에는 다양한 현안이 존재하지만 그것을 담당할 위원이 부족합니다. 예를 들어 교육위원회에서 대학 관련 문제를 담당할 위원이 결국에는 거대 정당에도 1~2명에 불과합니다. 의원이 부족하다 보니 역설적으로 견제나 입법 등과 관련해 개별 의원의 권한은 더 커지고 기득권화되는 것입니다.

좀 더 구체적으로 양국의 예산위원회를 비교해 보면 문제점이 고스란히 드러납니다. 우리 국회는 1980년대 이후 50명의 의원으로 예산위를 구성하고 있습니다. 회기 90일 전에 정부가 예산안을 제출하면 60일 동안 심사해 안을 확정하게 돼 있습니다. 예산위는 상임위가 아니고 특별위원회 소속으로 60일 내내 일을 했다고 하더라도 하루에 10조 원이 훨씬 넘는 예산안을 심사하는 것입니다. 하지만 실제로는 60일도 온전히 제대로 진행되지 않습니다. 매번 시간에 쫓겨 수박 겉핥기 하다가 종료됩니다. 여야 예결위원의 지역구 예산을 일부 추가하고 전체 예산에 대해서는 형식적인 심의에 그치는 정도입니다. 예를 들어 2021년 예산안 심사도 이러한 공식에서 크게 벗어나지 않았습니다. 기획재정부가 처음 제안한 2022년 예산안은 604조 4천억 원이었으나, 국회에서 예산안 심사 후 3조 3천억 원이 늘어나 607조

7천억 원이 됐습니다.

　독일 연방의회에서는 예산위원회가 가장 큰 상임위 가운데 하나로 제19대 의회에서는 44명으로 구성됐습니다. 예산위원 장은 관례상 제1야당에서 맡는데, 제19대에서는 대연정으로 정부가 구성돼 제1야당인 대안당 의원이 위원장을 맡았습니다. 우리와 달리 정부가 예산안을 일찍 제출하기에 예산안 심사는 연중 내내 진행됩니다. 예를 들어 2020년 12월에는 연방정부가 2021년 예산안이 아니라 2022년 예산안을 제출하는 식입니다. 통계적으로 예산위원회는 회기 중에 공식 회의만 120~130회 개최했습니다. 이는 월 2~3회꼴입니다. 이런 까닭에 의회가 행정부를 제대로 견제할 수 있는 것입니다. 우리도 여야가 합의하면 그렇게 할 수 있다고 봅니다. 이를 위해서라도 의원 수를 늘리는 것이 절실한 상황입니다. 독일 연방의회 의원 수는 인구 약 13만 명당 1명꼴입니다. 우리 국회가 독일 수준만큼 되려면 최소한 100명은 늘려 총 400명은 돼야 합니다.

　연동형 비례대표제를 도입하는 과정에서 비례대표에 대한 오해, 선거 때마다 위성정당을 만들었다가 해산하는 문제, 정당 지도부의 공천 독점, 선거운동에 대한 과도한 규제, 반복되는 신당 창당의 문제, 국회의원 정수의 축소 주장 등에서 보듯이 우리나라는 선거와 정당제도에 문제가 많은 편입니다. 특히 정치 신인이나 군소 정당의 국회 진입 장벽이 과도하게 높은 편입니다. 이를 극복하는 것이 정치개혁의 시작이라고 할 수 있으며, 이를 위해서는 정치교육이 보편화돼야 합니다.

Chapter VIII

분권(자치)

1. 독일 시민대학의 정치교육

시민대학은 독일에서 가장 유명한 평생교육기관으로 오랜 역사를 지니고 있습니다. 그 뿌리는 18세기까지 거슬러 올라갑니다. 농경 사회에서 산업 사회로의 변화와 계몽철학이라는 2개의 배경에 근거하고 있습니다. 일찍부터 시민대학은 능력 향상과 인간 해방이라는 모호성을 띤 목표를 내세웠습니다. 상충하는 목표들의 긴장 관계는 서로 비중을 달리하면서 오늘날까지 유지되고 있습니다. 그 과정에서 시민대학의 개설 과목 중 정치교육은 중요한 의미를 지닙니다. 공공의 위임을 받아 유지되는 지역의 교육 시설인 당시 시민대학의 정치교육 프로그램은 매우 다양했습니다.

바이마르공화국에서 시민대학은 헌법 지위를 가지고 있었습니다(독일제국헌법 제148조 제4항). 1917년 독일에는 18개의 시민대학이 있었고, 1922년 8월에는 853개로 늘어났습니다. 1932년 말에는 216개의 야간시민대학(Abendvolkshochschule)과 81개의 지역시민대학(Heimvolkshochschule)이 만들어졌습니다. 이후 시민대학의 수는 감소했는데, 거기에는 재정적 이유가 가장 컸습니다.

바이마르공화국을 해체하면서 들어선 나치 체제는 지역시민대학을 폐쇄하고, 야간시민대학에 대해서도 해산하도록 막대한 압력을 가했습니다. 바이마르공화국의 주요 교육학자나 이론가는 망명했고, 일부는 나치즘에 봉사했습니다. 시민대학의 시설은 시민교육센터(Volksbildungswerk)로 바뀌었습니다. 제2차 세계대전이 끝나고 승전국인 연합국은 정치교육의 재건을 통해 민주주의의 원칙과 나치의 문제점을 부각시켰습니다. 그 과정에서 바이마르 시대의 교육자들이 재건에 동참했습니다. 1945년에 시민대학은 다시 문을 열게 됐습니다.

재건된 시민대학은 프로그램을 둘러싸고 이견이 분분했습니다. 당시 '독일시민대학 주 연합실무공동체' 회장인 파울 빌퍼트(Paul Wilpert)는 1951년 "시민대학은 정치를 하는 곳이 아니라 정치적 인간을 교육하는 곳이다"라고 의미를 규정했습니다. 이 단체는 1953년 7월에 독일시민대학연합회(Deutscher Volkshochschul-Verband: DVV)로 전환됐습니다. DVV는 시민대학의 강사를 교환하고, 기본 원칙이나 교육 지침을 개발하고 교육의 품질을 향상하며 국제 교류를 지원합니다. 2024년 현재 DVV에는 850개가 넘는 시민대학이 등록돼 있고, 전국에 약 2,800개 교육 장소가 있습니다. 약 16만 2천 명의 강사진과 연간 620만 명에 달하는 교육생이 활동하고 있습니다.

시민대학은 지역의 교육기관이지만 공적인 책임하에 놓여 있습니다. 그들의 법적·교육정책적 기반은 각 주의 평생교육법에서 근거합니다. 예를 들어 바덴-뷔르템베르크, 베를린, 브레멘, 헤센, 메클렌부르크-포어포메른, 노르트라인-베스트팔렌, 라인란트-팔츠, 튀링겐주에서는 시민대학에서 기본 교육으로 정치교육을 개설합니다. 물론 그 구속력에서는 서로 차이를 보입니

시민대학의 주요 프로그램

주제	세부 주제	주제별 과제
정치·사회·환경	디지털화	• 사회정책적 의미 • '스마트 민주주의'
	지속적 성장을 위한 교육	• 실행 능력의 전달 • 17개 목표 • 유네스코 행동 프로그램
	민주화 교육	• 시민의 역할 • 정치적 결정 과정 • 청소년 정치교육*
	시민참여	• 자원봉사자 • 열정과 리더십
	사회적 공동체	• 신뢰 구축 • 공동체 삶
	재정교육	• 경제와 법 • 재정과 소비
건강	음식	• 음식과 음료 • 요리
	체력 단련	• 피트니스 • 신체
	긴장 완화	• 숲길 걷기 • 스트레스 줄이기
언어와 통합	언어	• 독일어 • 외국어
	통합	• 이민자 문제 • 언어와 직업
노동과 직업	디지털과 노동 4.0	• 디지털 기본 능력 • 디지털 고급 과정
	사회 능력과 상호 문화 능력	• 시간/프로젝트 관리 • 협상, 계약 • 갈등 관리
	육아와 돌봄	• 노동과 육아 병행 • 건강과 돌봄
	상업 능력	• 판매와 경영 • 초급/중급/고급 과정
	언어적/직업적 통합	• 노동시장 언어교육 • 연방/주/기초자치
	지역 특화 프로그램	• 직업적 평생교육 • 언어와 직업
문화와 행사	다양한 행사 프로그램	• 극장, 박물관, 전시회 방문 등
	예술교육	• 사진 배우기
		• 그림 배우기

* DVV는 연방가족부의 지원을 받아 연간 100~150개 시민대학의 청소년 정치교육을 후원하고
있음. 10~26세 청소년 3천 명이 참여하고 있으며, 이 프로젝트는 연방가족부에서 지원함.

다. 바덴-뷔르템베르크주에서는 게마인데(읍·면)와 군(郡)의 자율
적 소관이지만, 노르트라인-베스트팔렌주에서는 각 도시와 게
마인데에 시민대학을 설립하는 것이 의무화돼 있습니다.

시민대학의 중요한 특징은 다른 평생교육의 주체들과는 달
리 사회적 계층이나 소득수준, 문화적 배경이나 장애 여부에 상
관없이 누구에게나 열려 있다는 점입니다. 시민대학의 공적 위

베를린 시민대학의 일부 프로그램 예시

주제	구분	프로그램
정치·사회·환경	정치와 사회	• 베를린: 시니어를 위한 정치적 대화 등 60개 강좌 • 독일: BSW 신당 등 70개 강좌 • 유럽: 반이슬람주의 등 50개 강좌 • 세계: 우리의 방어적 민주주의는 끝났는가? 등 60개 강좌 • 상호 문화: 퀴어와 편견 등 20개 강좌
	역사와 현대	• 베를린 역사(120개 강좌) • 독일 역사(110개 강좌) • 나치주의(40개 강좌) • 다른 주 소개(40개 강좌) • 주요 유적지 소개(21개 강좌) • 1900년 이전 역사(19개 강좌) • 예술사와 문화사(80개 강좌)
	철학과 종교	• 철학, 윤리(90개 강좌) • 종교(21개 강좌)
	심리학과 소통	• 파트너십(100개 강좌) • 소통(160개 강좌) • 배움, 기억(80개 강좌) • 수사학(200개 강좌) • 갈등 극복, 명상(160개 강좌) • 스트레스와 공포(120개 강좌) • 자기주장(100개 강좌) • 체험, 자력구제(200개 강좌)
	육아와 교육	• 60개 강좌
	법과 소비자 문제	• 화폐와 재정(50개 강좌) • 법(50개 강좌) • 소비자 보호(100개 강좌)
	자연과 환경	• 소풍, 걷기(100개 강좌) • 정원, 공원 가꾸기(80개 강좌) • 식물 키우기(140개 강좌) • 애완동물 기르기(80개 강좌) • 자연과 환경보호(140개 강좌)
외국어	6개 수준 코스	• 한국어 등 67개 언어 프로그램(시험과 자격증 부여)
독일어와 통합	독일어 코스 A1~C2	• 초급자 과정 A1, A2, B1, B2, C1, C2
	통합 과정	• 통합 과정 A1, A2, B1
건강과 음식	섭취와 요리	• 기본요리 코스 • 채식주의 요리법 • 비건 요리법 • 제빵, 제과. 초콜릿 만들기 • 주말요리 코스 • 기타 요리
	건강 관련	• 사회심리적 능력 • 질병과 회복 방안 • 환자 간병과 건강 요양 • 건강 관련 강연
	체력 단련과 필라테스	• 격투기와 자기방어 • 허리 훈련, 척추 단련 • 에어로빅, 줌바댄스 • 걷기, 노르딕 걷기 • 수중 김나스틱, 아쿠아 체조 • 주말코스
	긴장 완화	• 주의 집중 • 호흡과 명상 • 자발성 훈련 • 마사지 • 명상 • 기공, 타이지 • 요가
컴퓨터와 인터넷	인터넷	• 초급자 코스 • 인터넷 구매와 판매 • 인터넷 보안 • 웹디자인
	데스크톱	• 데스크톱 발행 • 그래픽, 그래픽 디자인, 애니메이션
	포토, 비디오, 오디오	• 오디오 작업 • 사진 작업 • 비디오 작업
	영업 소프트웨어	• 전자책 발간 • 전자회계 • 가계관리
	오피스 프로그램	• Access • Excel • Power Point • Word
	컴퓨터 디자인	• Maschinenbau • AutoCAD
	웹사이트 구성	• 웹그래픽과 멀티미디어 • 웹사이트 개념
	프로그래머	• C, C++, C# • Java • 인터넷 프로그래밍 • Visual Basic, VBA

임은 주 단위에서 규정되고 지역 단위에서 집행됩니다. 또한 교육 프로그램의 특징은 개설 강좌가 매우 다양하다는 점입니다. 이 가운데 정치교육은 그 중심에 있습니다. 시민대학의 또 다른 추세는 경제성과 관련돼 있습니다. 대다수 교육이 비싼 참가비를 받을 수 없고 지원에 의존해야 하기 때문입니다. 이와 관련해 DVV는 공적 지원금이 계속해서 줄어들어 평생교육을 지속하기 어려운 상황에 처하는 것을 우려하고 있습니다. 시민대학이 중점적으로 다루고 있는 주제는 〈시민대학의 주요 프로그램〉의 표와 같습니다.

예를 들어 베를린에는 12개의 시민대학이 있습니다. 시민대학 프로그램 중 대다수 강좌는 시간당 몇 유로 정도의 저렴한 강의료를 받고 있습니다. 또한 학생이나 대학생, 군인, 사회적 약자 등은 할인 혜택이 있습니다. 예를 들어 100시간의 독일어 코스는 185~235유로 정도입니다. 과거 유학 초기에 뮌스터의 시민대학에서 독일어를 배웠던 기억이 납니다.

2. 연방제와 지방분권

독일에서 대사관에 근무할 때, 작센주 드레스덴 시청의 초청을 받아 기업가 모임에 참석한 적이 있었습니다. 그때 시청의 투자유치담당 공무원이 "어떤 외국 기업이 드레스덴 지역에 100만 달러를 투자할 경우, 시에서도 그 기업에 똑같이 100만 달러를 지원하겠다"라며 투자를 유치하던 장면이 떠오릅니다. 우리의 시·군에서는 찾아보기 어려운 모습이지요.

한국에서는 대부분의 권한이 중앙에 집중돼 있기 때문에 기초자치시·군뿐만 아니라 광역시·도에도 그와 같은 권한이 주어지지 않습니다. 구체적으로 지방공무원의 인사나 조직 면에서는 중앙의 행정안전부에, 지방의 재정이나 경제적인 면에서는 중앙의 기획재정부에 권한이 집중돼 있습니다. 행정의 과도한 중앙 집중은 지역의 몰락에 일조하고 있습니다. 수도권의 면적은 전체의 약 10퍼센트에 불과한데, 2019년부터 인구수가 전체의 절반을 넘어섰습니다. 당연히 GDP 생산도 절반 이상입니다. 이렇게 수도권으로 인구와 자원이 몰려듦에 따라 전국의 226개 기초자치단체 가운데 수도권 이외의 시·군은 점차 사라질 위험에 내몰리고 있습니다. 그들 중 소위 소멸위험지역으로 분류되는 지역이 2021년 8월 기준 108개에 달하고, 그 숫자는 계속해서 늘어나고 있습니다.

물론 중앙정부가 가만히 있지는 않았습니다. 2003년 「국가균형발전특별법」을 제정하고, 예산을 편성해 2020년까지 약 144조 원을 투입했습니다. 또 한국전력공사, 한국토지주택공사와 같은 공기업이나 여러 부처 등 다수의 공공기관을 지방으로 옮겼고, 또 추가 이전을 계획하고 있습니다. 하지만 수도권과 다른 지역과의 격차는 줄어들지 않고, 오히려 더 벌어지고 있습니다. 특히 경제, 의료, 교육, 문화 등의 격차는 매우 심각한 상황입니다. 예를 들어 지방에 의사가 부족하다는 이야기는 의사 정원을 늘려야 하는 근거로 거론되고 있습니다. 이와 같은 상황에서 김포를 편입시켜 서울을 확대하자는 주장은 시대적 필요와 요구에 역행하는 발상입니다. 그러지 않아도 '서울공화국'이라는 오명을 안고 있는데 말이지요.

원래 건국과 동시에 시행됐던 한국의 지방자치는 5.16 군사쿠데타로 중단됐습니다. 제5공화국 전두환 군사정권의 장기 집권에 반대해 일어난 1987년 6월 항쟁으로 민주화가 진행되면서 지방자치는 1990년대 초중반에 부활하게 됐습니다. 이후 4년마다 지방선거를 통해 대표자를 뽑고 있지만, 지방자치는 여전히 제대로 자리 잡지 못하고 있습니다. 지방자치가 부실한 것은 지역의 문제에 대해 스스로 결정할 수 있는 자치권이 없고, 재정이 부족하며, 자치를 보장하는 법적·제도적 장치가 없기 때문입니다. 여전히 강력한 중앙집권제를 시행하고 있는 탓입니다.

더불어 일부 시민이 지방자치의 필요성을 크게 느끼지 못하고 있는 점도 문제입니다. 그렇다면 중앙정부의 권한이나 자원이 지방정부로 분산된 독일과 같은 연방제가 시행된다면, 어떤 점이 좋을까요? 우리가 연방제를 도입한다면 먼저 정치권력을 분산하고 여러 차원에서 제어할 수 있습니다. 일반 시민의 민주주의 의식도 고양할 수 있지요. 또 중앙과 지방의 문제해결 능력을 제고할 수도 있습니다. 이처럼 결정권을 분산하면 중앙정부는 과중한 부담을 낮출 수 있고 지방정부는 자율성을 높일 수 있습니다. 그 밖에 지방분권을 강화할수록 국민의 행복지수가 올라간다는 주장도 있습니다. 실제로 연방제 국가인 미국, 독일, 스위스 등은 국민소득도 높고 국가 경쟁력도 높은 편입니다.

연방제를 언급하면 흔히 과거 북한의 주장(고려연방제)을 떠올리며 우려하는 사람도 있습니다. 하지만 연방제나 연합제는 단순히 국가를 구분하는 형태의 하나일 뿐입니다. 지방분권을 강화하고자 한다면 그에 따른 정치교육이 필요합니다. 국가권력의 중앙 집중 정도에 따라 국가연합(가장 느슨한 형태, 동맹), 연방제 국가 또는 연방국가, 통일국가(중앙 집중이 가장 강력한 형태) 등으로 구분합니다. 그렇다면 독일의 사례를 통해 연방제에 대해 좀 더 자세하게 살펴보겠습니다.

독일 연방제의 구조

독일 연방제(연방국가)의 구조는 크게 연방(중앙) − 주(州, Land; 우리의 광역 단위와 비슷) − 기초자치단체(크라이스와 게마인데, 자치시)로 이루어집니다. 우리의 광역 단위에 해당하는 각각의 주는 입법, 행정, 사법 분야에서 자치권을 가지고 마치 하나의 국가처럼 움직입니다. 다만 외교, 국방 등 일부 분야에서는 그 주권을 연방에 양도한 상태입니다. 기능적으로 연방이 연방 차원의 입법권을 갖는 대신, 란트(주)는 그 연방법을 집행하면서 동시에 주 차원의 입법권을 갖습니다. 기초자치단체 수준에서도 조세 징수권 등 상당한 자치권을 갖습니다.

기본법(헌법) 제20조 1항 "독일은 민주적, 사회적 연방국가다(Die Bundesrepulik Deutschland ist ein demokratischer und sozialer Bundesstaat)"에 따라 독일은 크고 작은 16개 주로 구성돼 있으며, 여기에는 3개의 도시 주(베를린, 함부르크, 브레멘; 도시 자체가 하나의 주로 독립)가 포함돼 있습니다. 각 주는 크라이스(군)와 게마인데(읍/면), 그리고 이와 별도의 자치시로 구성됩니다. 크라이스와 게마인데, 자치시의 대표도 반드시 유권자의 선거를 통해 선출되고 자치권을 보장하도록 규정돼 있습니다. 크라이스 대표는 군수(Landrat), 게마인데와 자치시의 대표는 시장(Bürgermeister/Oberbürgermeister)이라고 합니다.

우리의 기초자치단체(226개)에 해당하는 곳이 독일에서는 약간의 차이는 있지만 2024년 현재 크라이스 294곳과 자치시 106곳으로 모두 400군데입니다. 크라이스를 구성하는 게마인데는 독일의 정치조직체에서 가장 하위의 자치단체이며, 약 1만 1천 개가 조금 넘습니다. 독일의 게마인데 시장에 해당하는 읍/면장을 우리는 선거로 선출하지 않고 임명하고 있어 풀뿌리 민주주의가 실현되지 않고 있습니다.

독일에서 16개 주의 의견을 반영하는 장치는 분데쓰랏(Bundes-rat; 연방상원, 연방참사원 등으로 번역)입니다. 연방상원은 연방의회(연방하원)와 함께 입법권을 가집니다. 연방의회를 통과한 법안이 지역이 이해관계와 관련이 있을 때는 반드시 연방상원을 통과해야 입법이 가능합니다. 이를 통해 지방의 의사를 관철할 수 있습니다. 한국은 단원제 국가라 모든 입법권이 국회에 있습니다.

독일에서는 연방상원 의원을 별도로 선출하지 않습니다. 연방상원은 16개 주 정부의 주 총리와 주 장관으로 구성됩니다. 인구수에 따라 주별로 3~6명의 대표자를 연방상원에 보내게 됩니다. 총원은 현재 69명입니다. 그리고 법안의 내용에 따라 해당 사항을 관장하는 주 장관이 파견됩니다. 독일 연방상원의 구성 방식은 50개 주에서 무조건 2명씩 선출하는 미국의 연방상원(Senate)과는 다릅니다. 독일의 연방상원 구조는 우리에게 많은 시사점을 줍니다. 정치인을 늘리는 데 대한 거부감이 큰 상황에서 추가로 정치인을 선출하지 않고 상원 제도를 도입할 수 있기 때문입니다.

독일의 연방제를 가능케 하는 또 다른 요인은 우리와 다른 조세제도입니다. 다양한 조세 가운데 일부(공동세)는 연방, 주와 게마인데가 공동으로, 나머지 일부(개별세)는 각 단위에서 별도로 징수합니다. 공동세에는 법인세, 소득세, 부가가치세 등이 있습니다. 연방과 주에서 일정 비율로 각각 절반씩 가져가고, 나머지는 게마인데에 돌아갑니다.

개별세는 연방이나 주, 또는 게마인데 가운데 한 곳에서만 징수하는 세금을 말합니다. 연방에서만 걷는 세금에는 에너지세, 보험세, 전기세, 관세, 자동차세, 항공세, 브랜디세, 담배세, 커피세 등이 있고, 16개 주에서만 걷는 세금에는 상속세, 맥주세, 로

독일 연방상원 배치도

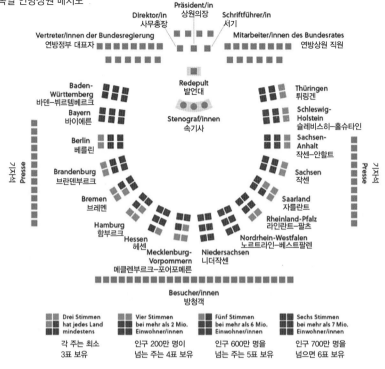

출처: 독일 연방상원 홈페이지

또세, 재산세, 토지취득세, 교통세 등이 있습니다. 가장 하부 단위인 게마인데(읍/면)에서는 토지세, 반려견세, 유흥영업세, 주류 면허세, 음료세 등을 걷습니다. 예를 들어 우리에게 낯선 반려견세(Hundesteuer)는 거리 청소를 위한 세금으로, 반려견 한 마리당 대략 연간 90~800유로 정도입니다. 각각의 게마인데가 직접 금액을 결정하기 때문에 일률적이지 않습니다.

이런 식으로 세금을 걷다 보면, 경제 사정이 좋은 부유한 주와 그렇지 않은 가난한 주 사이에 격차가 생길 수밖에 없습니다. 물론 독일에도 지역 간 경제적 차이가 존재합니다. 이런 차이를 줄이기 위해 조세수입이 많은 부유한 주는 재정 상황이 열악한 주

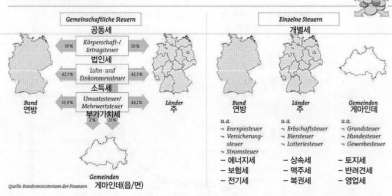

Steuerverteilung 조세배분

출처: 독일 연방정치교육원

를 지원하게 됩니다. 이를 재정조정제도(Finanzausgleich)라고 합니다. 이 제도는 연방과 주 사이에 또는 주와 주 사이에 공동으로 서로를 책임진다는 연방제 원칙에 따른 것입니다. 반면 우리나라는 국세가 지방세에 비해 압도적으로 많아 주로 중앙에서 세금을 거둔 다음, 이를 다시 지역에 나눠 주는 방식입니다. 이 과정에서 중앙정부는 막강한 권한을 행사합니다. 즉 제도적 측면에서 광역자치단체나 기초자치단체가 자율성을 갖기 어려운 구조입니다.

연방제에 대한 엇갈린 반응

독일과 같은 연방제를 도입해야 한다는 주장에 대해 전문가 그룹에서는 대부분 긍정적인 분위기입니다. 또한 국회에서도 회기마다 헌법개정특별위원회(개헌특위)를 구성해 개헌에 관한 논의를 이어가고 있는데, 지방분권을 강화하기 위해서는 연방제 수준의 개헌이 필요하다는 의견이 많습니다. 동시에 대통령제를 의원내각제로 바꿔야 한다는 주장이 다수입니다. 하지만 연방제와 내각제 개헌이 이뤄지지 않고 있는 것은 아직 국민적 공감대가 부족하기 때문이지요. 이는 무엇보다 기존 정치권에 대한 불신이 주요 원인입니다.

반면 연방제를 반대하는 그룹에서는 대체로 2가지 정도의 이유를 들고 있습니다. 하나는 지방에 능력을 지닌 인재가 부족해 중앙의 권한을 지방으로 넘기기 어렵다는 것이고, 다른 하나는 지방분권이 강화되면 나라가 하나로 통일되지 않고 중구난방이 돼 혼란스러울 것이란 지적입니다.

먼저 인재 부족이란 말은 맞지 않습니다. 물론 현재 광역의회의 구성원은 국회의 구성원에 비해 능력이나 자질이 일부 떨어질 수 있습니다. 그것은 기존 광역의회의 기능이나 역할 등에서 국회보다 존재감이 약해 인재의 참여가 부족하기 때문입니다. 만약 광역단체가 독일처럼 하나의 국가로 운영된다면 뛰어난 인재가 몰려들 것입니다. 매번 총선을 앞두고 거대 양당을 비롯해 여러 정당이 공천 경쟁을 벌입니다. 새로운 인재가 들어갈 자리가 없어 기존 인사를 쳐내야 하는 상황이 많습니다. 정치인은 많은데 자리가 부족한 것입니다. 지방자치를 강화해 정치인의 자리를 늘리면 인사 적체는 자연스럽게 해소될 것입니다. 정치 발전을 위해서도 연방제는 꼭 필요합니다.

또한 연방제가 되면 각각의 광역단체가 자율성을 강화하면서 우리나라가 하나로 통일되지 않아 혼란스러울 것이란 걱정이 있습니다. 이는 잘못된 이데올로기에 기반한 기우입니다. 민주주의란 다양한 생각이나 문화를 있는 그대로 수용하는 제도입니다. 서로 다르다는 것을 인정하고 받아들이는 시스템입니다. 다른 목소리와 그에 따라 발생하는 갈등을 제도적 장치를 통해 조정하는 것이 민주주의의 원리입니다. 모든 것이 하나로 통일

돼야 한다는 것은 과거 독재나 군사정권의 사고방식입니다.

이처럼 우리의 정치발전을 위해서는 반드시 연방제를 시행해야 합니다. 정치권에서부터 과도한 중앙 집중이나 독식의 문제를 해결해야 합니다. 그러면 자연스럽게 우리 사회의 경제, 교육, 문화 등 다양한 분야에서도 승자독식의 문제가 완화될 것입니다. 이를 위해서는 학생과 시민을 대상으로 한 시민교육이나 정치교육이 선행돼야 합니다.

3. 권력 분산과 민주주의 발전

"민주주의란 무엇인가?"라는 질문에 선뜻 이것이라고 대답하기는 쉽지 않습니다. 누구나 민주주의를 말하지만, 그것이 무엇인지 단정적으로 말하기는 어렵습니다. 사람마다 다른 의견을 내놓을 수 있습니다. 아마 정치학자들도 마찬가지일 것입니다. 어쩌면 누구나 자유로이 자신의 의견을 피력할 수 있는 것 자체가 민주주의일지 모릅니다. 민주주의 사회에서는 자유롭고 평등한 개인과 주권재민을 보장하고, 개인의 기본권을 신성불가침한 것으로 봅니다. 또 언론의 자유가 보장됩니다. 국민을 대표하는 모임인 의회가 법률을 제정하고, 선거를 통해 임기제 고위공직자를 선출합니다. 또한 권력분산을 통해 견제와 균형을 유지합니다.

실질적 민주주의에 대한 단상

한국이 민주주의 국가라는 사실을 부정하는 사람은 없을 것입니다. 정도의 차이는 있겠지만 주기적으로 선거를 통해 정권이 교체되는 최소한의 민주주의가 실현되고 있기 때문입니다. 이것을 보통 형식적 민주주의라고 합니다. 다만 우리가 좀 더 나은 민주주의를 실현하고자 한다면 선거를 통한 정권 교체와 같은 기존의 형식적 민주주의를 넘어서는 실질적 민주주의에 대해 고민해야 합니다.

한국의 민주주의를 한 단계 끌어올릴 수 있는 과제 중 하나는 선출직 정치인의 위상과 권한을 제도적으로 제어하는 것입니다. 독일과 한국의 선출직 정치인을 비교해 보면 차이가 있습니다. 독일의 경우에는 정치인 개인의 공과 사 구별이 분명하고, 공적인 지위에 대한 제도적 견제 장치가 분명한 편입니다. 반면 우리의 경우에는 정치인 개인의 공적인 일과 사적인 일에 대한 구분이 불분명해 정치인 스스로가 자신을 우월한 존재로 여기는 경우가 많습니다. 또 주변 관계자를 비롯해 국민 다수가 이를 당연한 것으로 받아들이는 경향이 있었습니다.

우리 사회에 민주주의를 고양하고자 한다면, 선거를 통해 당선된 대통령을 과거의 왕이나 군주처럼 여기는 관행을 시급히 타파해야 합니다. 광역 단위의 시장과 도지사, 기초 단위의 시장, 군수, 구청장 등도 모두 마찬가지입니다. 이들은 왕조시대와 달리 선거를 통해 선출됐다는 점만 다를 뿐, 과거의 군주, 관찰사, 사또 등의 존재와 크게 다르지 않습니다. 대체로 무소불위의 권력이나 권한을 견제받지 않고 행사하기 때문입니다.

시민의식이 부족할 때 이런 나쁜 관행이 발생합니다. 인간은 모두가 자유롭고 평등하며 존엄성을 지닌 존재이며, 정치인에게 자신의 권리와 권한을 잠시 위임할 뿐이라는 사실을 잘 모르는 사람이 많습니다. 아마도 우리가 봉건시대에서 시민혁명의 경험 없이 바로 민주주의 사회로 넘어왔다는 증거일 것입니다.

독일의 정치 시스템을 자세히 들여다보면, 선거를 통해 선출된 모든 정치 단위의 대표자 옆에는 항상 국민이 선출한 부대표자와 같은 견제 장치가 있다는 것을 알 수 있습니다. 또한 대표자가 주요 정책을 혼자 결정하는 것이 아니라 반드시 이들과 함께하게 되어 있습니다. 물론 최종 결정은 조직의 대표자가 내리더라도 의사결정 과정에서 이미 모든 것이 투명하게 드러나게 돼 독단이나 전횡을 부릴 수 없습니다. 당연히 비리를 저지르는 것도 불가능합니다. 달리 표현하면 권력에 대한 견제와 분산입니다. 우리는 그러지 않아도 승자독식의 시스템인데, 그 속에서도 또다시 대표자가 홀로 모든 것을 결정하게 돼 있습니다. 이런 점을 주체적으로 살펴보겠습니다.

권력의 수평적·수직적 분산

독일에서는 모든 정치권력이 수평적으로, 또 수직적으로 고루 분산돼 있습니다. 정치권력의 수평적 분산은 권력이 입법·행정·사법부로 나뉘는 것을 의미합니다. 우리도 삼권분립을 말하지만, 대통령이 대법원장을 지명한다는 점에서 사법부 독립에는 한계가 있습니다. 독일은 이와 같은 삼권분립 내에서도 다시 권력이 분산됩니다.

독일 연방의회에는 6개 정당이 각각 교섭단체를 구성해서 참여하고 있습니다. 우리의 경우에는 거대 양당이 국회를 독점하고 있어서 입법부 내 권력 분산이 극히 제한적입니다. 행정부의 수장인 연방총리의 권력은 대부분 연립정부를 구성함에 따라 연정에 참여한 다른 정당 출신의 연방장관 등에 분산됩니다. 인사권 등 부처 권한은 모두 연방장관에게 넘어갑니다. 자연스럽게 연방총리의 권한은 제한될 수밖에 없습니다. 반면 한국의 대통령은 내각의 모든 장관 임명권은 물론, 그 밖에 수많은 공무원의 인사권과 재정권 등 행정부의 전권을 가지고 행사합니다. 독일의 모든 법원은 일반, 노동, 사회, 재정, 행정 등 5개 분야로 나뉘어 사법권이 수평적으로 분산돼 있습니다.* 판사와 검사에 대한 인사권도 철저하게 분산돼 있습니다. 그에 대해서는 다음 장에서 살펴보겠습니다.

이처럼 독일의 입법·행정·사법권은 수평적으로 분산돼 있다는 것을 알 수 있습니다. 특히 독일의 실질적 최고 권력자인 연방총리의 권한은 연방내각(연방정부)의 다양한 부처에 의해 견제되고 제한됩니다. 이처럼 총리의 권력이 사전에 통제되고 있어 퇴임 후 권력 행사를 둘러싸고 문제가 되는 경우가 거의 없습니다.

정치권력의 수직적 분산은 권력이 연방, 주(광역 단위), 게마인데(기초 단위)로 나뉘는 것을 의미합니다. 권력이 연방에 집중되지 않고 16개 주에 분산돼 있습니다. 각각의 주 정부는 자체 헌법과 입법, 행정, 사법권을 가지고 마치 하나의 독립된 국가처럼 행동합니다. 외교·안보·국적 문제와 같은 주권의 일부만을 연방에 양도한 상태입니다. 주 의회에서 선출되는 주 총리의 권력은 연방에서와 마찬가지로 연립정부를 구성함에 따라 연정에 참여한 다른 정당의 주 장관에게 분산됩니다. 주 장관으로 구성된 주 내각에 의해 주 총리의 권한은 견제를 받게 됩니다. 반면 한국의 17명 광역시장과 도지사에게는 지방내각(지방장관)이 없어서 독일의 주 총리와 달리 특별한 견제 장치가 없습니다. 마치 선출된 관찰사처럼 무소불위의 권한을 행사할 수 있습니다. 광역의회가 있다고 할지 모르겠으나 의회는 사후 감사기관일 뿐

---

* 자세한 내용은 『누가 그들에게 그런 권리를 주었는가?』(교학도서, 2022) 제4장 참고.

주요 사항을 사전에 통제하기에는 역부족입니다.

독일의 16개 주 아래에는 한국의 기초자치단체와 유사한 크라이스(군)와 게마인데(읍/면), 자치시(크라이스에 속하지 않는 인구가 많은 도시) 등이 있습니다. 크라이스(294개)에서는 군수, 자치시(106개)에서는 시장이 신출됩니다. 우리의 읍/면에 해당(군수가 읍/면장을 임명)하는 게마인데(약 1만 1천 개)에서도 시장이 선출됩니다.

독일의 군수와 시장은 해당 지자체를 혼자 독단적으로 운영할 수 없습니다. 이들은 각각의 해당 의회에서 선출된 '업무부처(Dezernat: 연방정부와 주 정부의 내각과 유사한 조직)'의 장들과 함께 중요한 사안을 결정합니다. 예를 들어 인구 약 77만 명의 프랑크푸르트 자치시는 시장이 11명의 업무부처장과 함께 시정을 돌보고 있습니다. 업무부처에는 다양성·차별 금지·사회 통합, 경제·법·개혁, 디지털화·EU 관련, 재정·인사, 문화·과학, 복지·보건, 질서·안전·화재 예방, 기후·환경·여성, 도시계획·주택, 교육·부동산·건설, 교통 등이 있습니다. 시장은 사민당 출신이고 11명의 업무부처장은 사민당, 녹색당, 자민당과 지역정당(Volt) 출신으로 구성됩니다. 이처럼 독일에서는 기초자치단체장을 견제할 제도적 장치가 마련돼 있습니다.

반면 우리의 경우에는 226개 기초자치단체의 시장·군수·구청장이 막강한 권한을 갖습니다. 약 3,900개에 달한다는 인·허가권 등을 홀로 행사하고 있습니다. 단지 선거를 통해 단체장에 선출됐다는 이유만으로 그냥 방치하고 있는 것입니다. 기초자치단체장은 그들이 가진 막강한 권한 때문에 소위 선출된 사또라는 오명을 쓰기도 합니다. 이를 보완할 제도적 장치가 시급한 상황입니다. 단체장의 선의에 맡기는 것보다 독단적 행정을 견제할 내각과 같은 정치 시스템을 마련해야 합니다.

독일 연방제는 권력과 권한의 분산에 대한 중요한 시사점을 제공합니다. 반면 우리는 모든 권력이 중앙과 소수의 기관에, 또 몇 사람에게 과도하게 몰려 있습니다. 대표적인 자리가 바로 대통령이고, 광역시장과 도지사, 그리고 기초자치단체장인 시장·군수·구청장입니다. 단지 선거를 통해 선출됐다는 이유만으로 그들의 무소불위한 권력과 권한의 행사를 당연하게 받아들여서는 안 됩니다. 권력자가 자신이 임명한 공직자뿐만 아니라 의회 등에서 선출된 인사들과 함께 국정이나 도정, 시정이나 군의 일을 돌보도록 제도적 장치를 마련해야 합니다. 그래야 선출된 권력자의 전횡을 막고 제대로 된 견제를 할 수 있습니다. 그렇게 되어야 비로소 한국 정치가 달라질 수 있을 것입니다.

4. 법원, 검찰, 경찰 등 권력기관의 개혁

한국의 사법부는 오래전부터 통제받지 않는 권력의 하나로 자리매김하면서 성역화됐다는 비판을 받아 왔습니다. 이를 타파하려는 노력이 사회 곳곳에서 지속되고 있습니다. 사법 개혁은 생각보다 중요한 과제입니다. 사법부가 사회적 갈등을 조정하기 위한 최후의 보루이기 때문입니다. 법원과 검찰, 또 판사와 검사를 둘러싼 문제는 조금씩 변화를 보이고 있지만 근본적 문제는 여전히 방치되고 있습니다.

여기서는 우리 사법 시스템의 문제점과 그에 대한 대안을 생각해 보겠습니다. 다만 「형사소송법」과 같은 전문적이고 학술적인 내용이 아니라 일반인의 시각에서 쉽게 이해하고 공감할 수 있는 제도적 개선점에 초점을 두겠습니다. 판·검사의 재취업, 판·검사에 대한 인사권, 법원과 검찰의 중앙 집중, 검사의 과도한 권한, 검찰총장의 임기 보장, 부족한 법조인 수 등의 문제에 관해 독일 사례를 통해 대안을 찾아보겠습니다.

변호사를 하지 않는 독일의 판사와 검사

한국 사회에서 사법부에 대한 신뢰도는 높지 않습니다. 어쩌면 바닥인지도 모릅니다. 아직도 많은 사람이 '유전무죄, 무전유죄'라는 말에 큰 공감을 표하고 있습니다. 재벌이나 권력자에 대한 사건이나 재판에서 여전히 그런 모습을 보이고 있기 때문입니다. 또 판사나 검사가 중간에 그만두거나 퇴직한 후 유명 로펌(법무법인)이나 대기업의 변호사로 취업해 높은 급여나 수임료를 받기 때문입니다. 잘 드러나지는 않지만 그 과정에서 일반인은 상상하기도 어려운 천문학적 숫자의 보수가 오간다고 합니다. 또 과거의 사건 수사나 재판에서 행해진 은밀한 거래에 대한 보상이나 전관예우의 특혜가 작용한다는 것은 공공연한 비밀입니다.

독일에서는 그런 모습을 찾아보기 힘들다고 합니다. 먼저 대다수 판사나 검사는 일반적으로 자기가 선택한 자리에서 은퇴할 때까지 근무하고, 퇴직 후에 변호사로 개업하는 일은 거의 없다고 합니다. 라인란트-팔츠주 법무부의 고위 공무원에게 이 내용을 질문했더니 "판사나 검사는 오랫동안 판사나 검사로만 일했을 뿐이다. 그들은 변호사 일을 잘 모르고 경험도 없는데, 어떻게 변호사 개업을 하겠느냐?"라고 저에게 되물었습니다. 맞는 말입니다. 판·검사는 변호사가 아닙니다. 혹시 판사나 검사가 대기업의 변호사로 가는 사례는 없느냐는 질문에 그런 경우를 본 적은 없지만, "만약 그런 일이 생긴다면 그 판사나 검사의 과거 관련 기록을 모두 다시 검토해 문제가 없었는지 확인하게 될 것이다"라고 대답했습니다. 이런 분위기에서 전관예우 문제를 묻는 것은 질문 자체가 부질없어 보일 정도였습니다.

하지만 한국에서는 판·검사나 고위 공무원이 퇴직 후에 관련 기관이나 기업에 재취업하는 경우가 흔합니다. 지위와 인맥을 이용해 재취업한 기업이나 기관의 이익을 대변하는 일이 성행하고 있습니다. 이를 가리키는 새로운 용어가 법피아(법조 마피아), 관피아(관료 마피아) 등입니다. 최근에는 회전문 인사라고 해서 퇴직 후에 법무법인 등에 갔다가 다시 고위 공무원으로 임명되고, 공직이 끝나면 또다시 그곳에 재취업하는 잘못된 관행이 성행하고 있습니다. 어떻게 해야 이러한 전관예우의 문제를 몰아낼 수 있을까요?

공모를 통한 판사와 검사의 임명·승진·이동

한국에서 재판 거래와 같은 사법 농단, 편파·부실 수사 또는 재판이나 수사에 대한 상급자의 영향력 행사 등의 문제가 일어나는 것은 판사와 검사에 대한 승진이나 이동 등의 인사권이 대통령이나 대법원장, 검찰총장 등 소수에게 집중돼 있기 때문입니다.

헌법 제103조에는 "법관은 헌법과 법률에 의해 그 양심에 따라 독립해 심판한다"라고 명시돼 있습니다. 하지만 헌법에 따라 독립성을 보장받는 판사(법관)조차도 출신 대학이나 사법연수원의 기수와 성적 등에 따라 서열화됩니다. 판사는 단독 판사, 부장판사, 고등부장판사, 지방법원장, 고등법원장, 법원행정처장 등을 거쳐 대법관이 되는 것이 승진 순서입니다. 이 과정에서 판사 내부에 주류와 비주류가 생겨납니다. 주류에 들어가려면 대법원장, 법원행정처장이나 법원장의 지시를 잘 따라야 합니다.

검찰의 문제도 법원과 유사합니다. 검사동일체 원칙에 따라 검찰총장 아래 모든 검사가 위계적 구조하에 있어 상급자의 부당한 지시를 거부하기가 쉽지 않습니다. 검사도 평검사, 부장검사, 차장검사, 지청장, 지검장, 고검장, 검찰총장으로 위계와 서열이 확실합니다. 승진을 위해서는 학연, 지연 등에 따라 줄을 잘 서야 한다는 것을 일반인조차도 잘 알고 있습니다. 한국에서 판사와 검사가 상부의 눈치를 보게 만드는 또 다른 중요한 요인은 정기적으로 근무처를 옮기는 인사이동 시스템입니다. 지방이나 오지로 전근되는 불이익을 당하지 않으려면 모두 상급자의 눈치를 볼 수밖에 없는 구조입니다.

독일에서는 판사나 검사가 근무지를 정기적으로 옮겨 다니지 않습니다. 판·검사의 근무지 이동에 대해 질문했을 때, "그들이 그렇게 매번 옮겨 다니면, 그 가족은 어떻게 하느냐?"라고 저에게 되물었습니다. 대꾸할 말이 없었습니다. 그렇다면 판사나 검사의 임용이나 승진, 이동은 어떻게 하느냐는 질문에는 어떤 자리가 공석이 되면 주 법무부에서 공개모집(공모)을 한다고 답했습니다. 독일에서는 어떤 판사나 검사가 승진을 원하거나 다른 지역으로 옮겨 가고 싶다면 반드시 공모를 이용해야 합니다. 이와 같은 자리 이동은 단순히 판·검사에게만 적용되는 것이 아니

라인란트-팔츠주 법무부
대외협력과장
루벤 토믹(Ruben Tomic)과 저자

라인란트–팔츠주 판사선출위원회

구성	구성원	인원	선출 방식	비고
위원장	주 법무부장관	1		투표권 없음
위원	주 의원	8	주 의회	사민당 3명, 기민당 3명, 녹색당 1명, 독일대안당 1명
	판사(상임위원)	2	주 전체 법원의 판사회의	종신직
	판사(비상임위원)	2	주 해당 법원의 판사회의	
	변호사	1	주 의회	
계		14		

출처: 라인란트–팔츠주「주 판사법(Landesrichtergesetz)」

라 다른 공무원에게도 마찬가지였습니다.

판사의 승진이나 이동은 연방이나 주의 판사법에 따라 구성된 각각의 판사선출위원회에서 결정합니다. 대부분 연방이나 주 법무부의 공모에 따라 자격을 갖춘 지원자를 대상으로 이뤄집니다. 예를 들어 라인란트–팔츠주의「주 판사법」에 따른 판사선출위원회를 소개하면 다음과 같습니다. 제14조는 판사선출위원회가 판사의 임용, 승진, 이동을 결정한다고 명시하고 있고, 제15조는 판사선출위원회 위원의 구성 방법을 정해 놓았습니다. 8명의 주 의원, 2명의 판사(상임위원), 2명의 판사(비상임위원, 일반, 노동, 사회, 재정, 행정법원 중 해당 법원의 인사에 참여), 1명의 변호사 등 총 13명으로 구성됩니다. 제17조에 따라 8명의 주 의원과 1명의 변호사는 주 의회에서 선출합니다. 2023년 현재 8명의 주 의원은 사민당 3명, 기민당 3명, 녹색당 1명, 독일대안당 1명으로 구성돼 있습니다. 제18조에 따라 2명의 상임위원 판사는 주 소속 모든 법원의 판사들이 선출하며 종신직입니다. 2명의 비상임위원 판사는 해당 법원의 판사들이 선출합니다. 또 13명의 위원을 선출할 때, 13명 모두 자신을 대신할 수 있는 대리인을 같이 선출합니다. 판사선출위원회의 업무는 주 법무부가 관장하고 위원장은 주 법무장관이 맡습니다. 다만 위원장에게는 투표권이 없습니다.

판사선출위원회에서 투표권을 갖는 13명 중 9명이 주 의회에서 선출됩니다. 이는 일반 시민이 의회 의원을 선출하고 있으므로 판사의 임명, 승진 등에 시민의 의사가 의회를 통해 반영되고 있다는 증거입니다. 결국 독일의 판사는 시민의 통제를 받고 있다고 볼 수 있습니다.

법원과 검찰 조직의 권력 집중 문제

우리의 법원이나 검찰은 전국이 하나의 단일 조직으로 일원화되고 서열화돼 있습니다. 상급자의 부당한 지시나 요구를 거부하기 어려운 구조입니다. 하지만 독일에서는 법원의 구조가 연방과 16개 주 정부로 나뉘어 있으며, 주의 판사를 임명하는 주체는 연방정부와 연방의회가 아니라 각각의 주 정부와 주 의회입니다. 사법권의 수직적 분산이라 할 수 있습니다. 그리고 모든 법원이 일반, 노동, 사회, 행정, 재정 등 5개 분야로 나뉘어 있어 각각의 법원은 자신만의 전문성을 가집니다. 이러한 법원 구성은 연방법원(우리의 대법원)이나 주 상급법원, 주 법원, 지원 등 모든 단위에서 동일합니다. 사법권의 수평적 분산이라 할 수 있습니다.

각각의 사법기관이 강한 독립성을 유지하고 있어서 누군가 다른 재판이나 판사에게 관여하거나 부당한 압력을 행사하는 것은 원천적으로 불가능합니다. 중앙에 모든 권한이 집중되고 서열화되는 폐단이 사라지고 명실상부한 사법권의 분산과 재판의 독립이 보장될 수 있습니다. 독일에서 사법권이 서로 독립

될 수 있는 것은 앞에서 살펴봤듯이 주 정부(우리의 광역자치단체)가 자체적인 주 헌법을 가지고 입법·행정·사법권을 보유하기 때문입니다.

검찰의 경우도 법원과 같습니다. 독일에는 연방검찰청 이외에 16개 주에 24개의 주 상급검찰청이 존재합니다. 우리의 고등검찰청과 유사하지만, 이들은 주별로 독립된 조직입니다. 이들에 대한 인사권은 연방정부가 아니라 각각의 주 정부(보통 주 법무부)에 있습니다. 16개 주로 구성된 독일이라면 16개 주 상급검찰청이 있는 것이 자연스러운데, 24개가 있는 것은 인구가 많은 주에는 1개가 아니라 2~3개씩 있기 때문입니다.

결론적으로 우리의 권위주의적 사법 시스템을 개혁하는 문제는 단순히 법원이나 검찰의 작은 변화에 있는 것이 아닙니다. 근본적으로 우리의 중앙집권적 정치 시스템을 바꾸는 것과 맞물려 있습니다. 진정한 사법 개혁을 하고자 한다면, 연방제 도입과 같은 지방분권의 강화가 필요합니다. 더불어 학생 때부터 시민의 권리를 제대로 알려 주는 교육이 선행돼야 합니다. 시민의 권리란 다양한 정치나 사법 시스템 가운데 자기에게 유리한 체제를 선택할 수 있는 권한을 의미합니다.

검사의 과도한 권한 문제

우리나라 검사는 수사권, 기소권, 영장청구권, 경찰에 대한 수사지휘권, 기소재량권(피의자를 기소하거나 기소하지 않을 권리), 공소취소권(진행 중인 형사재판을 중단시킬 수 있는 권리) 등 과도하게 많은 권한을 독점하고 있습니다. 더불어 흔히 말하는 별건 수사(관련이 없는 다른 사건에 대한 수사)를 통해 무소불위의 권력을 행사합니다. 그 밖에도 제 식구 감싸기와 같은 집단 이기주의에 따라 검사의 행위에 문제가 있더라도 검사가 처벌받는 경우는 거의 없습니다. 무엇보다도 검사가 검찰수사관(약 6천 명)과 함께 일하면서 소위 영감님 소리를 들어가며 직접 수사권을 행사합니다. 이처럼 견제 없이 권한을 남용할 수 있는 시스템이 가장 큰 문제입니다.

반면 독일의 검사에게는 항상 그와 함께하는 경찰 수사관이 따로 배정되지 않습니다. 각각의 사건에 따라 관할 지역의 경찰 수사관이 사건을 수사해 보고하며, 검사는 그 보고서를 검토해 기소 여부를 결정합니다. 물론 경찰의 사건 수사가 부실할 때는 보강 수사를 지시할 수 있습니다. 대다수 검사는 사무실에서 혼자 서류를 검토하며 일하는 공무원입니다. 우리와 같은 무소불위의 권력 집단이 아닙니다.

검찰의 중립성과 검찰총장의 임기 문제

우리는 검찰의 중립성을 보장하기 위해 검찰총장의 임기를 정해 놓았습니다. 검찰이 공정한 수사를 할 수 있도록 보장하는 차원에서, 또 정권의 입맛에 맞게 편파 수사를 하거나 정권의 시녀 노릇을 하지 않게 하려는 목적으로 도입했을 것입니다. 그러나 선출되지 않은 권력에 임기를 보장하는 것은 문제입니다. 임명직 권력에 잘못이 있을 때는 바로 선출직 권력에 의해 통제가 돼야 하는데 그럴 수 없기 때문입니다.

독일의 연방검찰과 주 검찰은 각각의 행정부(법무부)에 소속하며, 상급 기관인 연방법무부와 주 법무부의 지시를 받습니다. 연방검찰총장, 연방검사, 주 검찰총장을 비롯해 모든 검사는 임기 없이 종신직이며 은퇴 시까지 정년이 보장됩니다. 연방검찰총장과 연방검사는 연방법무부장관이 제안하고 연방상원의 동의를 받아 연방대통령에 의해 임명됩니다. 주 검찰총장에 대해서는 대체로 각각의 주 법무부장관이 인사권을 갖습니다. 우리와 다른 부분이 있다면 검찰총장의 임명에 최고 권력자가 직접적으로 관여하지 않는다는 점입니다. 검찰을 특별한 권력기관으로 생각하지 않는다는 간접 증거입니다. 그리고 연방검찰총장의 인사에 연방상원의 동의를 받는다는 의미는 주 정부의 의견을 반영한다는 것입니다.

반면 연방대통령(실제는 연방법무부장관)은 언제든지 연방검찰총장을 바로 해임(『연방공무원법』 제54조)할 수 있습니다. 이처럼 연방이나 주의 법무부장관은 해당 검찰총장이 권력을 남용할 우려가 있을 때는 언제든지 특별한 사유 없이 그들을 해임할 수 있습니다. 관련 법에 따라 '일시적 은퇴 상황(Einstweiliger Ruhestand)'에 처하도록 명령할 수 있습니다. 이 제도는 검찰총장에만 적용되는 것이 아니라 독일의 정무직 공무원(임명직) 대부분에 해당합니다. 이런 조건에서 대부분의 검찰총장은 항상 중립적으로 임무를 수행하기 때문에 정권이 바뀌더라도 보통 그대로 자리를 유지하며 정권에 따라 검찰총장이 바뀌거나 검찰 중립성을 둘러싼 문제는 일어나지 않습니다.

연방검찰총장을 해임하는 경우는 거의 없습니다. 대다수가 은퇴 시까지 일하거나 다른 자리(예를 들어 연방헌법재판관)로 옮기느라 그만두는 정도입니다. 1950년부터 2023년까지 연방검찰총장은 단지 11명에 불과했습니다. 이들은 특정 정당의 당원이라도 문제가 되지 않습니다. 해임된 경우는 제10대 연방검찰총장(임기: 2011년 11월~2015년 8월) 정도입니다. 2015년 당시 일부 언론인의 국가 기밀 누설 의심 사례 수사에서 여론 등에서 강압 수사 논란이 일자 연방법무부장관이 곧바로 해임했습니다.

문제가 많은 우리의 검찰을 개혁하기 위해서는 옥상옥에 해당하는 고위공직자범죄수사처(공수처)와 같은 기관을 따로 설치하는 것보다 지방분권을 통한 검찰 조직의 분산이 훨씬 더 효과적인 대안이라고 할 수 있습니다. 또한 검찰총장의 임기 보장을 신성불가침한 것으로 여겨서는 안 되고, 독일처럼 문제가 있다면 바로 해임할 수 있도록 고쳐야 합니다. 무엇보다 임명직 공무원이 권한을 남용할 우려가 있을 때는 언제든지 선출직 정치인에 의해 통제될 수 있어야 합니다.

법조인 부족 문제

우리나라의 판·검사는 일이 많아 항상 격무에 시달린다고 합니다. 종종 일거리를 집에까지 가져갈 정도라고 하지요. 판사는 제대로 된 판결문을 쓸 시간마저 부족하다고 합니다. 원래 법관의 판결문은 그 사회의 정의를 가늠하는 중요한 기준이 됩니다. 따라서 판사가 시간이 부족해 판결문 작성을 소홀히 한다면 큰 문제입니다. 상황이 이러한데 왜 우리는 판사 수를 늘리지 않는 것일까요? 마찬가지로 왜 검사 수를 늘리지 않는 것일까요?

한국의 법조인 수는 독일에 비해 월등히 부족합니다. 한국의 판사는 2018년 기준 약 3,214명인데 비해, 독일은 2만 1,340명으로 7배가량 차이가 납니다. 대법관의 숫자도 비교가 되지 않습니다. 우리는 대법원장을 포함해 14명에 불과한 데 반해, 독일은 440명에 달합니다. 인구수를 감안하더라도 우리의 판사 수가 과도하게 적은 것이 분명합니다.

우리는 1명의 검찰총장 아래에 약 2,300명의 검사가 위계적으로 늘어서 있습니다. 즉 상급자가 하급자에게 영향력을 행사할 수 있는 구조입니다. 하지만 독일에는 앞에서 살펴본 바와 같이 검찰총장이 25명이나 있는 셈이고, 25명의 총장 아래 우리보다 3배 가까이 많은 약 5,900명의 검사가 자리하고 있습니다. 결과적으로 25개의 독립된 검찰이 있다고 할 수 있습니다. 연방검찰과 주 검찰은 상호 지휘 관계가 아니라 협조 관계를 유지합니다. 따라서 특정 부서의 권한 독점이나 상호 간의 서열화 문제는 존재하지 않습니다. 또한 서로 임명 주체가 다르기 때문에 어떤 검사에 대해 압력을 행사하기는 곤란합니다.

그 밖에 한국의 변호사 수는 약 2~3만 명으로 추정되는 데 반해, 독일은 5~8배 많은 약 16만 5천 명(2021년 기준)이 등록돼 있습니다. 이러한 차이는 판사나 검사와 마찬가지로 한국의 변호사도 독일에 비해 훨씬 더 큰 독점적 지위와 그에 따른 기득권을 가지고 있음을 보여 줍니다.

이처럼 한국의 법조인 수가 적은 것은 판·검사 및 변호사 집단을 포함한 소위 지배계급의 기득권 문제이자 중앙집권의 문제입니다. 이러한 기득권과 권력의 중앙 집중화 문제를 타파하고자 한다면, 지방분권을 강화해 지역정부(지방정부)를 구성하도록 하고 지역에도 입법·행정·사법권을 보장해야 합니다. 그렇게 되면 판·검사와 변호사 수를 늘릴 수 있고, 또 그들의 기득권을 타파할 수 있을 것입니다. 다시 말해 사법 개혁을 위해서는 먼저 권력과 권한을 분산하는 정치·경제·사회 시스템을 도입해

한국과 독일의 법조인 수(2018년)

	한국	독일	비고
인구	5,200만 명	8,300만 명	1.6배
헌법재판관	9명	16명	1.7배
대법관	14명	440명	31배
판사	3,214명	21,340명	7배
검사	2,292명	5,882명	3배
변호사	약 2~3만 명	165,000명(등록 기준)	5~8배

야 합니다.

독일의 사법 시스템이 최고이고 완벽하다고 주장하려는 것이 아닙니다. 독일의 시스템에도 문제점이 있고 비판이 많을 것입니다. 그럼에도 불구하고 독일의 시스템을 소개함으로써 우리의 사법 체계를 어떻게 바꾸는 것이 바람직한지 하나의 구체적 대안을 제시하고자 한 것입니다. 특정 소수에게 과도한 권한과 기득권을 부여하고 있는 우리의 사법 체계를 개혁해야 한다고 생각하는 이들에게 도움이 됐으면 합니다.

단일한 경찰 조직과 인사권 독점

2022년 10월 29일, 좁은 골목에 인파가 갑자기 몰려 들어 끔찍한 사고가 일어났습니다. 소위 '이태원 참사'라 불리는 사고에서 159명의 무고한 시민이 사망했습니다. 이 사건은 우리에게 새삼스럽게 다음과 같은 질문들을 다시 제기했습니다. 도대체 경찰의 임무와 역할은 무엇인가? 또 경찰이 제대로 임무를 수행하기 위해서는 어떻게 조직돼야 하는가?

특별수사본부의 수사 결과나 국회의 국정조사를 지켜보면서 떠오르는 문제점들이 있었습니다. 첫째, 대형 사건이나 사고에 대비한 대처 매뉴얼이 존재하는가입니다. 만약 매뉴얼이 있었다면 이번 참사에서 그 매뉴얼이 왜 작동하지 않았는지 의문이 들었습니다. 영화 같은 데서 보면 인질이나 화재 등 대형 사건이 발생했을 때 보통 다양한 기관에서 구조 요원이 출동합니다. 하지만 특정한 현장 책임자가 모든 상황을 통제하고 지시하는 모습을 보게 됩니다. 이는 사전에 준비된 매뉴얼에 따른 것이지요. 그것을 현장에서 결정하지는 않을 것입니다. 즉 매뉴얼의 존재 여부와 당시 구조 요원들이 매뉴얼을 충실히 따랐는지가 사고 대처 및 구조 활동의 잘잘못을 밝히는 기준이 됩니다. 만약 매뉴얼이 없다면 무엇을 기준으로 당시 상황의 시시비비를 지적할 수 있을지 궁금합니다.

둘째, 사건의 조사 과정을 보면 용산경찰서장, 서울경찰청장, 경찰청장 등에게 몇 시에 보고됐고, 어떤 지시가 있었는지가 큰 쟁점이 됐습니다. 이미 사건이 일어난 다음에 이뤄지는 보고와 지시가 얼마나 의미가 있을까 하는 의문이 듭니다. 제아무리 빨리 보고했더라도 당사자가 현장에 없는 상황에서는 제대로 된 지시나 조치가 어려웠을 것입니다. 상부의 지시가 없더라도 현장에 있는 누군가가 책임지고 대처할 수 있도록 권한이 주어지는 것이 중요하지 않을까요? 지시가 없으면 스스로 대처하지 못하는 경찰이란 그것을 상상하는 것만으로도 끔찍한 일입니다.

다른 공권력도 마찬가지이긴 하지만, 경찰 조직도 과도하게 중앙집권적인 동시에 위계적이고 권위적입니다. 참사에 대한 조사 과정에서 드러난 그날의 이야기를 들어보면 어이 없는 경우가 많습니다. 예를 들어 유족이 현장에서 사고로 희생된 가족을 바로 눈앞에서 보고 있는데 실종 신고를 하라면서 시신을 이송하는 것이 말이 되는 상황일까요? 당시 유족이 사고 관련 질문을 하면, 정보공개 신청을 하라는 말만 앵무새처럼 되풀이했다고 합니다. 정확한 대답을 할 수 있는 사람이 현장에 있어야 하는 게 아닐까요?

셋째, 경찰 지도부에 대한 보고와 그에 따른 지시는 핼러윈 행사일 이전에 있었는지 아닌지가 중요하다고 봅니다. 사전에 그 행사에 대한 보고가 있었고, 그에 따른 적절한 지시가 있었는지를 조사해야 합니다. 보고와 지시가 없었다면 당연히 직무 유기가 아닐까요? 경찰 지도부나 용산구청장, 서울시장, 행정안전부 장관 등 관계자들의 잘못은 사전에 사고대처 매뉴얼과 그 작동

시스템을 만들어 놓지 못한 데 있다고 봅니다. 매년 핼러윈 행사 때마다 약 200명의 안전요원이 배치됐다고 합니다. 이번에는 그렇지 못했다면 당연히 그에 합당한 책임을 물어야 합니다. 정권의 책임은 이것을 미리 감독하지 못한 데 있고, 그에 대한 적절한 정치적 책임을 져야 한다고 봅니다. 그런데 현실에서는 아무도 정치적 책임을 지지 않았습니다.

이번 참사를 계기로 배워야 할 가장 중요한 교훈은 모든 것을 중앙에서 관리하고 통제해야 한다는 생각을 바꾸는 것이라 생각합니다. 헌법 개정을 통해 지방분권을 획기적으로 강화하고, 그에 따라 경찰 조직도 분산해야 합니다. 독일의 분산된 경찰 시스템을 살펴보면서 우리의 중앙집권적 경찰 시스템의 문제점과 개혁 방안을 생각해 보겠습니다.

독일과 한국의 경찰 시스템

2021년 6월까지 한국의 경찰 조직은 검찰 조직과 유사했습니다. 약 13만 명이 넘는 경찰이 1명의 경찰청장 아래 상명하복의 단일 조직으로 일원화돼 있었습니다. 덕분에 상급자가 하급자에게 수사 압력을 행사하는 등의 문제가 발생하곤 했습니다. 이를 극복하고자 논의와 입법을 통해 2021년 7월 1일부터 전국에 자치경찰제를 도입했습니다.

자치경찰제란 지방분권 차원에서 광역자치단체에 경찰권을 넘겨준 것으로, 광역자치단체가 경찰의 설치·유지·운영에 관한 책임을 지는 제도입니다. 자치경찰은 국가경찰(중앙경찰)에 대비되는 개념으로, 국가 전체가 아닌 광역 단위에서 해당 지역의 치안과 복리를 위해 활동하는 경찰을 의미합니다. 하지만 우리의 자치경찰제는 무늬만 자치인 불완전한 형태입니다. 무엇보다 자치경찰에 대한 주요 인사권을 여전히 경찰청장과 중앙정부가 가지고 있기 때문입니다.

이에 반해 독일의 경찰은 2021년 기준 35만 명에 달하지만, 연방(중앙)과 주 단위(광역 단위)로 조직과 인사권이 철저하게 분산돼 있습니다. 인구수를 감안하더라도 독일의 경찰 수가 우리보다 월등히 많습니다. 한국의 대다수 경찰관은 늘 격무에 시달리며 휴가도 제대로 못 간다고 하는데, 왜 인력을 늘리지 않는지 모르겠습니다. 경찰 인력을 보강하면 청년 일자리도 늘어나고 시민의 안전도 강화되지 않을까요?

독일 연방에는 연방경찰(Bundespolizei), 연방수사청과 연방의회 경찰이 있습니다. 16개 주에는 주 경찰(Landespolizei), 주 수사청, 주 의회 경찰, 게마인데 경찰 등이 존재합니다. 16개 주는 모두 자체 경찰법을 제정하고 인원이나 충원 방식은 물론, 경찰복이나 경찰 차량의 색깔까지도 스스로 결정합니다. 주 단위 경찰도 다시 지역별로 분산돼 있습니다.

경찰복은 주로 파란색, 노란색, 녹색 등을 활용한 6개의 모델이 있습니다. 인구가 많은 노르트라인-베스트팔렌, 바이에른, 바덴-뷔르템베르크주는 각각 자신의 고유 모델을, 나머지 13개 주는 3개의 모델 가운데 하나를 선택해 주변 주들과 공동으로 사용하고 있습니다. 차량의 색깔은 과거에는 다양했으나 2010년대 들어 파란색을 중심으로 은색이나 흰색을 함께 사용하고 있습니다.

전체 경찰을 하나의 조직으로 유지하면, 조직을 관리하고 통제하는 데는 편리하고 유용할지 모릅니다. 하지만 시민에 대한 서비스의 관점에서 본다면 바람직한 형태가 아닙니다. 옥상옥에 해당하는 수많은 상부의 지시를 거쳐야 서비스가 이뤄지기 때문입니다. 이태원 참사와 같은 현장에서 상부의 지시가 없으

3부. 성인 정치교육 ● 313

면 대처할 수 없다는 경찰이 말이 될까요?

　시민의 입장에서는 눈앞의 경찰이 제공하는 서비스가 누구의 지시에 따른 것인지는 전혀 중요하지 않습니다. 이런 관점에서 본다면 한국의 단일한 경찰 조직 형태는 통치권자의 입맛에 맞는 것이고, 독일의 분신된 경찰 조직 형태는 시민의 편리함에 맞춘 것이라고 할 수 있습니다.

　한국에서 경찰에 대한 인사권은 극히 소수에게 집중돼 있습니다. 중앙에 국가경찰위원회를 설치하고 광역에는 시·도 자치경찰위원회를 두어 경찰 인사의 공정성과 객관성을 보장하고 있습니다. 하지만 모두 다 눈 가리고 아웅에 지나지 않습니다. 국가경찰위원회 7명의 위원을 행정안전부장관의 제청으로 대통령이 임명하게 돼 있기 때문입니다. 이런 상황에서 대통령의 의사에 반하는 경찰 인사가 가능할까요?

　또한 여전히 중앙에서 시·도 경찰청장에 대한 인사권을 독점하고 있어 시·도 자치경찰위원회도 허상일 뿐입니다. 각각의 시·도 자치경찰위원회 7명의 위원은 시·도 의회 등 여러 주체가 추천하고 시·도지사가 임명해 인사권을 다소 분산한 듯 보입니다. 하지만 주요 결정은 여전히 중앙에서 독점하고 있습니다. 경찰법 제28조 2항에 "시·도 경찰청장은 경찰청장이 시·도 자치경찰위원회와 협의하여 추천한 사람 중에서 행정안전부장관의 제청으로 국무총리를 거쳐 대통령이 임용한다"라고 돼 있기 때문입니다.

　이런 상황에서 중앙정부의 경찰권이 광역자치단체에 분산됐다고 할 수 있을까요? 자치경찰제란 말이 과연 의미가 있을까요? 이처럼 단일화된 경찰의 중앙 조직과 인사권을 그대로 둔 상태에서 광역자치단체에 자치경찰제를 도입한다는 것은 단순히 형식적 자치에 그칠 가능성이 큽니다.

반면 독일에서는 인사, 조직 등 경찰에 대한 모든 권한은 주 정부(지방정부 또는 지역정부)에 있습니다. 우리의 중앙집권제와 달리 지방분권이 강한 연방제를 시행하고 있기 때문입니다. 독일의 주 정부는 하나의 독립 국가와 비슷한 권한과 위상을 갖습니다. 특히 주 정부의 중요한 권한은 내무와 교육 분야에서 자치권을 갖는다는 점입니다. 그래서 경찰 조직을 관리하고 감독하는 곳은 연방 차원에서는 연방내무부이고 주 차원에서는 16개 주 내무부입니다. 거시적으로 봤을 때 독일의 경찰은 모두 17개의 자율조직으로 분산돼 있다고 할 수 있습니다.

공모를 통한 경찰의 승진과 인사이동

한국의 경찰은 위로 올라갈수록 인사 적체의 문제가 심각해 승진 경쟁이 치열하다고 합니다. 경찰 지도부에 해당하는 총경 이상 간부직은 전체 인원의 0.5퍼센트도 되지 않습니다. 거대한 경찰 조직을 이런 피라미드 조직으로 운영하는 것이 과연 바람직한지 독일 라인란트-팔츠주 경찰 사례를 자세히 살펴봄으로써 알아보겠습니다.

라인란트-팔츠주의 면적은 우리나라 경상북도와 비슷하며 인구는 약 410만 명입니다. 주 의회에서 과반을 확보한 측에서 주 총리를 선출하고 내각을 구성해 집권합니다. 주가 하나의 국가처럼 입법·행정·사법권을 가지고 있습니다. 주 경찰은 주 내무부 산하에 소속하며 전체 인원은 약 9,300명입니다.

주 내무부의 경찰국 내 대외협력과장 미하엘 퇴네스(Michael Thönnes)와 그의 동료 리타 비러(Dr. Rita Wirrer) 박사를 만나 이야기를 들었습니다. 경찰국은 주 내무부의 9개 부서 가운데 하나입니다. 퇴네스 과장은 자료를 준비해 기본법(헌법) 제30조, 제

70조, 제83조에 따라 경찰 관련 업무는 주의 소관이고,「주 경찰법 제95조」에 따라 경찰 조직은 주 내무부 산하에 놓인다고 알려 줬습니다.

주의 경찰 조직은 8개의 경찰본부로 구성됩니다. (전체 주 지역을 다섯 군데로 나눈) 5개의 지역경찰청과 주 범죄수사청, 지원경찰청(기술, 병참, 타격대), 주 경찰대학 등입니다. 주 경찰청장(우리의 광역시·도 경찰청장)이 따로 없다는 점이 놀라웠습니다. 주 전체 경찰 조직을 굳이 한 사람 밑에 둘 필요가 없다고 판단한 것 같습니다.

또한 그들의 승진이나 인사이동 시스템이 인상적이었습니다. 모든 경찰관은 자신이 원하는 곳에서 일할 수 있습니다. 자기 의사에 반해 다른 곳으로 이동하지 않는다는 것입니다. 인사이동이나 승진을 위해서는 반드시 원하는 곳에 빈자리가 나와야 하고, 공개적 지원 과정을 거쳐서 결정됩니다. 비러 박사도 똑같은 과정을 거쳐 현재의 자리에 왔다고 합니다. 원래 마인츠 출신인 그녀는 라인란트-팔츠주 경찰로 일하다가 학위가 있어서 한동안 노르트라인-베스트팔렌주에 있는 경찰대학에서 근무했습니다. 이후 다시 고향으로 돌아오고 싶었지만 빈자리를 기다려야 했고, 현재의 자리가 공석이 되자 공개모집에 응모하여 들어왔다고 했습니다.

상황이 이러하다면 대부분 경찰이 다른 직무나 이동을 원하지 않을 경우 문제가 아닐까 하는 생각이 들었습니다. 이에 대한 해답은 승진의 자격 조건에 있었습니다. 예를 들어 순찰 경찰이 나중에 승진하려면 반드시 다른 직무도 경험해야 진급 자격을 갖추게 되는 식입니다. 자신의 경력 관리를 위해 다른 자리가 비면 지원하게 되는 것입니다. 상관에게 잘 보여 진급하는 것이 아니라 자격을 갖추고 공개모집에 지원해 발탁돼야 합니다. 이런 시스템은 앞서 살펴봤던 독일의 판사나 검사의 이동이나 승진

제도와 같은 방식입니다. 우리 공무원 제도를 개혁하려면 반드시 도입해야 하는 시스템이 아닐까요?

또 한 가지 중요한 점은, 경찰이나 공무원이 고위직이나 하위직을 가리지 않고 모두 자신의 직무가 있다는 것입니다. 특히 고위 공무원이라고 해서 아랫사람이 해온 일에 대해 도장만 찍는 것이 아니라 반드시 자기 업무가 있었습니다. 이번 방문에서 만나 본 주 법무부, 주 내무부, 주 총리실의 고위 공무원은 모두 부처 조직도에 자신의 고유 업무가 나열돼 있었습니다. 이들의 대외협력 업무는 단지 그 직무 가운데 하나일 뿐입니다. 공직자 모두가 자신의 권한과 책임이 명확해질 수밖에 없는 시스템이었습니다. 우리나라 공무원의 직무 설계를 다시 해야 한다는 생각이 절로 드는 순간이었습니다.

그 밖에 라인란트-팔츠주 정부는 경찰을 충원하는 과정에서 반드시 대학교육을 받도록 하고 있었습니다. 비러 박사는 경찰교육생은 학업 기간에도 한 달에 1천 유로씩 받는다고 자랑스러워했습니다. 모든 경찰에게 대학교육을 받게 하는 것은 주의 시민에게 좀 더 나은 경찰 서비스를 제공하기 위해서라고 그 이유를 설명해 줬습니다. 이와 달리 단순히 직업교육을 통해 경찰을 채용하는 주도 있는데, 이것은 전적으로 각각의 주 정부가 알아서 결정할 사항입니다. 라인란트-팔츠주는 경찰 서비스의 품질

라인란트-팔츠주 내무부 대외협력과장
미하엘 퇴네스(Michael Thönnes)

을 중시하고 있는 것입니다.

　최근 이태원 참사의 대처에서 보듯이 중앙집권화된 우리 경찰은 사전 예방이나 사고현장 대처, 사후 처리 등에서 수많은 문제점을 그대로 드러냈습니다. 특히 일부 하위직에만 책임을 묻고 고위직에 대해서는 책임을 묻지 않는 것은 조직이 과도히게 방대해 책임 소재가 불분명하기 때문입니다. 따라서 광역 단위로 경찰 조직을 분산해 자신의 권한과 책임을 분명히 부여할 필요가 있습니다. 물론 이것은 지방분권을 강화하는 문제와 맞물려 있습니다. 이 문제를 해결해야 하는 책임은 경찰이 아니라 당연히 정치권입니다.

　과거 독재나 권위주의 정권에서는 경찰, 검찰, 사법부 등의 기관은 종종 권력을 남용하기도 했습니다. 최고 권력자의 입맛에 맞는 수족 노릇을 해 정권의 시녀라는 소리를 듣기도 했지요. 이후 민주화가 이뤄지면서 대다수 공공기관이 과거의 모습에서 벗어나 시민을 위한 기관으로 거듭나고 있습니다. 그 과정에서 경찰, 검찰이나 사법기관 등의 개혁 문제는 특히 많은 민주시민의 관심 대상이 되고 있습니다. 하지만 일부 측면에서는 여전히 과거의 관성에서 벗어나지 못하고 퇴행적 행태를 보입니다. 앞서 살펴본 분권화된 독일 사례는 우리에게 많은 시사점을 줍니다. 그와 같은 시스템으로 바꾸기 위해서는 정치권이 움직여야 합니다. 정치권이 나서게 하려면 깨어 있는 시민의식이 필요하고, 시민의식을 고양하려면 학교 안팎에서 체계적인 정치교육이 이뤄져야 합니다. 또한 정치교육에 대한 교사의 소양도 중요하겠지요.

5. 독일의 통일엔 정치교육이 있었다

많은 사람이 동서독 통일을 우리나라의 통일 모델로 생각하곤 합니다. 시민강좌에 가면 이에 관한 질문이 빠지지 않습니다. 하지만 두 나라의 분단상황, 통일정책, 대외환경 등을 살펴보면 공통점보다 서로 다른 점이 더 많습니다. 그래서 한반도가 독일통일의 경로를 그대로 따라 하기는 어려워 보입니다. 그럼에도 불구하고 독일의 통일 사례는 한반도에 몇 가지 중요한 시사점을 주고 있습니다. 국내정치적으로 기민당/기사당이 사민당의 동방정책을 계승했다는 점과 대외정책 면에서 미국과 소련을 상대로 서독 정부가 자신의 이해관계를 잘 관철할 수 있었다는 점입니다. 여기에는 서독의 정치시스템(다당제, 의회중심제, 연방제 등)이 중요한 역할을 했습니다. 몇 가지 질문을 통해 주요 시사점을 살펴보고자 합니다.

동서독과 남북한 분단의 공통점과 차이점

동서독과 남북한의 분단은 냉전의 산물이라는 공통점을 가지고 있습니다. 전후 자본주의와 사회주의 간 진영 대결의 희생양이 된 것이지요. 그런데 외양상으로는 같은 분단상황이었지만 몇 가지 차이점을 안고 있었습니다.

첫째, 분단 당시 독일과 한반도는 국제법상의 지위와 위상이 서로 달랐습니다. 독일은 제2차 세계대전을 유발했던 유럽 지역의 패권국으로, 분단 당시 패전국이었고 동시에 불완전 주권국으로서 초기에는 상당히 많은 국제법적 제약을 감수해야 했습니다. 반면 대한민국은 제2차 세계대전 당시 일본의 식민지이자 약소국이었고 분단 시에는 이제 막 식민지에서 벗어난 독립국이자 주권국이었습니다.

둘째, 분단된 동서독 관계는 상호 적대적이지 않았습니다. 동서독은 자기 의사가 아니라 외세에 의해 분할됐기 때문에 분단 초기와 그 이후에도 서로 적대적일 이유가 없었습니다. 물론 체제 경쟁이나 통일을 둘러싼 정책을 두고 동서독 정부 간 갈등이나 대립이 일부 존재했지만, 같은 민족으로서 동서독 주민은 굳이 서로를 싫어할 이유가 없었던 것입니다. 반면 남북한 관계는 매우 적대적으로 변모했으며, 현재도 그러한 관계가 지속되고 있습니다. 원래는 한반도 상황도 1940년대 후반과 분단 초기에는 서로 적대적일 이유가 없었습니다. 하지만 분단 이후 치르게 된 1950년 6.25전쟁으로 인한 동족상잔의 비극과 그에 따른 막대한 인명의 희생과 물적 피해는 남북한 관계를 매우 적대적으로 변모시켰습니다. 이후 체제 경쟁이 심해지고 상호 접촉이나 교류가 중단되면서, 또 1990년대 들어 북한의 핵무기 개발이 본격화되면서 그러한 대립과 갈등 관계는 점점 더 심해졌습니다. 이후 남한 정권의 성격에 따라 화해 또는 대립 국면을 오가고 있습니다.

셋째, 동서독과 남북한은 인구와 면적 같은 물리적 조건과 그에 따른 외국군의 주둔에서 서로 차이가 있었습니다. 동독의 면적은 약 11만 제곱킬로미터로 독일 전체(36만 제곱킬로미터)의 약 30퍼센트이고, 인구는 약 1,667만 명(1988년 기준)으로 서독의 4분의 1에 불과해 물리적인 면에서 서독이 동독을 압도했습니다. 동독에는 1956년부터 1990년까지 약 16만 명의 동독군이 존재했고, 군 복무 기간은 처음에 18개월이었으나 나중에는 12개월로 단축됐습니다. 동시에 동독군의 2배도 넘는 약 34만 명의 소련군이 동독 지역에 주둔했습니다. 이는 동독 정권의 정통성을 훼손했을 뿐만 아니라 동독을 소련의 영향력 아래에 놓이게 했습니다. 물론 서독 지역에도 미군이 주둔했으나 그 규모는 소련 군만큼 크지 않았습니다. 반면 북한은 인구 면에서는 남한의 절반 정도이나 면적은 조금 더 큰 편입니다. 또한 독일과 달리 사회주의 진영인 북한 지역에는 소련군과 같은 외국군이 주둔하지 않았고, 반대로 자본주의 진영인 남한 지역에는 미군이 계속해서 주둔해 오늘에 이르고 있습니다.

이상에서 살펴본 바와 같이 독일과 한반도는 같은 분단상황이(었)지만 여러 면에서 다른 점이 존재했고 아직도 그 차이점이 지속되고 있습니다. 패전국이었던 독일은 통일 과정에서 4대 전승국의 동의 여부가 결정적으로 중요했습니다. 물론 한반도에서도 주변 강대국의 이해관계가 중요하지만, 이론상으로는 남북한의 합의만으로 통일에 이를 수 있습니다. 동서독 관계는 지속적 교류가 가능했고 서로를 적대시하지 않았던 반면, 남북한 관계는 교류가 단절된 채 대단히 적대적인 상황입니다. 독일과 달리 한반도는 먼저 이 적대관계를 극복하는 것이 통일을 위한 최우선 과제입니다. 서독은 인구와 면적에서 동독을 압도했고 동독이 서독의 연방제에 진입함으로써 통일에 이를 수 있었습니다. 반면 남북한의 물리적 조건은 경제적·군사적 조건을 감안할 때 어느 한쪽이 일방적으로 상대방을 압도할 상황은 아닙니다. 따라서 우리가 독일통일의 과정과 경험을 그대로 한반도 통일 모델로 적용하기에는 많은 제약이 따를 수 있습니다.

동방정책의 연속성 유지

한국에서는 정권(진영)에 따라 상반된 대북정책을 추구하고 있는데, 과거 서독에서는 정권이 달라도 어떻게 동방정책의 연속성을 어떻게 유지할 수 있었을까요? 서독의 사민당은 국제 관계의 변화에 맞춰 빌리 브란트(Willy Brandt)를 중심으로 동유럽을 중시하며 교류를 확대하려는 동방정책을 추구했습니다. 이는 당시 집권당인 기민당/기사당의 서방정책과는 다른 것이었습니다. 1963년 7월 당시 베를린 시장이었던 브란트의 대변인 에곤 바(Egon Bahr)는 바이에른주의 투칭(Tutzing)에서 행한 연설에서 사민당의 동방정책과 관련해 처음으로 '접근을 통한 변화(Wandel durch Annäherung)'라는 문구를 사용했습니다. 브란트와 바는 미국의 전략이 공산주의 제거가 아니라 변화에 있다고 보고 그에 발맞춰 동독의 변화를 모색하는 정책을 추구한 것입니다. 이 개념은 사민당 동방정책의 주요 기조가 됐으며, 흔히 신동방정책이라고 부르기도 합니다. 동방정책이란 용어를 처음 사용한 기민당의 키징어(K. G. Kiesinger) 연방총리의 동방정책과 구분하기 위해서입니다.

1960년대 후반 기민당/기사당-사민당의 대연정 이후 최초로 정권을 잡은 사민당은 자민당과 연정을 꾸리고 브란트 연방총리를 중심으로 동유럽 및 동독과의 관계를 개선하려는 (신)동방정책을 차례로 추진했습니다. 이 정책의 주요 내용은 다음과 같습니다. 얄타협정에 따른 국제 체제의 현상을 유지하고 동독의 존재를 인정하는 것입니다. 이를 통해 동유럽 체제의 안정을 도모하고 그러한 바탕에서 동구의 점진적 변화를 유도하는 것입니다. 또 공산권과의 협상에서 안보 문제와 경제협력을 동시에 추진하는 것입니다.

기민당/기사당은 1950~1960년대에는 동독과 동유럽 국가들에 비해 서방을 우선시하는 정책을 고수하다가 1969년 사민당-자민당에 정권을 넘겨줬습니다. 이후 사민당으로부터 정권을 되찾은 1980년대에는 사민당의 동방정책을 대부분 그대로 수용해 대동독 및 대동유럽 정책의 일관성을 유지했습니다. 이러한 일관된 정책과 국제환경의 변화, 동독 사회의 개혁 요구 등에 힘입어 기민당/기사당은 자민당과 함께 1990년 독일통일을 달성한 주역이 됐습니다.

정권이 바뀌었음에도 서독의 동방정책이 연속성을 유지할 수 있던 것은 동독 정권을 대화의 상대로 인정한다는 측면에서 크게 이견이 없었기 때문입니다. 중도 우파 진영인 기민당/기사당은 1969년 사민당-자민당에 정권을 내준 후 야당으로 활동하면서 통일 및 외교정책을 둘러싸고 심각한 당내 대립과 갈등을 겪었습니다. 당내 의원들은 근본주의자(보수파)와 개혁주의자(진보파) 그리고 이를 통합하고자 하는 중립적 조정주의자(중도파)로 나뉘었습니다. 보수파는 사민당-자민당 정부의 신동방정책에 반대하면서 초대 연방총리였던 아데나워 정부(1949~1963년)의 서방화 정책을 계속해 계승하고자 했습니다. 반면 진보파는 국민적 지지를 받는 신동방정책의 필요성을 인식하고 당내 대외정책의 전환을 위해 보수파 의원들과 대립했습니다. 헬무트 콜을 중심으로 한 중도파는 그와 같은 보수파와 진보파의 의견을 조정하고 갈등을 봉합해 당내 대립을 완화하기 위해 노력했습니다. 중도파는 심각한 경우 당이 깨질 수도 있다는 우려를 불식해 가면서 당의 전열을 유지했습니다. 비록 지독한 근본주의자를 자임했던 아벨라인 연방의원조차도 "동독 공산당 서기장 호네커를 타도하는 것이 우리의 과제가 아니다"*라고 언급할 정도로 최소한의 당내 합의를 유지할 수 있었던 것은 기민당/기사당에 다행이었습니다. 이는 인내심을 가지고 갈등을 조정한 헬무트 콜의 정치력 덕분이었습니다.

* 클레이 클레멘스, 『서독 기민당/기사당의 동방정책: 고뇌하는 현실주의자』(나남, 2010), p. 280.

당시 기민당/기사당이 경쟁 상대인 사민당의 동방정책을 계승한 것은 동방정책에 대한 국민 여론의 지지가 높았기 때문입니다. 정치인이나 정당은 다수 유권자의 동향에 따를 수밖에 없습니다. 그와 같은 시민의식이 생겨난 데는 동독을 어떻게 봐야 하는지, 동유럽과의 경제협력의 중요성, 국제관계에 대한 인식 등에 대한 정치교육이 역할을 했을 것입니다.

서독의 이런 대목이 남한의 남남갈등과는 차이가 있는 부분입니다. 남한의 극단적 보수 진영은 북한 정권과의 협상 자체를 꺼리면서 북한 지도부를 하나의 타도 대상으로 보고 있습니다. 바로 이 점이 대북정책의 연속성을 깨뜨리는 부분입니다. 결국 북한 정권을 어떻게 보느냐에 따라 협상 상대가 될 수도 있고 타도 대상이 될 수도 있기 때문입니다. 하지만 서독의 강경 보수파가 최소한 거기까지는 가지 않았기 때문에 동서독 간 관계 개선 및 합의에 따른 통일이 가능했다고 볼 수 있습니다. 이 과정에서 기민당 대표를 지냈던(1973~1998년) 헬무트 콜의 리더십과 정치력을 높이 평가할 수 있습니다. 우리에게는 언제쯤 콜과 같은 정치인이 등장할 수 있을까요?

서독의 이해관계 관철

서독에서는 정치인이 강대국을 상대로 자신의 이해관계를 관철할 수 있었는데, 한국에서는 왜 그것이 어려울까요? 1969년 빌리 브란트가 연방총리에 오르면서 그의 측근인 에곤 바는 당시 미국 닉슨 대통령의 안보보좌관 헨리 키신저의 초대로 백악관을 방문했습니다. 신동방정책에 대한 키신저의 질문이 이어지자, 에곤 바는 "나는 서독의 외교정책에 대해 당신에게 조언을 구하러 온 것이 아니라 통보하러 왔다"라고 대답했습니다.

힘 있는 정치인의 좋은 사례입니다. 빌리 브란트나 에곤 바가 미국의 의견에 맞서 강력하게 신동방정책을 추진할 수 있었던 것이나, 또 헬무트 콜이 국내외적으로 훌륭한 정치력을 발휘할 수 있었던 것은 개인적 자질과 뛰어난 역량 때문이기도 하지만, 동시에 독일의 정치제도와 정치문화가 그러한 개인의 역량 발휘를 뒷받침하고 있었기 때문입니다.

그것은 독일이 정권의 임기에 제한이 없는 의회중심제를 채택하고 있는 점과 밀접하게 연관돼 있습니다. 의원내각제하에서는 훈련되고 검증된 최적의 인물이 주요 자리에 선출되고, 그렇게 선출된 정치인은 업무 수행에 문제가 없을 시 계속해서 그 자리를 유지할 수 있습니다. 당 대표나 원내대표를 비롯해 연방총리, 연방장관, 연방의회 의장(우리의 국회의장), 상임위원장 등 정치적으로 중요한 자리에 임기의 제한이 없습니다. 예를 들어 헬무트 콜이 1982년부터 1998년까지 16년간 연방총리직을 수행한 것이나, 자민당 출신의 한스-디트리히 겐셔가 1974년부터 1992년까지 18년간 외무장관직을 수행한 것은 서독의 통일정책이 일관성을 유지하는 데 결정적인 역할을 했다고 할 수 있습니다.

통일의 주요 쟁점

동서독과 남북한의 통일과 관련한 주요 쟁점은 통일의 속도, 통일의 조건, 주변국의 이해관계, 국경선의 문제 등입니다. 1989년 베를린장벽의 붕괴와 이어진 1990년 독일통일은 당시

---

* 에곤 바, 『독일통일의 주역, 빌리 브란트를 기억하다』(북로그컴퍼니, 2014), p. 86.

동서독 주민이나 주변국의 일반적 예상과 달리 매우 급작스럽게 이뤄졌습니다. 통일을 위한 서독 정부의 (신)동방정책은 그와 같은 갑작스러운 격변의 밑바탕이 됐습니다. 하지만 독일통일 당시 동독 주민의 탈출 행렬이 갑자기 쇄도했고 그에 따라 베를린 장벽이 순식간에 붕괴했던 것처럼 동서독 정부나 주변국이 그 과정을 조절하거나 통제하기 어려웠습니다. 도도한 역사의 흐름이었다고 할 수 있습니다. 반면 한반도의 통일은 한편으로는 독일과 달리 상대적으로 더디게 점진적으로 진행되는 것으로 볼 수도 있습니다. 다른 한편으로는 어쩌면 통일 대신 분단의 상황이 점점 더 굳어지고 있는 것으로 볼 수도 있습니다. 섣불리 예측하기 어려운 상황입니다.

앞서 말한 것처럼 독일이 통일을 이루는 데에는 4대 전승국의 동의가 필수적이었습니다. 이는 패전국인 독일이 체결한 전승국과의 국제조약 때문입니다. 따라서 주변국의 동의 없이는 통일이 어려웠겠지요. 동시에 독일통일은 독일이 국제법상 자신의 주권을 완전히 회복하는 것을 의미했습니다. 반면 남북한의 통일은 형식상 주변국의 동의가 필요하지 않습니다. 이론상으로는 남북한 주민의 지지를 받는 양국 정부의 의지만 있다면, 남북한은 언제든지 통일의 길에 들어설 수 있습니다. 하지만 현실적으로 한반도의 통일을 위해서는 주변국을 위시해 무엇보다도 미국의 동의와 지지가 필수적일 것입니다.

독일이 통일을 이루는 과정에서 주변국의 이해관계는 중요한 역할을 했습니다. 미국과 영국은 독일이 통일되더라도 반드시 나토(NATO)에 잔류할 것을 요구했고, 프랑스는 통일독일이 EU의 통합 과정에 계속 동참해야 한다고 요청했습니다. 결과적으로 서독은 소련과의 협상에서 통일독일의 나토 잔류에 반대하는 소련을 설득하고 통일에 성공했습니다. 반면 한반도에서는 한국이 미국과 한미 동맹을 계속 유지하는 것이, 또 중국과 한중 관계를 새로 긴밀하게 구축하는 것이 중요한 과제로 떠오르고 있습니다. 마찬가지로 북한은 미국 및 일본과 외교 관계를 수립해 관계를 정상화해야 하는 과제를 안고 있습니다.

독일통일과 관련해 독일과 폴란드 사이의 국경선을 확정하는 문제가 당사국과 주변국의 주요 관심사였습니다. 과거 독일의 영토는 폴란드 지역을 다수 포함하고 있었습니다. 그러나 제2차 세계대전 후 독일은 오데르강과 나이세강을 경계로 국경선이 그어지며 폴란드 지역의 영토를 많이 상실했습니다. 새롭게 그어진 국경선이 그대로 최종·확정될 것인지가 독일과 폴란드 그리고 주변국의 관심과 논의의 대상이었습니다. 이를 독일이 그대로 수용함으로써 현재의 국경선이 됐고 통일에 도달했습니다. 반면 한반도에서 남북한의 통일과 관련해 독일처럼 주변국과 국경선을 놓고 다툴 문제는 특별히 없습니다.

독일통일의 시사점

끝으로 독일통일이 한반도에 주는 시사점을 요약해 보겠습니다. 동서독과 남북한은 제2차 세계대전 후 시작된 냉전과 함께 강대국의 이해관계에 따라 분단됐다는 공통점을 갖지만, 여러 가지 점에서 차이점이 있습니다. 독일은 패전국이었고 한국은 식민지에서 독립된 주권국이었습니다. 동서독의 관계는 상대적으로 비적대적이었던 반면, 분단 직후 6.25 전쟁을 겪은 남북한 관계는 매우 적대적입니다. 또한 동독의 인구와 면적이 서독의 4분의 1에 불과했던 반면, 북한의 인구는 남한의 절반이고 면적은 오히려 조금 더 큽니다. 결과적으로 동서독은 소련의 해체와 냉전의 종식에 따라 1990년 통일을 이뤘습니다. 또 독일이 통일

된 지 35년이 돼 가는데, 남북한은 여전히 분단상황을 극복하지 못하고 있습니다.

이처럼 독일과 한반도의 분단 사이에는 여러 가지 차이점이 있고, 통일을 달성하는 데도 서로 다른 조건에 놓여 있습니다. 그렇지만 독일의 통일 경험은 한반도가 통일을 모색하는 데 국내정치적 관점과 대외정책적 관점에서 다음과 같은 교훈을 주고 있습니다.

국내정치적 관점에서 살펴보면, 첫 번째로 남한은 국내적으로 남남갈등을 극복하는 것이 급선무입니다. 여기에는 서독 기민당/기사당의 동방정책 계승 사례가 많은 시사점을 줍니다. 두 번째는 남남갈등을 극복하고 대외적으로 강력한 정치력을 행사할 수 있는 정치인을 갖고자 한다면, 기존의 단절성이 강한 정치 체제(5년 단임 대통령제)를 연속성이 가능한 정치 시스템(의원내각제)으로 바꿔야 합니다.

다음으로 대외정책적 관점에서 살펴보겠습니다. 첫째, 동서독 정권이 체제 경쟁 차원에서 대립하는 측면이 없지 않았으나 비적대적 관계를 유지했고, 동시에 인적·경제적 교류를 지속했다는 점입니다. 이는 남북한이 어떤 형태로든 기존의 적대관계를 청산하는 것이 중요하다는 의미입니다. 이를 위해서는 교류를 지속하고 확대해 현재의 단절된 상황을 극복해야 합니다. 교류 확대와 적대관계 개선은 동전의 양면이라 할 수 있습니다.

둘째, 동독은 정치적·군사적으로, 또 경제적으로 소련에 크게 의지한 채 종속관계를 유지했습니다. 서독으로서는 소련 및 동독의 주변국과의 관계를 개선하는 것이 중요했습니다. 그런 점에서 모스크바 조약과 바르샤바 조약* 등이 중요한 의미를 갖습니다. 반면 한반도에서는 한국의 미국에 대한 정치적·군사적 의존관계(전시 작전권, 휴전협정 등)가 지속되고 있습니다. 한반도의 대결상황을 극복하기 위해서는 북한이 미국 및 일본과의 관계를 개선해야 합니다. 이를 위해서는 한국이 냉전 종식 후 한소 조약 (1990)과 한중 조약(1992)을 체결했던 것과 같이 북미 조약이나 북일 조약이 체결돼야 합니다. 즉 한반도 내 교차 승인이 이뤄져야 합니다.

셋째, 동서독의 통일은 갑작스럽게 비교적 단시간 내 진행됐습니다. 그에 따른 부작용이 많았지요. 따라서 한반도에서의 통일 과정은 독일보다 EU의 통합 방식을 따를 때 통일에 따른 부작용이나 시행착오를 줄일 수 있을 것입니다. 즉 시간을 두고 국가연합의 단계를 거친 후 연방국가로 나가는 것이 바람직합니다. 이를 위해서는 반드시 기존의 한미 관계를 개선해야 합니다.**

6. 극우 정당의 급부상과 정당민주주의의 위기

2023년 10월에 동시에 치러진 독일의 헤센과 바이에른주 의회 선거에서 극우 정당인 대안당이 10퍼센트를 훌쩍 뛰어넘는 득표율을 보였습니다. 그동안 대안당은 서독 지역에서는 한 자릿수 지지율에 머물러 있었기 때문에 이런 결과는 다소 충격적입니다. 2024년 6월의 유럽의회 선거에서는 대안당은 15.9퍼센트를 득표해 제2당의 지위를 차지했을 뿐만 아니라, 같은 해 9월에 동독 지역에서 동시에 치러

---

* 1970년 8월에 체결된 모스크바 조약의 주요 내용은 독일과 소련이 상호 무력 사용을 금지한다는 것이며, 1970년 12월의 바르샤바 조약의 주요 내용은 오데르-나이세-경계선(Oder-Neiße-Grenze)을 독일과 폴란드의 국경선으로 확정한다는 것임.

** 자세한 내용은 『미완의 독일통일-독일통일 30년을 돌아보며』(한울, 2022) 제6장 참고.

진 튀링겐과 작센주 의회 선거에서는 득표율이 모두 30퍼센트를 넘어섰습니다. 이어진 브란덴루크주에서는 29.2퍼센트를 기록했습니다. 특히 튀링겐주에서는 제1당이 되었지요. 극우 성향의 대안당이 이처럼 약진하면서 그동안 모범을 보여 온 독일의 정당민주주의에 심각한 도전이 되고 있습니다.

대안당의 주요 이념과 정책

독일대안당(Alternative für Deutschland; AfD, 대안당)은 2013년 2월에 창당됐습니다. 이어서 2013년 9월에 치러진 제18대 연방총선에서는 4.7퍼센트를 득표해 연방의회 진입에 실패했습니다. 선거 후 당내 권력 투쟁이 일어나 2015년에 경제자유주의를 추구하는 일부 세력이 탈당하면서 분열됐습니다. 이후 잔류 세력은 좀 더 극우 보수적으로 변화하고 있습니다.

대안당이 추구하는 주요 이념은 국가보수주의, 우파포퓰리즘, 반이슬람주의, 극우주의, EU 회의주의, 경제자유주의 등입니다. 이런 이념 아래 다음과 같은 내용을 주요 정책으로 제시하고 있습니다. 우선 병역의무의 재도입을 주장하고 반페미니즘을 내세우면서 구체적으로는 여성 할당제에 반대하고 있습니다. 또한 이민자에 대한 엄격한 통제와 국경통제의 강화를 요구하고 있습니다. 더불어 사회복지를 축소하고 사회보험료 납부자에게만 복지 혜택을 제공할 것을 주장하고 있습니다. 그 밖에 이민자를 다시 돌려보내는 재이민 프로젝트(Remigrationsprojekt)를 추진 중입니다. 이 프로젝트에 해당하는 사람은 독일 내에 1,600~2,500만 명에 달할 것으로 추산됩니다.

대안당은 다수의 극우 단체와 협력 관계를 유지하고 있습니다. 여기에는 다양한 극우 집단으로 구성되어 있는 '양립불가리

제19대(2017년)와 제20대(2021년) 연방의회 의석 현황

	득표율(%)		지역구		비례대표		총의석수 (과반의석)		의석 비율(%)	
	제19대	제20대	제19대	제20대	제19대	제20대	제19대	제20대	제19대	제20대
기민당/기사당	32.9	24.1	231	143	15	54	246	197	34.7	26.8
사민당	20.5	25.7	59	121	94	85	153	206	21.6	28.0
대안당	12.6	10.3	3	16	91	67	94	83	13.3	11.3
녹색당	10.7	14.8	–	16	80	102	80	118	11.3	16.0
자민당	9.2	11.5	5	0	64	92	69	92	9.7	12.5
좌파당	8.9	4.9	1	3	66	36	67	39	9.4	5.3
기타	5.2	8.7	–	–	–	–	–	–	–	–
SSW	–	–	–	0	–	1	–	1	–	0.1
합계	100		299		410	437	709 (355)	736 (368)	100	

출처: 독일 연방선거위원회 자료 참조

스트(Unvereinbarkeitsliste)', 대안당의 일부 당원을 대표했던 '자유(Die Freiheit)', 인종주의자 중심의 '정체성 운동(Identitäre Bewegung)', 반이슬람 단체인 '페기다(Pegida)'가 있고, 그 밖에 나치의 후예로 분류되는 '엔페데/하이마트(NPD/Die Heimat)', 극우 조직인 '친독일(Pro Deutschland)' 등이 있습니다. 대안당은 2017년 제19대 연방총선에서 12.6퍼센트를 득표해 94석의 의석을 얻으면서 제3당의 지위에 올랐습니다. 4년 후 2021년 제20대 연방총선에서도 10.3퍼센트를 득표해 비록 제5당이 되기는 했지만, 전체 736석 가운데 83석을 얻어 건재함을 과시했습니다.

연방헌법수호청(Bundesamt für Verfassungsschutz; BfV)은 독일에서 민주주의의 기본 질서를 훼손하려는 시도에 대한 정보를 수집해 평가하는 기관입니다. 이와 별도로 16개 주 차원에서도 16개의 주 헌법수호청(Landesamt für Verfassungsschutz; LfV)이 있습니다. 연방헌법수호청은 2021년 3월 대안당 전체를 의심 사례로 규정해 감

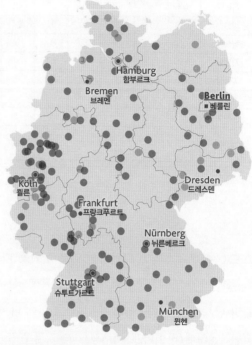

Demos gegen Rechts 반(反) 극우 시위

Am Wochenende angekündigte Demonstrationen gegen Rechtsradikalismus
주말에 예정된 극우주의 반대 데모

● Samstag, 27.01. ● Sonntag, 28.01.
2024년 1월 27일 토요일   1월 28일 일요일

출처: 「FAZ」, 2024년 1월 27일 (Quelle: Zusammen gegen Rechts)

시를 강화했습니다. 같은 해 9월 연방총선을 앞둔 상황에서 대안당은 이에 크게 반발해 문제를 제기했으나, 쾰른의 행정법원은 연방헌법수호청의 요구를 수용했습니다.

또한 2020년과 2022년 사이에 대안당의 16개 주 조직 가운데 8개가 각각의 주 헌법수호청에 의해 문제가 있는 의심 사례로 지정됐습니다. 바덴-뷔르템베르크, 브란덴부르크, 브레멘, 헤센, 니더작센, 작센, 작센-안할트, 튀링겐주의 조직이 그 대상이 됐습니다. 이 가운데 튀링겐주는 2021년 3월, 작센주는 2023년

12월, 작센-안할트주는 2023년 11월에 각각 극우주의 성향이 인정됐습니다. 유럽의회 선거를 앞두고 2024년 1월 말에 독일 시민은 전국의 많은 도시에서 대안당에 반대하는 대규모의 시위를 벌였습니다.

이런 상황에서 대안당을 강제로 해산하자는 주장이 제기되고 있으나, 실제로 정당 해산을 결정하기는 쉽지 않습니다. 독일은 과거 두 차례에 걸쳐 법적으로 정당을 해산한 경험이 있습니다. 1952년에 나치당(NSDAP)의 후예이자 극우 정당인 사회주의제국당(Sozialistische Reichspartei; SRP)을 금지했고, 1956년에는 극좌 정당인 독일공산당(Kommunistische Partei Deutschlands; KPD)을 해산한 바 있습니다.

그 밖에도 대안당은 2023년 6월 튀링겐주 존네베르크(Sonne-berg) 지역의 군수 선거에서 처음으로 대안당 출신 후보를 당선시켰습니다. 2023년 10월에 치러진 헤센주 의회 선거에서는 18.4퍼센트를 얻어 제2당이 됐습니다. 그동안 동독 지역에서는 20퍼센트 내외의 득표율을 보였으나 서독 지역에서는 대체로 10퍼센트 미만이었습니다. 서독 지역인 헤센주에서도 두 자릿

헤센주 의회 선거(2023년)

	득표율(%)	의석수	연립정부	야권
기민당	34.6	52	○	
대안당	18.4	28		○
사민당	15.1	23	○	
녹색당	14.8	22		○
자민당	5.0	8		○
기타	12.1	–		
합계	100	133	75 (=52+23)	58 (=28+22+8)

출처: 헤센주 선거위원회

바이에른주 의회 선거(2023년)

	득표율(%)	의석수	연립정부	야권
기사당	37.0	85	○	
자유유권자당	15.8	37	○	
대안당	14.6	32		○
녹색당	14.4	32		○
사민당	8.4	17		○
기타	9.8	–		
합계	100	203	122 (=85+37)	81 (=32+32+17)

출처: 바이에른주 선거위원회

주요 정당의 유럽의회 선거 결과(2024년)

정당	득표율(%)	의석수	정당	득표율(%)	의석수
기민당/기사당	30.0	29	자유유권자당	2.7	3
대안당	15.9	15	볼트당	2.6	3
사민당	13.9	14	정당	1.9	2
녹색당	11.9	12	동물보호당	1.4	1
자민당	5.2	5	가족당	0.6	1
좌파당	2.7	3	생태민주당	0.6	1
BSW	6.2	6	진보당	0.6	1

출처: 독일 연방선거위원회

수 득표율을 보인 것이지요. 같은 날 치러진 바이에른주에서도 14.6퍼센트를 득표해 제3당이 됐습니다. 이는 바이에른주의 녹색당이나 사민당보다도 앞선 결과입니다.

또한 대안당은 2024년 6월의 유럽의회 선거에서도 15.9퍼센트의 지지율을 얻어 독일에 할당된 96석 가운데 15석을 차지했습니다. 이는 사민당이나 녹색당보다도 높은 것으로 30퍼센트로 제1당을 차지한 기민당/기사당에 이어 두 번째로 높은 수치입니다.

2024년 9월에 동독 지역에서 치러진 세 군데 주 의회 선거에

튀링겐주 의회 선거(2024년)

	득표율(%)	의석수	연립정부	야권
대안당	32.8	32		
기민당	23.6	23		
BSW	15.8	15		
좌파당	13.1	12	연립정부 구성 중	
사민당	6.1	6		
기타	8.6	–		
합계	100	88		

출처: 튀링겐주 선거위원회

작센주 의회 선거(2024년)

	득표율(%)	의석수	연립정부	야권
기민당	31.9	42		
대안당	30.6	40		
BSW	11.8	15		
사민당	7.3	10	연립정부 구성 중	
녹색당	5.1	7		
좌파당	4.5*	6		
기타	8.8	–		
합계	100	120		

*표시: 좌파당은 5%를 넘기지 못했으나, 지역구에서 2석을 얻어 의석을 배분받게 됨

출처: 작센주 선거위원회

서 대안당은 역대 최고의 결과를 얻었습니다. 튀링겐주에서는 32.8%를 얻어 제1당이 되었고, 전체 88석 가운데 32석을 차지했습니다. 제2당인 기민당(23석)이 나서서 연정을 꾸리려 하고 있으나, 성격이 다른 좌파당을 제외한 BSW*(15석)와 사민당(6석)과 함께 하더라도 44석에 불과해 과반 확보에 1석이 부족한 실

---

* BSW(Bündnis Sahra Wagenknecht)는 좌파당의 인기 정치인이었던 사라 바겐크네히트(Sahra Wagenknecht)가 좌파당의 일부 정치인과 함께 탈당하여 2024년 1월에 창당한 정당으로, 2025년 연방총선까지 임시정당의 성격을 띠고 있음.

독일 극우 정당인 대안당의 득표율

구 서독

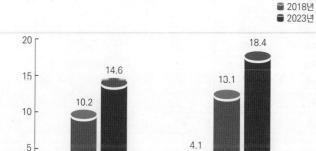

2013년
2018년
2023년

구 동독

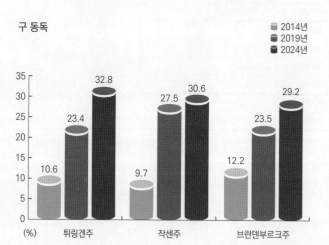

정입니다. 작센주에서는 대안당이 30.6퍼센트를 얻어 제2당이 됐고, 전체 120석 가운데 40석을 차지했습니다. 제1당인 기민당은 연정을 구성하기 위해서는 2024년에 좌파당에서 분리되어 창당한 BSW와의 협력이 필수적인 상황입니다. 브란덴부르크주에서 대안당은 29.2퍼센트를 득표하여 제2당이 되었고, 전체 88석 가운데 30석을 차지했습니다. 제1당인 사민당은 기민당과

독일 16개 주 의회의 정당별 득표율 현황

주(州, Land)	최신 선거	기민당	사민당	녹색당	대안당	자민당	좌파당	FW*
바덴-뷔르템베르크	2021	24.1	11.0	32.6	9.7	10.5	3.6	3.0
바이에른**	2023	37.0 (기사당)	8.4	14.4	14.6	3.0	1.5	15.8
베를린	2023	28.2	18.4	18.4	9.1	4.6	12.2	0.3
브란덴부르크*	2024	12.1	30.9	4.1	29.2	0.8	3.0	BSW 13.5
브레멘	2023	26.2	29.8	11.9	–	5.1	10.9	BIW 9.4
함부르크	2020	11.2	39.2	24.2	5.3	4.96	9.1	0.6
헤센	2023	34.6	15.1	14.8	18.4	5.0	3.1	3.5
메클렌부르크-포어포메른*	2021	13.3	39.6	6.3	16.7	5.8	9.9	1.1
니더작센	2022	28.1	33.4	14.5	11.0	4.7	2.7	0.8
노르트라인-베스트팔렌	2022	35.7	26.7	18.2	5.4	5.9	2.1	0.7
라인란트-팔츠	2021	27.7	35.7	9.3	8.3	5.5	2.5	5.4
자를란트	2022	28.5	43.5	4.995	5.7	4.8	2.6	1.7
작센*	2024	31.9	7.3	5.1	30.6	0.9	4.5	BSW 11.8
작센-안할트*	2021	37.1	8.4	5.9	20.8	6.4	11.0	3.1
슐레스비히-홀슈타인	2022	43.4	16.0	18.3	4.4	6.4	1.7	SSW 5.7
튀링겐*	2024	23.6	6.1	3.2	32.8	1.1	13.1	BSW 15.8

봉쇄조항인 5퍼센트 미만 득표 정당에는 의석 배분이 없음

출처: 독일의 16개 주 선거위원회

*표시: 구 동독 지역

* 주요 정당 이외에 FW(Freie Wähler, 자유유권자당), BIW(Bürger in Wut, 성난 시민당), SSW(Südschleswigscher Wählerverband, 남슐레스비히 유권자연대) 등은 일부 주에서만 활동하는 군소 정당임.

** 바이에른주에서는 기민당이 없고 자매 정당인 기사당이 활동 중이며, 선거 결과는 기민당 대신에 기사당의 것임.

연정을 구성하더라도 과반 확보가 안 되어, 추가로 BSW와도 함께 연정을 논의해야 할 상황입니다.

이처럼 대안당의 지지율이 독일 전역에서 상승하고 있는 것은 연방정부의 이민·난민 정책에 대한 반감이 가장 중요한 원인으로 꼽히고 있습니다. 2015년 이후 100만 명이 넘는 난민을 한꺼번에 수용한 것에 대한 후폭풍이라고 할 수 있습니다. 이에 대한 반응으로 튀링겐과 작센주 선거 후 연방정부와 정당들은 난민 정책을 수정하려는 논의를 시작하고 있습니다.

대안당은 대다수 주 의회 선거에서 선전을 거듭해 2024년 현재 16개 주 의회 가운데 14개 주 의회에 진입했고 총 264명의 주 의원(전체 1,892명, 14퍼센트)을 확보하고 있습니다. 이러한 선전에 힘입어 당원 수도 증가하여 2024년 6월 현재 약 4만 8천 명에 이르고 있습니다.

독일 정당체제의 변화와 정당민주주의의 위기

제2차 세계대전이 끝나고 서독을 건국하면서 다수의 정당이 독일의 연방의회에 진입했습니다. 이후 봉쇄조항이 강화되면서 1961년부터 1983년까지는 기민당/기사당, 사민당, 자민당의 3당 체제가 됐습니다. 1983년부터 1990년까지는 녹색당이 진입해 4당 체제를 유지했습니다. 1990년 동서독이 통일되면서 민주사회당(PDS, 민사당)이 추가되면서 5당 체제가 됐고, 이후 민사당은 사민당에서 탈당한 일부 세력과 결합해 2005년 좌파당(Linke)으로 변신했습니다. 2017년에는 대안당이 연방의회에 진입하면서 6당 체제가 됐습니다. 2024년 좌파당에서 탈당한 일부 세력이 BSW를 창당한 상황입니다. 그 밖에 주 차원에서는 자유유권자당(Freie Wähler) 등의 군소 정당이 일부 주 의회에 참여하고 있습니다.

독일에서는 이렇게 다당제인 까닭에 한 정당이 의회의 과반을 확보하는 경우는 거의 없습니다. 그래서 연방이나 주 선거에서 가장 많은 의석을 확보한 제1당은 비슷한 성향의 다른 정당과 연대해 연립정부를 구성합니다. 그동안 대표적인 연정 형태는 거대 정당과 군소 정당이 결합하는 기민당/기사당-자민당 연정(정당 색깔을 고려해 흑황연정이라고 한다)과 사민당-녹색당 연정(적녹연정)이었습니다. 간혹 이러한 조합으로 의회의 과반 확보가 어려울 때는 거대 양당이 결합하는 기민당/기사당-사민당의 대연정이 구성되기도 했습니다. 2021년 연방총선 후에는 기존의 연정 조합이 여의찮아서 3개의 정당이 결합한 사민당-녹색당-자민당의 신호등 연정이 구성됐습니다.

정당민주주의란 정당이 정치적 선택에서 결정적 역할을 하는 민주주의 시스템을 말합니다. 이 용어는 가치중립적 용어이면서 동시에 정당의 강력한 역할을 비판하는 표현이기도 합니다. 독일은 흔히 정당국가(Parteienstaat)라고 불릴 정도로 독일 정치에서 정당은 큰 역할을 해왔고, 현재도 하고 있습니다. 제2차 세계대전 후 독일의 정당민주주의는 나름대로 잘 작동해 왔다고 평가할 수 있습니다. 사회적 시장경제를 통해 공정한 분배를 달성했고 민주주의 발전을 이뤘기 때문입니다.

그런데 이런 정당민주주의에 위기가 발생하고 있는 것은 다른 정당과 협치가 곤란한(연정을 구성하기 어려운) 극우 성향의 대안당이 연방의회와 주 의회에 진입하면서부터입니다. 독일의 주요 정당은 모두 대안당을 (연방과 주 차원에서) 연정 상대에서 배제한다고 천명하고 있을 뿐만 아니라 대안당과의 모든 정치적 협력을 거부하고 있습니다. 대안당을 포함한 6당 체제가 되면서 연정을 통한 연방정부나 주 정부 구성에 어려움이 생기고 있습니

튀링겐주 의회의 의석 분포와 소수연립정부(2019년)

	득표율(%)	의석수	소수연립정부	야권
좌파당	31.0	29	○	
대안당	23.4	22		○
기민당	21.7	21		○
사민당	8.2	8	○	
녹색당	5.2	5	○	
자민당	5.0	5		○
기타	5.5	0		
합계	100	90	42 (=29+8+5)	48 (=22+21+5)

출처: 튀링겐주 선거위원회

다. 게다가 대안당에 대한 지지율이 높아지면서 그와 같은 어려움은 점점 더 커지고 있습니다.

실제로 튀링겐주가 벌써부터 주 정부 구성에 어려움을 겪었습니다. 2019년 주 의회 선거에서 전체 90석 가운데 대안당이 22석을 차지함에 따라 68석을 가진 나머지 정당으로 정부를 구성해야 했습니다. 우여곡절 끝에 정부를 구성했으나, 끝내 의회의 과반을 확보하지는 못했습니다. 좌파당-사민당-녹색당의 3개 정당이 연정을 꾸렸으나 42석에 그쳤기 때문입니다. 또한 2024년 주 의회 선거에서도 앞의 표에서 보듯이 비슷한 결과가 나와서 주 정부 구성이 쉽지 않을 전망입니다.

이런 문제가 발생하는 데는 전통적인 거대 양당인 기민당/기사당과 사민당에 대한 지지율이 감소하고 있는 것도 중요한 요인이 되고 있습니다. 이들의 연방총선 득표율은 과거에는 70~80퍼센트를 넘었으나 점차 하향 곡선을 그리고 있으며, 2021년에는 처음으로 50퍼센트 이하로 떨어졌습니다.

2023년 헤센과 바이에른주 의회 선거, 2024년 유럽의회 선거

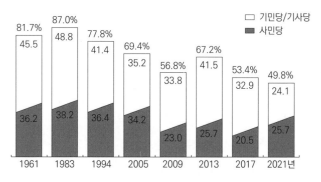

독일 거대 양당의 득표율 추이

□ 기민당/기사당
■ 사민당

	1961	1983	1994	2005	2009	2013	2017	2021년
합계	81.7%	87.0%	77.8%	69.4%	56.8%	67.2%	53.4%	49.8%
기민당/기사당	45.5	48.8	41.4	35.2	33.8	41.5	32.9	24.1
사민당	36.2	38.2	36.4	34.2	23.0	25.7	20.5	25.7

출처: 독일 연방선거위원회

와 튀링겐, 작센과 브란덴부르크주 의회 선거에서 대안당에 대한 지지율이 계속해서 급상승하면서 극우 정당의 확산에 대한 우려가 커지고 있습니다. 독일 전역에서 대규모 시민의 반대 시위가 일어났고, 주요 정당은 대안당과의 연정이나 정치적 협력을 거부하고 있습니다. 그럼에도 불구하고 극우 정당의 약진은 아직 꺾일 기미가 보이지 않고 있습니다. 독일은 연방과 주 차원에서 모두 의원내각제를 채택하고 있습니다. 이런 상황에서 대안당의 약진은 연방정부나 주 정부의 구성에 심각한 어려움을 초래하고 있고, 또 초래하게 될 것입니다. 대안당을 배제한 상황에서 의회의 과반을 확보하는 정부 구성이 쉽지 않기 때문입니다. 이는 독일의 정당민주주의에 심각한 위기로 작용하고 있습니다.

독일에서 대안당의 약진은 세계적인 보수화 또는 극우화 현상과 맞물린 결과일 수도 있습니다. 대안당이 승리하게 되면 독일의 민주주의가 붕괴할 것이라는 시민의 인터뷰가 방송을 타고 있습니다. 일부에서는 과거 바이마르 시대에 나치가 등장한

1933년의 모습이 재현되는 것이 아닌가 하는 우려의 목소리도 나오고 있습니다. 그런데도 독일의 정치권은 극우 정당의 문제에 대해 아직 적절한 대안을 찾지 못하고 있지요. 이것은 어떻게 보면 다소 아이러니한 현상입니다. 대체로 시민에 대한 정치교육이 잘 이뤄지고 있다고 평가받는 독일의 모습과 어긋나기 때문입니다. 독일 정치권과 시민은 어떻게 극우 정당의 문제를 극복할 수 있을까요? 그 극복 방안은 결국 정치교육을 좀 더 강화하고 활성화하는 데 있을 것입니다.

부록

부록1. 독일 연방정치교육원의 발간물 사례

연방정치교육원은 학생이나 시민을 대상으로 다양한 읽을거리와 교육용 자료 등을 제작해 실비로 판매하거나 무상으로 배포하고 있습니다. 그런 자료는 크게 도서, 정기간행물, 멀티미디어 등으로 구성됩니다. 먼저 도서에는 다양한 주제의 시리즈물, 아동용 도서, 국가안내서, 사진과 삽화 등을 삽입한 역사/사회/문화서, 간단히 소지할 수 있는 포켓 도서, 기본법(헌법) 등 법률 도서 등이 있습니다. 정기간행물에는 전문가들을 위한 논문집인 「정치와 현대사(Aus Politik und Zeitgeschichte)」가 있습니다. 학생과 일반인을 위해 다양한 주제를 사진과 화보 등으로 쉽게 설명하고 있는 「정치교육 정보집(Informationen zur politischen Bildung)」이 있습니다. 또한 「fluter」라는 제목의 청소년 잡지를 분기별로, 「magazin」이란 잡지를 연 2회 발행하고 있습니다. 이들 정기간행물은 모두 무료로 배포되고 있습니다. 그 밖에도 DVD나 CD 형태 또는 애플리케이션(앱) 등이 제공되고 있습니다.

교육용 자료에는 'einfach Politik(정치에 대해 쉽게 설명한 자료와 듣기용 자료)', 'Falter(1쪽짜리 교육 자료)', 'Filmhefte(영화 관련 교육 자료)', 'HanisauLand(만화로 만든 아동용 정치교육 자료)', 'Hautnah(최신 정치주제 관련 학생용 토론 자료)', 'Karten(지도: 국가별 지도와 세계지도)', 'Spicker(컨닝페이퍼: A4 한 장에 담은 정보)', 'Spiele(게임: 게임을 통한 정치교육 자료)', 'Thema im

Unterricht(강의용 주제: 초심자를 위한 강의 자료)', 'Themenblätter im Un-
terricht(강의용 주제자료: 정치와 사회에 대한 최신 주제를 다루는 교사용 강의 자료)',
'Themen und Materialien(주제와 자료: 정치, 경제, 사회, 문화, 역사 등의 교육 자료)' 등이 있습니다. 이들 자료는 교육원을 방문해 대부분 무료로 받을 수(일부는 구매) 있습니다. 홈페이지에서도 마찬가지입니다.* 또한 자료의 개선을 위해 누구나 의견을 개진할 수 있습니다.

이 가운데 '강의용 주제자료'를 통해 연방정치교육원이 정치교육에서 다루고 있는 주요 주제들에 대해 살펴보겠습니다. 그동안 발간된 주제자료의 제목과 최근에 추가된 제목을 살펴보면 다음과 같습니다.

발간된 주제자료의 제목	최근에 추가된 주제자료의 제목
<ul><li>환경세</li><li>민주주의란 무엇인가?</li><li>소고기 수요와 광우병</li><li>시민의 용기: 구경 대신 개입하기</li><li>누가 유럽을 만드는가?</li><li>연방의회: 일별과 사실</li><li>연정과 정부</li><li>인터넷 안보</li><li>자유와 평등</li><li>사회적 공정성: 유토피아인가, 도전인가?</li><li>고문과 법치국가</li><li>정치적 경쟁 풍토</li><li>의료 정책 – 연대의 종료?</li><li>민주주의에서의 결정</li><li>지속적 성장</li><li>남녀평등</li><li>중동의 평화 기회?</li><li>독일의 하층</li><li>정치 과정의 행위자</li><li>독일과 유럽</li><li>새로운 참여 형태</li><li>기업윤리</li><li>기후정의 등</li></ul>	<ul><li>타협하기</li><li>임신중절</li><li>이동 수단의 미래</li><li>사회정의</li><li>세계화의 한계</li><li>간호와 요양의 위기</li><li>우크라이나 전쟁과 안보 의식</li><li>위기의 부동산 시장</li><li>스포츠와 정치</li><li>독일통일의 이정표</li><li>예방접종은 의무인가?</li><li>전염병의 교훈</li><li>국가채무</li><li>극우주의는 무엇인가?</li><li>극우 포퓰리즘: 민주주의에 대한 도전 등</li><li>평화와 안보</li><li>인구 추세와 연금</li><li>교육의 공정성</li><li>이민과 통합</li></ul>

* 독일 연방정치교육원 홈페이지의 관련 페이지
https://www.bpb.de/shop/materialien/themenblaetter/?field_filter_thema=all&-
field_date_content=all&d=1

강의용 주제자료의 내용과 구성을 살펴보기 위해 위의 자료 가운데 하나인 "사회정의 또는 사회적 공정성(Soziale Gerechtigkeit)" 을 아래에서 구체적으로 살펴보겠습니다.

학생용 교재

사회적 공정성(사회정의) – 유토피아인가, 도전인가?

독일에서 사회적 불평등이 증가하고 있다. 이런 현상은 사회 정의에 어떤 의미를 갖는 것인가?

1. 사회정의란 무엇인가?

A. 정의롭다(공정하다)는 것은, …
- 모든 일이 똑같이 잘될 때
- 누구나 자신의 의지대로 할 수 있을 때
- 일이 잘못될 때 그런 점이 고려될 때
- 더 많이 필요한 사람이 더 많이 받을 때
- 더 많은 실적을 낸 사람이 더 많이 받을 때
- … 한 경우에

B. 당신은 독일의 사회정의에 대해 어떻게 생각하는가? 왜 그렇게 생각하는지 이유를 말해 보시오!
- 매우 정의롭다.
- 정의로운 편이다.
- 그저 그렇다.
- 매우 정의롭지 못하다.

2. 독일 사회가 더 정의롭게 되기 위해서는 어떤 것이 반드시
이뤄져야 하는가?

일치하는 곳에 V표 하시오.

(+ 는 동의함 / − 는 동의하지 않음)

주장	+	−
1) 부자들에 대한 세금을 인상해야 한다. 그러면 국가는 가난한 사람들에 대한 지원을 늘릴 수 있을 것이다.		
2) 납세자에 유리하도록 세금을 줄여야 한다. 누군가 더 많은 일을 한다면, 그로부터 더 많은 보상을 받아야 한다.		
3) 국가는 누구에게나 그가 원한다면 일자리를 만들어 주어야 한다. 그래서 누구나 신분 상승을 위해 같은 기회를 가져야 한다.		
4) 일할 수 있는 사람은 모두 일을 하도록 강제해야 한다. 경제활동 참가자만 무언가 요구할 수 있고, 권한이 있다.		

3. 어떤 것들이 사회정의를 위해 실제로 중요한 역할을 하는가?

A. **일치하는 곳에 V표 하시오.**

(+ 매우 중요, ○ 그렇게 중요한 것은 아니다, − 중요하지 않음)

	+	○	−		+	○	−
소득				교육			
세금인하				행운			
건강예방				일자리			
사회안전망				남녀평등			
해외여행							

B. 당신이 정부라고 가정하고, 토론 그룹을 만들어 사회정의를
좀 더 강화하기 위한 네 가지 정치적 대책을 만들어 보시오.

4. 사회정의를 위하여 출신 배경은 어떤 중요성을 갖는가?

사회적 출신 배경이 얼마나 중요한가?
아래 내용을 읽어 보고 옳다고 판단할 경우 ∨표 하시오.

☐ 전혀 그렇지 않다. Dirk Nowitzki와 일부 프로축구 선수
  는 대학에 다니지 않았으나 우리 학교의 선생님들보다
  훨씬 많은 보수를 받는다.

☐ 누구도 자기 부모를 고를 수 없다. 그러나 사회적 배경이
  좋지 않은 사람은 직업을 갖는 데 기회가 많지 않다. 이
  런 점은 정의롭지 못하다.

☐ 슈뢰더 전 연방총리는 아버지(전쟁 중 사망)를 한 번도 보지
  못했고, 어머니는 청소부였다. 이는 누군가 정말로 열심
  히 한다면 신분 상승이 가능하다는 점을 보여 준다.

☐ 사회적 출신 배경은 미래 삶을 규정한다. 이는 정의롭지
  못하지만, 바꾸기 어렵다. 또한 국가도 이것을 바꾸고자
  시도하기 어렵다.

☐ 사회적 출신 배경은 미래 삶을 규정한다. 이는 정의롭지
  못하다. 그러나 바꿀 수 있다. 국가는 유치원부터 적극적
  으로 개입해야 하고, 아이들을 지원해야 한다. 이를 위해
  부모의 결정권은 제한돼야 한다.

☐ 자녀의 성적이 안 좋은 부모들은 고민하게 된다. 왜냐하
  면 교육이 아이의 삶을 결정하기 때문이다.

☐ 사회적 환경이 안 좋은 학생들은 성적에서 보너스를 받
  아야 한다. 그래야 비로소 단순 노동자의 아이도 교수의
  아이와 같은 기회를 가질 수 있다.

5. 독일은 사회국가다.

기본법(헌법) 제20조 1항에 따르면, "독일은 민주적(demokratisch), 사회적(sozial) 연방국가다"라고 규정하고 있다.

민주적(demokratisch)과 사회적(sozial):
이 두 가지 개념이 서로 어울린다고 생각하는가?
아래 내용을 참조하여 생각해 보시오.

한편에서는: 어떤 국가가 좀 더 민주적일수록, 그 국가는 시민에게 더 많은 자유를 허용한다고 생각한다. 그러나 누구도 자발적으로 자신의 세금을 통해 사회적 약자를 넉넉하게 지원하려고 할 만큼 사회적이지는 않다. 결론적으로 민주주의는 사회국가를 제한한다.

다른 한편에서는: 어떤 국가가 좀 더 민주적일수록, 그 국가는 좀 더 사회적이고 정의롭다고 본다. 이런 국가는 통치자와 그의 부자 친구들이 원하는 것들을 제약하고 강하게 통제함으로써 사회적이고 정의롭게 한다. 한 국가의 다수를 차지하는 계층은 서민층이기 때문에 이들 서민층은 국가의 사회적 구성 요소들을 예의주시한다. 결론적으로 민주주의는 사회국가의 전제 조건이 된다.

6. 아래 논의에서 어떤 결론을 도출할 수 있겠는가?

다음 주장들에 대해서 논의하고, 가운데에 당신의 의견을 적어

보시오.

> 나는 내가 원하는 대로 사회가 사회적으로 정의로울 때 민주주의에 참여하겠으며, 그전에는 선거에도 참여하지 않겠다.

> 나는 사회가 사회적으로 정의롭게 되도록 민주주의에 참여하겠으며, 따라서 선거에도 당연히 참여할 것이다.

사회정의 – 유토피아인가, 도전인가?

사회정의는 모든 정치적 논의에서, 여러 가지 모임의 논의에서, 또는 연방의회의 논의에서 가장 최우선시되는 중요한 주제다. 이 주제 다루기의 어려움은 특히 '정의'를 규정하는 구속력 있는 개념이 없다는 점과 정의라는 것이 항상 주관적으로 판단되는 하나의 느낌이라는 점이다.

사회정의라는 개념은 사회 불평등이라는 개념과 연관돼 있다. 사회 불평등은 측정할 수 있고 묘사할 수 있는 반면, 사회정의는 가치를 평가하는 하나의 질문이라고 할 수 있다. 대통령이 버스기사보다 훨씬 더 많은 월급을 받는 것을 당연하다고 쉽게 생각할 수 있다. 그런데 이것이 정의로운 것인가? 대통령은 일부 경제 CEO 또는 유명 프로축구 선수보다 훨씬 적게 받는다. 이것은 정의로운가? 우리가 어떤 것을 사회적으로 정의롭다고 생각하거나 약간의 불평등을 받아들일만 하다고 여길 때, 이런 것들은 반드시 정치적으로 타협돼야 한다.

어떤 사안에 대한 평가는 매번 다르기 마련이다. 또한 사회는 완전한 것이 아니기 때문에 완전히 정의로운 사회는 존재할 수 없다. 다만 한 사회가 좀 더 정의로운 사회를 지향해 가느냐? 또는 반대로 좀 더 덜 정의로운 사회로 가느냐의 차이가 존재할 뿐이다.

◆ 사회계약적 불평등

사회정의에 관한 질문은 결국은 언제나 평등에 관한 질문으로 귀결된다. 시민이 얼마나 평등한가, 어느 정도 서로 다른 것을 인정할 것인가, 이를 통해 하나의 사회질서가 정의로운 것으로 받아들여질 것인가? 이것의 의미는 사회정의가 모든 것의 평등을 그 목적으로 하는 것이 아니고, 사회계약적 불평등을 받아들이는 것이다. 일반적으로 부지런하고 많이 일하는 사람이 게으르고 태만한 사람보다 많이 버는 것을 당연하다고 여긴다. 오늘날에도 종종 그런 현상이 나타나고 있지만, 남녀가 동종의 직업에서 서로 다른 급여를 받을 경우 정의롭지 못하다고 받아들여진다.

정의는 평등과 관련이 있다. "기회 또는 결과와 관련해 어느 지점에 상대적인 평등이 존재해야만 하는가?"라는 질문에 대해 논쟁이 벌어지고는 한다. 누구나 자신의 성공 또는 실패에 대해 스스로 책임을 져야 하는가? 모두가 복지, 사회안전망, 의료보험, 문화적 참여 등에서 결과적으로 동등한 지분을 갖도록 국가가 배려해야만 하는가? 스포츠 사진을 찍듯이 모두가 같은 시간에 출발해야만 하는가, 또 모두가 동시에 도착해야만 하는가?

◆ 사회적 불평등의 분야들

소득은 단지 사회적 불평등의 한 분야이며, 교육기회, 사회 안전망, 의료보험은 또 다른 분야다. 또한 세대 간 정의에 대한 논의가 점차 증가하고 있는데, 현세대가 어느 정도의 부채와 부담을 다음 세대에 전가하는 것이 허용될 것인가 하는 질문이 그것이다.

사회정의란 무엇인가? [문제 1A]

이 문제는 토론을 유도하기 위한 것이다. 이 문제에 대해서는 옳은 대답도, 틀린 대답도 없다고 본다. 오히려 사회정의에 대해 서로 다른 정의가 가능하다는 것을 분명하게 보여 준다. 모두가 동등하게 대우될 때 비로소 하나의 정의가 정당하다는 것을 논의에서 도출해야 한다.

그러나 동등한 대우를 어떻게 볼 것인가에 대해서도 다양한 의견이 존재하는데, 보통 아래의 두 가지 개념이 있다.

◆ 기회의 동등과 수단의 동등

하나의 시각은 모두가 자신의 삶에서 무엇을 하기 위해 동등한 가능성을 가져야만 한다는 것이다. 당신은 법적으로 동등하게 대우돼야 하고, 가능한 한 최소한의 제약만 존재해야 한다. 사람들이 스스로 모든 것을 결정하도록 내버려둬야 한다.

또 다른 시각은 수단과 재화에 대한 접근에서 동등이 보장돼야 한다는 것이다. 부자들에게서는 받고 가난한 사람들에게는 주어야 한다는 것이다. 이러한 기본 원리는 사회적으로 어느 정도까지는 수용할 만하다. 여기에 적합한 예로 누진세를 들 수 있는데, 즉 고소득자는 고율의 세금을 내는 것을 말한다.

당신은 독일의 사회정의에 대해 어떻게 생각하는가?
[문제 1B]

이 질문에 대해서도 객관적인 대답을 하기는 어렵다. 독일의 실질적인 불평등에 대한 다양한 인식이 존재하는 것을 차치하고서라도 학생들은 틀림없이 불평등을 받아들이는 데 다양한 관용의 크기를 보일 것이다. 특히 무엇을 기준으로(정의로운 사회에 대한 이상형, 다른 국가들과의 비교 등) 독일의 불평등을 비교할 것인가 하는 질문은 대답하기 어려운 과제다. 독일의 사회정의에 대한 논의에서 학생들이 자신의 척도를 제시하는 것(그래서 학생 스스로가 이 문제에 대해 명료하게 되는 것)은 아주 중요한 일이다.

독일 사회가 좀 더 정의롭게 되기 위해서는 어떤 것이 반드시 이뤄져야 하는가? [문제 2]

독일 연방정부는 2001년 처음으로 빈곤보고서를 제출했다. 이 보고서는 1998년까지의 복지발전 문제를 다루고 있는데, '사회적 취약계층'은 증가하고 있으며, 분배정의는 퇴보하고 있다는 결론을 제시했다.

독일의 중산층은 지난 수년간 눈에 띄게 축소됐다. 전체 인구 중 중산층의 비율은 2000년 62퍼센트에서 2006년 54퍼센트로 줄어들었다. 이와 더불어 소득분배에서도 저소득층과 고소득층은 증가 추세이고, 중간계층은 감소 추세다.

간단하게 말해 다수는 점점 더 빈곤해지고, 일부는 점점 더 부자가 되고 있다.

부록2. 저자의 정치교육 사례

■ 공공기관·지자체

국회

극우 정당의 급부상과 독일 정당민주주의의 위기 (2024.05)

독일식 선거제도 제대로 알기 (2023.03)

일하는 사람들을 위한 선거제도와 참정권 확대 (2023.02)

국민을 위한 선거제도는 무엇인가? (2023.02)

국제기준으로 살펴본 공무원·교원의 노동·정치기본권 (2022.12)

비례대표 공천제도, 어떻게 달라져야 하나? (2019.10)

독일 모델, 어디까지 가볼까?: 독일의 정치 시스템과 한국의 정치개혁 (2019.06)

독일식 선거제도 도입과 한국 정당의 발전 (2018.11)

남북한 간 경협 리스크와 향후 대책 방안 (2018.09)

재벌개혁 및 제조업발전특별법 추진 방안 (2016.03)

불평등한 선거제도, 어떻게 바꿀 것인가? (2015.08)

경기도의회

독일의 주 의회와 한국의 광역의회 (2019.12)

독일 연방제와 지방분권 강화 (2019.12)

'지방의원 아카데미' 신설 방안 (2015.11)

경기 민생연정 평가토론회 (2015.02)

3당 체제와 한국 정치의 전망과 과제 (2014.12)

독일의 정치 체제와 경기도 연정 (2014.11)

경기도 연정을 어떻게 볼 것인가? (2014.07)

기타

한국행정연구원: 독일수상의 리더십-우리나라 대통령 리더십과 비교를 중심으로 (2023.09)

기초의회 연구모임: 독일의 선거제도와 정당제도 (2023.06)

전국시도지사협의회: 독일 연방제와 지방자치 (2023.05)

국가균형발전위원회: 독일 연방제와 지방분권의 강화 방향 (2023.05)

경상북노. 시방분권 상화방안: 녹일 라인란트-팔츠주 사례를 중심으로 (2022.08)

이천시: 독일 사회와 정치, 우리의 대안(민주시민교육: 제2기 시민이 주인인 학교, 2019.06.12)

서울시: 독일의 공동결정제: 노동이사제 (2016.05)

서울시: 독일의 사회주택 (2014.03)

■ **대학**

전남대 특강: 한국의 미래? 독일 연방제와 지방자치제도 (2023.11)

서울시민대학: 독일 사회를 통해 본 한국 사회의 문제점 (2022.09~10)

경북대 특강: 미래 세대를 위한 정치제도 개혁 (2022.03)

서울시민대학: 독일 사회와 정치의 이해 (2021.09~11)

서울시민대학: 독일 사회와 정치의 이해 (2021.03~05)

경인교대 대학원 특강: 독일 선거제도 (2019.06)

■ **정당**

녹색당 마포지역 당원 특강: 유럽의회 선거결과와 독일 정당민주주의의 위기 (2024.07)

민주당 부평지역 당원 특강: 당원 활동 활성화 방안 (2022.10)

민주당 '더민주 5.0'특강: 독일 정당정치와 한국의 정치개혁 방향 (2020.09)

시민정치학교(민주당 화성지역): 독일의 정치 시스템과 한국의 정치개혁 (2019.10)

정의당 남원지역 당원 특강: 승자독식 사회에서 합의제 민주주의로 (2019.06)

시민정치학교(민주당 화성지역): 독일 사회를 말하다 (2019.04)

진보당 지도부 특강: 독일의 정치 시스템과 한국의 정치개혁 (2019.01)

여의도연구원: 선거제도와 정당제도의 발전방안 (2015.08)

여의도연구원: 선거제도의 개혁방안 (2015.02)

■ **시민단체**

하인리히-뵐-재단: 독일과 동아시아의 녹색정치 현황 (2024.09)

흥사단-ADeKo 시민포럼: 독일의 정치/선거제도가 한국에 주는 시사점 (2024.06)

바른언론시민행동: 독일 연방·주 의회 의원은 우리와 어떻게 다른가? (2024.04)

노원 민본정치학교: 민주주의 실현을 위한 정치제도로서의 정당과 선거 (2022.08)

충북 교사모임 특강: 독일의 정치·선거제도와 한국의 교육자치 (2022.10)

속초 갯배 예술제: 독일통일이 한반도에 주는 시사점 (2021.06)

포용국가연구회 특강: 독일 사회, 우리의 대안 (2020.03)

노원 시민정치연대: 한국 정치의 미래를 위한 바람직한 정당법과 선거법(2020.10)

한국은행 금융경제강좌: 시장경제와 한국 사회의 미래 (2019.04)

인문학의 지평을 넓혀가는 모임 특강: 미국의 외교·안보정책과 북한의 핵정책

– 북한 핵문제는 왜 한 방에 해결될 수 없는가? (2019.03)

인문학의 지평을 넓혀가는 모임 특강: 독일 사회, 우리의 대안 (2019.02)

노원 포럼 특강: 독일 정치, 우리의 대안 (2019.01)

서울마을센터 관계자 특강: 독일 사회와 한국 사회의 비교 (2018.11)

민들레 학당: 독일 사회를 통한 한국 사회의 대안 모색 (2016.02)

노원도서관: 독일의 주거와 복지제도 (2015.05)

복지국가 청년네트워크: 독일의 복지제도 (2013.08)

흥사단: 정전 60주년, 동아시아 평화와 한반도 평화체제구축 (2013.07)

■ 노총·노조

한국노총: 지역 노동정치의 실태와 가능성 (2022.09)

한국노총: 지방정치의 활성화와 한국노총의 진출 가능성 (2022.05)

민주노총: 독일 금속노조의 퇴직자 지원대책 (2017.02)

시화노동연구소: 독일의 퇴직자 대책 (2015.12)